Fatema Mernissi
Die Angst vor der Moderne

Frauen und Männer
zwischen Islam und Demokratie

Aus dem Französischen von
Einar Schlereth

Luchterhand
Literaturverlag

Deutsche Erstausgabe

Lektorat: Brigitte Beier, Hamburg
Umschrift der arabischen Buchstaben: Karin Hörner, Hamburg
Satz: Uhl + Massopust, Aalen
Gesetzt aus der Sabon Antiqua
Druck und Bindung: Ebner Ulm
Printed in Germany
ISBN 3-630-86788-X

Inhalt

Der Golfkrieg –
eine Angst und ihre Grenzen
7

Die Angst vor dem fremden Westen
21

Der Imam und die Angst
35

Die Angst vor der Demokratie
61

Die Charta der Vereinten Nationen –
die große Unbekannte
87

Der Koran – fünfzehn Jahrhunderte der Hoffnung
109

Die Angst vor der Gedankenfreiheit
121

Die Angst vor dem Individualismus
147

Die Angst vor der Vergangenheit
161

Die Angst vor der Gegenwart
183

Das Lied der Frauen –
Aufbruch in die Freiheit
209

Statt eines Schlußwortes:
Das Märchen vom Simurg
241

Umschrift der arabischen Buchstaben
244

Anmerkungen
245

Der Golfkrieg – eine Angst und ihre Grenzen

Der Golfkrieg ist zu Ende. Die an dem Konflikt beteiligten Soldaten sind seit langem wieder in ihren Kasernen. Aber für viele Menschen, und ich gehöre zu ihnen, hat dieser Krieg zu Erscheinungen geführt, die ebensowenig ein Ende haben wie Traumata, symbolische Verletzungen oder angeborene unheilbare Krankheiten. Gewiß geht das Leben weiter, man ertappt sich, wie man mit dem Frühling zu singen beginnt, sich eine Blume ins Haar steckt, einen neuen Lippenstift ausprobiert. Das Leben läuft so dahin, als wäre nichts gewesen, nur manchmal, in einem nicht vertrauten Land, bei einem morgendlichen Traum in einem fremden Bett, tritt ein Bruch ein, und Gefühle und Gedanken branden mit der fürchterlichen Gewalt des Verdrängten ins Bewußtsein. Angesichts der Ungeschicklichkeit, mit der man das Boot der Zeit wieder auf Kurs bringt, um am Ufer der Wirklichkeit anzulegen, wird einem klar, daß man irgendwo mit einer namenlosen Angst geimpft worden ist. Ein trügerisch kleiner Schnitt, der um so weniger auszulöschen ist, als er in den dunklen Zonen verborgen ist, wo der Schrecken immer nach Kindheit schmeckt.

Beim ersten Mal, wenn dergleichen passiert, spricht man nicht davon, nicht einmal zu wirklich Nahestehenden. Man versucht, es zu vergessen. Man trinkt seinen Kaffee schlückchenweise mit einem Genuß, wie er nur von jenen kultiviert wird, denen ein unsicheres Schicksal bestimmt ist, die eine Art Verständnis für ihre Träume entwickeln, vor allem für jene, die allzu schnell entschwinden. Man berührt das fremde Bett, wie zur Versöhnung, man geht ans Fenster und versucht, die fremde Stadt in Besitz zu nehmen, indem man alle Einzelheiten auf der Straße wahrnimmt. Doch allmählich stellt man fest, daß man, um dem Fremden aus dem Weg zu gehen, immer weniger reist, und daß sich die Träume immer schwerer greifen lassen. Man hält diesen Zustand für Entspannung und Ruhe, bis es wieder passiert und sich selbst das eigene Bett in ein fremdes Territorium verwandelt.

Der verzweifeltste Aufschrei gegen den Krieg kam von den Frauen im allgemeinen und von den arabischen Frauen im besonderen. Die Tatsache, daß während dieses Konfliktes die Frauen, verschleiert oder nicht, die Initiative zum Frieden ergriffen, ohne, wie es die Tradition verlangt, auf grünes Licht von seiten der unweigerlich männlichen politischen Führer zu warten, blieb als Detail fast unbemerkt und stellt gleichwohl einen historischen Bruch dar. In Tunis, Rabat und Algier schrien die Frauen ihre Angst am lautesten hinaus, und sie waren oftmals die ersten, die Sit-ins und Demonstrationen improvisierten, zu denen sich die Männer nach endlosem Verhandeln und Feilschen mit Machthabern und Mini-Machthabern nicht aufraffen konnten. Als ich in Rabat an Dutzenden Zusammenkünften teilgenommen hatte, zu denen sich Intellektuelle aller Richtungen spontan versammelt hatten, um gegen den Krieg Stellung zu beziehen, war ich oft sehr überrascht, von den unglaublichen juristischen, diplomatischen und strategischen Verwicklungen zu hören, die eine Rolle spielten, wenn es darum ging, eine Delegation mit einer Resolution von drei oder vier Punkten zu einer ausländischen Botschaft zu schicken oder einem Regierungschef ein Kommuniqué zu überreichen, was doch die einfachste Sache von der Welt schien. Verwicklungen, die mir niemals in den Sinn gekommen wären, denn die Tatsache, daß wir von der Macht ausgeschlossen sind, gibt uns Frauen eine unglaubliche Freiheit des Denkens, die leider mit einer unerträglichen Schwäche einhergeht.

Warum haben die arabischen Frauen, die normalerweise schweigen und gehorchen, ihre Angst derart laut hinausgeschrien in jener endlosen Nacht, die der Krieg dauerte? Haben sie intuitiv begriffen, sie, die schon das Gesetz offiziell als minderwertig bezeichnet, daß ebenjene Gewalt, die durch den Segen der höchsten Instanz zur Verteidigung der Menschenrechte, der Vereinten Nationen, als legitim dargestellt wurde, in diesem Fall innerhalb der arabischen Welt weitere Gewalt auslösen und weitere Todesurteile rechtfertigen würde?

Haben sie geschrien, weil sie wie die Schafe am *'Īd al-kabīr* (Opferfest) fühlten, daß diese Gewalt, die die Priester der Demokratie und der Menschenrechte, die westlichen Staatschefs und die hohen Funktionäre der Vereinten Nationen, verordnet hatten, eine Ära mit weiteren Ritualen einleiten würde, die um so archaischer und zerstörerischer sein würden, als sie sich anderer Register bedienten und sich auf andere Zeremonien bezögen?

Das Schicksal einer Frau in einer arabischen Gesellschaft ist schon in Friedenszeiten ungewiß.

Noch viel unsicherer wird dieses Schicksal in einer arabischen Gesellschaft, die von fremden Streitkräften mit Feuer und Schwert überzogen wird.

Und wie erschütternd sind erst die Perspektiven für ein Frauenschicksal in einer arabischen Gesellschaft, die mit Feuer und Schwert überzogen wird im Namen des internationalen Rechts und legitimiert vom Sicherheitsrat der Vereinten Nationen, und zwar von eben jenen westlichen Staaten, die die ethische Führung beanspruchen, indem sie die anderen Nationen zwingen, ein Demokratie-Modell als allgemeinverbindlich anzuerkennen, dessen wesentlicher revolutionärer Beitrag gerade darin liegt, der Gewalt jeden Anschein von Legitimität zu nehmen! War dieser Krieg tatsächlich unausweichlich? Genau das ist die Frage.

Warum bedroht das Versprechen der Demokratie derart die Hierarchien, warum destabilisiert es die Regime in Afrika und Asien, warum bringt es die Machthaber ringsum dazu, die Authentizität zu beschwören, wenn nicht, weil es genau ins Herz dessen zielt, was die Tradition ausmacht: die Möglichkeit, die Gewalt mit dem Mantel des Heiligen zu schmücken? Der Westen begann an jenem Tag für die politische Führung jener Nationen, die durch seinen kolonialen Terror traumatisiert waren, glaubwürdig zu werden, als er das Versprechen abgab, jede Gewalt gegen ein menschliches Wesen als illegitim zu verurteilen. Das demokratische Modell vollzieht einen Bruch mit der elenden Weltgeschichte als Aufeinanderfolge inner- und zwischenstaatlicher Massaker und Pogrome, weil es die jahrhundertealte Verknüpfung von Gewalt und ihrer Legitimierung negativ besetzt.

Niemals war es dem Westen, der in der Erinnerung der Dritten Welt durch die Vergangenheit als brutaler Kolonisator gebrandmarkt ist, gelungen, sich glaubhaft als Träger einer guten Sache für die anderen Kulturen darzustellen, schon gar nicht mit seinem demokratischen Credo; dies gelang ihm erst, als die Berliner Mauer fiel. Mit Hilfe der Medien hatten dieses Ereignis und der reihenweise Sturz von Despoten, der darauf folgte, insbesondere die tragische und groteske Niederlage Ceauşescus, vor allem aber der totgeborene Putsch von Moskau, in den Herzen der arabischen Städte einen Hoffnungsschimmer entfacht, der zuvor stets unterdrückt worden war.

Ein Fischhändler drückte mir in der Medina von Rabat

mein Kilo Merlan in die Hand und stürzte sogleich in den mit einem Fernsehapparat ausgestatteten Nachbarladen, als der Nachrichtensprecher ankündigte, daß man Nicolae und Elena Ceauşescu verhaftet habe. Die Antwort, die er mir gab, als ich nach zehn Minuten des Wartens meinen Unmut ausdrückte, weil er mich alleine gelassen hatte, verdeutlicht, was dieser Moment für die Massen bedeutete: »Ich hatte die Wahl, Sie zu bedienen, was mir 40 Dirham (5 Dollar) eingebracht hätte, oder zu hören, wie weit die Rumänen sind, d. h. der Apokalypse (*al-fanā'*) beizuwohnen. Geben Sie zu, daß man das nicht vergleichen kann? 40 Dirham oder die Apokalypse? Wer würde 40 Dirham wählen? Ich bin Analphabet, Madame, aber ich kann ebenso wie Sie, die wahrscheinlich viele Diplome hat, spüren, daß die Geschichte an einem Scheideweg steht.«

Der Fall der Berliner Mauer und der reihenweise Sturz von Menschen, Institutionen und Symbolen des Despotismus in Osteuropa wurden als Ereignisse von universeller Tragweite erlebt, obwohl sie geographisch und ethnisch begrenzt waren. Es stimmt, daß nur die Europäer, noch genauer: die Deutschen, in erster Linie als direkte Akteure beteiligt waren. Sie waren es, die man auf die Mauer steigen sah, das Ende der Mauer besingen sah, sie in Stücke hauen sah, sich mit diesen Mauerstücken schmücken sah, als seien es Kleinode, Sinnbilder für niederzureißende Grenzen, für einen auseinanderzureißenden Hijab (*ḥiǧāb*, Vorhang, aber auch Schleier). Wenn ein Kind im Spaß »Eiserner Vorhang« ins Arabische übersetzt, verfällt es auf das Wort Hijab und wählt spontan *al-ḥiǧāb al-ḥadīdī*. Und es hat recht, denn die Übersetzung von jedwedem Vorhang, der den Raum trennt, um den ungehinderten Verkehr zu unterbinden, ist durchaus »Hijab«[1].

Die kleinen Leute, die Handwerker in den maghrebinischen Altstädten, die Bauern in den Bergen des Atlas konnten sich mühelos mit diesen jungen Blonden beiderlei Geschlechts identifizieren, die einander umarmten, sangen und die Mauer zerstörten, trunken von Freiheit und von dem Wunsch, mit der autoritären Herrschaft Schluß zu machen. Der Fall des Hijab von Berlin ließ mitten in die Medinas auch ein neues Wort platzen, das ebenso gefährlich war wie alle Atombomben zusammengenommen: *šaffāfīya* (Transparenz, Durchsichtigkeit). Die Araber beiderlei Geschlechts, die von der Macht ausgeschlossen sind und täglich ein Leben führen, das um so reduzierter ist, je ineffektiver die politische Willkürherrschaft ist, interessierten sich plötzlich für jene Völker des Nordens, die in den Straßen nach Freiheit und Gerechtigkeit riefen. Sie hatten von Deutschland nur die Vorstellung von einem reichen Land, wo das Gedeihen der Deutschen Mark die Leute eher dazu trieb, sich mit Vergnügungen zu betäuben, als über das Los der Armen nachzudenken und sich davon rühren zu lassen. Und plötzlich sind sie von einem so vertrauten, so wesentlichen, so grundlegenden Gefühl beseelt, dem Sinn für Gerechtigkeit und Freiheit, von dem man meinte, daß sich damit nur die Ausgestoßenen beschäftigten. »Allah! Die Deutschen fühlen wie wir. Sie lieben ihre ärmeren Brüder und befreien sie!« sagte unaufhörlich Ali, der Händler im *Sūq as-Sabbāṭ*.[2] Er hatte drei Tage nach dem Fall der Mauer einen Schwarzweißfernseher für seinen Laden gekauft. »Nur, um die Welt zu sehen, *Ustāḏa* (Frau Professor), nur um zu sehen.« Der Westen, den man wegen seines Luxus und seiner Libertinage für unempfindlich hielt, öffnete sich den Emotionen, die seit der humanistischen Welle von 68 vergessen waren. Ein ganz anderes, unerwartetes Europa platzte da auf die Bildschirme des arabischen Fernsehens. »*Kāfirūn* (Ungläubige) und Humanisten! Allah ist groß!«

murmelte Ali, ein Auge auf den Bildschirm und eins auf seine Schuhe gerichtet.

Im Fall des Hijab von Berlin standen die Europäer für die arabischen Massen, kurz vor der Bombardierung Bagdads, als diejenigen da, die mit ihrem Bekenntnis zur Demokratie das Problem der Gewalt lösen und ihre Anwendung einschränken wollten. Die mächtige Woge universeller Hoffnung, die das Freiheitslied der Europäer aufwirbelte, das Versprechen, die Gewalt zu verurteilen, wurden brutal und abrupt durch diesen Krieg gebrochen, einen Krieg, in dem die verwirrten arabischen Massen einige Monate die Statisten spielten, eingelullt von einer humanistischen europäischen Jugend, die von Gewaltlosigkeit sang. Da tauchte – wie in den schlechten Wendungen der Erzählungen aus Tausendundeiner Nacht – auf ihren Bildschirmen plötzlich eine andere Rasse auf, die sie schon vergessen hatten: alte Generäle mit ihren Käppis und Orden, identisch mit jenen der Kolonialarmee; voller Stolz zählten sie die Tonnen von Bomben, die sie über Bagdad abwarfen. Zwei Wochen nach dem Beginn der Bombardierungen hatte Ali seinen Schwarzweißfernseher verkauft, um das Geld dem marokkanischen Roten Halbmond zu geben, der Medikamente für den Irak kaufen sollte. »Ich verstehe überhaupt nichts mehr, *Ustāḏa*. Das ist ein Geschäft der Chefs, die haben das untereinander ausgemacht. Die Schuhmacher von Bagdad sind daran nicht beteiligt. Aber warum muß man die Leute bombardieren? Stell dir nur vor, sie würden eine Bombe auf den *Sūq as-Sabbāṭ* werfen! Ein Feuerwerk würde schon genügen, um die ganze Medina in Flammen aufgehen zu lassen! Ich bin 46 Jahre alt, und das letzte Mal, als ich das Käppi eines französischen Generals gesehen habe, da war ich zehn, das war 1955, am Vorabend der Unabhängigkeit. Aber die Amerikaner mit ihren Maschinen, das ist wie in den Filmen! Außer, mein Gott, daß derjenige, auf den gezielt wird, unser Bruder ist. Ich habe Alpträume. Meine Frau hat mir verboten, weiterhin fernzusehen.«

Notzucht ist schmutzig. Aber die Notzucht, die gerade vorher in schillernden Farben dem Opfer die Hoffnung auf eine neue Ära ausgemalt hat, in der es keine Gewalt mehr geben wird, ist ein Phänomen, das an Grausamkeit alles übertrifft, was der menschliche Geist sich auszudenken vermag. Und diese Widersprüchlichkeit der Europäer gegenüber der Gewalt – und ich spreche in ethnischen Begriffen, da dieser Golfkrieg die Diskussion auf ein archaisches Niveau hat sinken lassen, das zweier wilder Stämme, die sich auf den beiden Ufern des Mittelmeers verschanzt haben – hat diese Verwirrung und diese Fassungslosigkeit in den Köpfen gestiftet. Niemals habe ich meine Kollegen im Norden als derart in ihrem Europäertum und mich als derart in meinem Arabertum festgefahren empfunden, jeder so archaisch in der unaufhebbaren Verschiedenheit befangen, wie auf meiner Reise nach Deutschland und Frankreich während des Krieges. Ich nahm an Diskussionen teil, die eigentlich ein Dialog sein sollten, die aber in Wirklichkeit nur unsere erbärmliche Unfähigkeit dokumentierten, die Grenzen zu überschreiten, den anderen in all seiner Unterschiedlichkeit zu sehen, ohne daß diese Unterschiedlichkeit bedroht oder erschreckt. Denn solange die Unterschiedlichkeit angst macht, wird die Grenze das Gesetz sein. Ich bin in einem Harem geboren worden, und ich habe instinktiv sehr früh begriffen, daß sich hinter jeder Grenze ein Schrecken verbirgt. Und über diese Angst möchte ich mich mit Ihnen in diesem Buch unterhalten, vielmehr über die Ängste. Ängste jeder Couleur, die überall auftauchen, im Orient und im Okzident, und die sich häufig durch seltsame Spiegeleffekte ins Endlose vervielfältigen. Individuelle Ängste auch, aber vor allem kollektive Ängste, denn erstere führen zum Selbstmord, was letztlich eine persönliche Angelegenheit ist, während letztere direkt zur *fitna* führen, zur Gewalt, die um so tödlicher ist, als sie in der Intimität, der Gruppenwärme, stattfindet.

Und in meiner Gruppe sind die Grenzen zum Gesetz erhoben, sie werden diesseits des Mittelmeeres zu *ḥudūd*. Und *ḥudūd*, sichere und unverrückbare Grenzen, die uns beschützen und sich schließen, wenn wir Angst haben, wie jene, mit der unsere Vorfahren die Medina umgaben, gibt es nicht, zumindest nicht unter Kontrolle der Araber – das hat uns der Golfkrieg gelehrt. Und wie kann eine arabische Frau, frage ich Sie, darauf bestehen, ihr Problem, das ja gerade der Hijab ist, das Synonym für die kosmischen *ḥudūd*, innerhalb der eigenen Gruppe zu erörtern, wie kann sie verlangen, daß für die Geschlechter neue Grenzen ausgehandelt werden, wenn diese Gruppe sich nackt und zerbrechlich fühlt in einer Welt, in der sich die Bomben mit leidenschaftlicher Wut Bagdad zum Ziel nehmen können?

Wußten Sie, daß Bagdad sich anfangs, bei seiner Gründung im 2. Jahrhundert der Hedschra (*hiǧra*; 8. Jahrhundert u. Z.)[3], *Madīnat as-Salām* (Stadt des Friedens) nannte, um auf Erden die Erinnerung an das kosmische Paradies wachzuhalten, das *dār as-salām* des Korans?[4] Auf jeden Fall wurde die Stadt so von ihrem Begründer *al-Mansūr*, dem zweiten Abbasiden-Kalifen (136–158 der Hedschra/754–775 u. Z.) auf den Münzen, den Gewichten und in den Briefen genannt, die er diktierte. Er wollte die Stadt sicher und uneinnehmbar machen, weshalb seine Architekten sie mit einer kreisrunden Mauer umgaben. Wußten sie, daß vor ihnen die Sabäer in Südarabien den Kreis für den Tempel der *Siyāsa* (Politik) reservierten? Jedenfalls war die Idee der

Grenzen, der *ḥudūd*, im Paradies des Kalifen *al-Mansūr* sehr präsent, nicht nur, weil seine Hauptsorge der Verteidigung galt, sondern auch, weil sein Ideal von einer wohlorganisierten muslimischen Gemeinschaft darin bestand, klare Grenzen zu schaffen, um die Unterschiede zu trennen und zu kontrollieren. Um eine noch größere Sicherheit zu erreichen, gab er 157/773 den Befehl, die Märkte außerhalb der Mauern abzuhalten, damit die aufrührerische und undankbare Bevölkerung auf Distanz bliebe und vor allem fern vom Palast. Das war seine Vorstellung vom Paradies auf Erden.

Haben sich die Dinge seither geändert, ist zwölf Jahrhunderte später unser kleines Paradies, das wir täglich neu schaffen, nicht ein Abbild von *Madīnat as-Salām*? Wem unter uns gelingt es, sich eine Stadt des Friedens ohne Grenzen, ohne Trennungen, ohne *ḥudūd*, ohne Mauern, ohne Hijab vorzustellen? Wer von uns bewegt sich in seinen Grenzen in Sicherheit? Und dennoch hat dieser Krieg bewiesen, daß alle arabischen Städte, genau wie das gegenwärtige Bagdad, sich allen Trugbildern hingeben können, nur nicht dem der Grenze. Grenzen gibt es für unsere Städte nicht mehr. Und wie soll man ohne *ḥudūd* leben? Woher soll man das Gefühl der Sicherheit nehmen auf einem Planeten, wo selbst die Verteidigung der Freiheit, »freedom«, wie Mr. Bush sagt, eine ebenso tödliche wie nicht zu fassende High-Tech-Gewalt mobilisieren kann? Ist es ein Zufall, daß man ein Haus ohne Sicherheit *'aura* (nackt) nennt wie eine Frau ohne Hijab?[5]

Und alle Worte zur Bezeichnung einer schutzlosen Stadt oder eines schutzlosen Hauses werden im Arabischen gleicherweise für Frauen ohne Schleier benutzt. Frauen, die ohne Schleier in den Straßen herumlaufen, verletzen die Norm und die Grenzen. Sie werden einerseits als schutzlos angesehen, weil sie die Grenze des Harems überschritten haben, des verbotenen und geschützten Raums, aber auch als Eindringlinge in Gebiete, in denen sie nichts zu suchen haben. Ein anderes Wort, das in den Predigten der Imame benutzt wird, um die Gefahren der Vermischung zu erklären, die heute die muslimischen Städte aushöhle, ist *tabarruǧ*, das wie *'aura* ein der militärischen Strategie entliehenes Wort ist. Es kommt von *burǧ*, die Festung, die so genannt wird, weil sie »deutlich sichtbar und herausragend ist«, erklärt das Wörterbuch. Der Charme einer Frau, die um ihre Schönheit weiß, die sich schön macht, in den Straßen ohne Hijab spazierengeht und mit den Hüften schwingt, ist *tabarruǧ*.[6] Frei mit unbedecktem Gesicht herumlaufen bedeutet, sich dem Blick des anderen aussetzen, was den Mann schutzlos macht. In Anlehnung an den Begriff *ḥiṣn* (Zitadelle, Festung) wird man *muḥṣan,* Verheirateter, genannt, weil man vor Versuchungen geschützt und die sexuelle Befriedigung gewährleistet ist. *Muḥṣan* ist ein juristischer Begriff, der im Fall von Ehebruch eine Rolle spielt, um die Strafe zu erhöhen.[7] Verheiratete Männer oder Frauen sind geschützter vor den Versuchungen des Ehebruchs als Alleinstehende. Die Frau *muḥṣana* ist durch die Zärtlichkeiten und die Freuden, die ihr der Ehemann bereitet, geschützt wie die Stadt durch eine *ḥiṣn*. Er schützt sie nicht nur physisch vor der Gewalt der anderen Männer, die sie begehren könnten, sondern vor allem vor den Versuchungen, die sie selbst dazu bringen könnten, die *ḥudūd*, die Grenzen Allahs, zu überschreiten. Die sexuellen *ḥudūd* markieren das Stop-Zeichen gegen die zügellose Lust, wie die Wälle eine Stadt verteidigen. Aber diese sexuellen *ḥudūd* haben noch eine weitere, ebenfalls strategische Bedeutung, die den Aufschrei der Imame gegen die Vermischung erklärt; sie schützen die Stadt vor dem Individualismus, der Quelle allen Aufruhrs. Die *ḥudūd* brennen die kosmische Ordnung in das Fleisch ein, die es erlaubt, sich in Frieden in einer Stadt zu bewegen, wo sich alles um die Gruppe dreht, wo Individualismus und Verlangen sorgfältig hinter dem Hijab verborgen werden.

In diesen Zusammenhang muß die Fixierung auf den Hijab gestellt werden, um zu verstehen, weshalb sein Verschwinden so viel Angst einjagt. Der Hijab ist eine Metapher für *ḥudūd*, die Grenzen, die trennen, festlegen und abweisen, insbesondere jene Grenzen, die *dār al-Islām*, das islamische Territorium, umgeben und es vor dem Rest der Welt schützen. Das Ende dieses Jahrhunderts erinnert an die Apokalypse, Grenzen und Haltepunkte scheinen nur noch zu existieren, um sich aufzulösen, das Innen unterscheidet sich kaum noch vom Außen. Die jungen, gerade 20jährigen Unverheirateten flanieren zu Millionen durch die großen Städte, wo vor allem die ledigen Frauen mit all ihren Reizen eine leichte Beute werden, da sie ohne *ḥiṣn* sind. Das Überschreiten der Grenze ist beinahe vorprogrammiert: »Denn der Mensch ward schwach erschaffen«[8], sagt der Koran. Und diese Schwäche, so kommentieren die Imame, ist nichts als die *šahawāt*, die Begierden, die von Anfang an als größeres Problem gesehen wurden.[9] Wie kann man es diesem Muslim, der bereits durch so viel Unvorhergesehenes irregeleitet ist, ein verwirrter Besucher des Welttheaters, das er wie ein Fremder betrachtet, ersparen, »den niederen Gelüsten zu folgen«?[10] Die symbolischen oder steinernen Grenzen von *ḥiṣn, burǧ, qaṣba* entmutigten die Feinde. Die Städte lebten in Frieden nach diesem muslimischen Ideal. Die Sicherheit war vorstellbar. Der Muslim mußte auf der Hut sein, wachsam, verteidigungsbereit, immer ein Auge auf die *ḥudūd* haben, die die Frauen umgaben, und ein Auge auf die Grenzen des Reichs.

Aber was passiert nun, da die beiden Grenzen verschwinden, und zwar gleichzeitig? Der Feind ist nicht mehr auf dem Boden, er hat den Himmel und die Sterne besetzt und herrscht über die Zeit. Er verführt eure Frauen, verschleiert oder nicht, durch den Fernseher, das Fenster zur Welt. Die neuen Herren bedürfen der Bomben nur noch gelegentlich, die »Patriots« sind für die großen Initiationsriten und die unvermeidlichen Opfer. In normalen Zeiten füttern sie dich ganz unauffällig: öffentliche Durchsagen, Lieder für Jugendliche, banale technische Informationen, abzulegende Prüfungen, zu beherrschende Sprachen und Kodes. Unsere Knechtschaft ist fließend, unsere Erniedrigung ist betäubend.

Mekka, das ist wahr, ist immer noch das Zentrum der Welt, aber es bedarf der amerikanischen Luftwaffe, um es zu schützen. Aber wogegen kann eine solche Armee es beschützen? Gegen welche Abweichungen und Verwirrungen? Und die Frauen in den Städten? Welche Gebete müssen gesprochen werden, um welche Gewalttätigkeiten zu verhindern? Wer hat Angst, und vor wem, in einer Stadt ohne Grenzen? Und was wird aus uns Frauen in einer Stadt, wo die Verteidigung des *ḥudūd* in den Händen von Ausländern liegt?

Wie und vermittels welcher genauen Handhabung der Ängste wird die militärische Kartographie mit der Kartographie der Wünsche zur Deckung kommen, und wie werden beide einander stützen und spiegeln und zur Schwächung des arabischen Mannes beitragen? Und wer wird für all diese unklaren Grenzen bezahlen? Die Männer? Die Frauen? Traditionellerweise sind wir Frauen dazu bestimmt, als rituelle Opfer zu dienen, um das Gleichgewicht wiederherzustellen, wie wir gleich sehen werden. Sobald die Stadt im Chaos untergeht, befiehlt der Kalif den Frauen, nicht mehr auszugehen. Werden wir, die in den muslimischen Städten lebenden Frauen, die wir die Grenzen der Wünsche als Tätowierungen auf unserem Leib tragen, bei künftigen Ritualen Verwendung finden, um denjenigen die Identität zu sichern, die Angst haben, die Frage nach dem eigentlichen Problem zu stellen, dem des Individualismus und der sowohl sexuellen als auch politischen Verantwortung?

Was passiert in der neuen arabischen Stadt nach dem Golfkrieg, die alles, nur nicht *Madīnat as-Salām* sein kann, mit den Frauen, die angst machen, weil sie bereits die Grenzen verschoben und die Schranken zurückgewiesen haben? Wie läßt sich ein Bagdad denken, wo Sicherheit möglich ist, obwohl der Kreis verschwunden ist?

Die Angst vor dem fremden Westen

Ġarb, so das arabische Wort für Westen, ist auch der Ort der Dunkelheit und des Unfaßbaren, und beides ist immer erschreckend. *Ġarb* ist das Gebiet des Fremden, des *ġarīb*. Alles, was man nicht begreift, erschreckt. Das Fremde hat im Arabischen eine sehr starke räumliche Konnotation, denn *ġarb* ist der Ort, wo die Sonne untergeht und wo die Schatten lauern. Im Westen ist es, wo die Nacht die Sonne schnappt und verschlingt; und dann ist jeder Terror erlaubt. Dort ist es auch, wo das Fremde (*ġarāba*) seine Heimstatt aufgeschlagen hat.[1] Als Tante *Ḥalīma* bei ihren Erzählungen am Freitagabend eine Figur auftauchen ließ, die sich *ġarīb* nannte, zog mich *ʻAzīza*, meine Cousine, an meinem Zopf, ich zog an dem von *Minā*, die Luft ließ sich nur schwer einatmen, und wir hörten auf, geröstete Kichererbsen zu kauen. Instinktiv wußten wir, daß furchtbare Dinge im friedlichen Zimmer der alten Dame passieren würden. Im *ġarb* öffnen sich im Dunklen alle Abgründe. Man kann nicht mehr sehen, man muß sich auf andere Sinne verlassen, um das zu fangen, was sich bewegt und weh tun kann. Der Ort, wo die Sonne untergeht, ist immer weit entfernt und sehr verschieden von dem Gebiet, in dem man selbst sich befindet. Und es ist das Reich der Nacht. Der Rabe heißt im Arabischen *ġurāb*, und er bringt Unglück, weil seine Farbe Blindheit ankündigt.

Das Reich der untergehenden Sonne ist auch das Reich der Ferne *(baʻīd)*, der extremen Distanz. Der Maghreb (arab.: *al-Maġrib*) ist das Reich der untergehenden Sonne, und die Maghrebiner waren in Tausendundeiner Nacht immer die Herrscher über die Magie, über all das, was der

Islam verbietet und verdammt. Die übliche Wendung zur Bezeichnung Marokkos ist *al-Maġrib al-Aqṣā*: der Ferne Westen. Innerhalb der arabischen Gemeinschaft werden wir, die Maghrebiner, von den Leuten des *Mašriq* (des Morgenlandes) als im Grunde zweideutig angesehen, zu dicht an der Grenze zum Christentum, auf jeden Fall einem Grenzgebiet zugehörig. Etwa wegen unseres Berbertums, wegen der Tatsache, daß wir vor der arabischen Eroberung eine andere Sprache, ganz andere Riten und Kulte hatten? Etwa deshalb, weil Tanger nur ein Dutzend Kilometer von Spanien entfernt ist? Oder weil der Atlantik bis zur Entdekkung Amerikas als Ende der Welt betrachtet wurde? Wie dem auch sei, der Unterschied ist vorhanden und wird eine Rolle spielen in der arabischen Welt, die gefordert ist, sich zu demokratisieren, ihre vielen Komponenten zu leben und als Reichtum zu begreifen. Wenn übrigens ein Franzose von »Maghrebinern« spricht, dann meint er ganz einfach »Fremde«.

Das Fremde ist vor allem etwas Räumliches. Und um sich vor dem zu schützen, was man nicht kennt, muß man Grenzen errichten. Der Golfkrieg hat die Araber zumindest zwei Lektionen gelehrt: Keine markierte Grenze schützt sie mehr vor dem *ġarb*. Das zum ersten. Das zweite ist, daß von einem bestimmten Grad der Verwundbarkeit an der Schrekken unerträglich wird, so daß uns als einzig möglicher Reflex bleibt, dem Schrecken ins Auge zu sehen und ihn zu verstehen. Wir haben es satt, Angst zu haben. Die Medina und ihre Bewohner entschließen sich zu guter Letzt, die Spielregeln zu ändern: zu verstehen, um nicht zu krepieren. Es liegt nicht am fremden Westen, uns zu verstehen, es liegt an uns, ihn zu verstehen. Und für diese Aufgabe sind wir gut gerüstet: Millionen von Arabern sprechen seine Sprachen und sind bestens vertraut mit seinen Ideen, Kulturen und

Träumen. Millionen leben in seinen Ländern und könnten ein Spiegel sein, in dem Gesprochenes und Gehörtes zum Ausdruck kommt, sich verbreitet und durchdringt.

Der Angst ins Auge sehen

Bis zum Golfkrieg beschäftigten sich die Araber vor allem mit den Grenzen und mit Untersuchungen des Hijab, und jetzt versuchen sie einfach zu sehen, wer der andere ist, und vor allem, warum er so stark ist und wir so schwach sind, so verwundbar. Die Demokratie natürlich, die Achtung vor dem Individuum und seinen Rechten, wurden als das Geheimnis dieser Kraft erkannt, und es besteht nun ein Bedarf nach diesen Werten; sie waren eine nachdrückliche Forderung in den Parolen der Massen, die durch die Straßen von Algier, Tunis und Rabat zogen, um gegen den Krieg und die Bombardierung von Bagdad zu protestieren. Einige Parolen auf dem Friedensmarsch des marokkanischen Volkes am 3. Februar 1991 lauteten:

»*Mā sa'lūnaš! Mā sa'lūnaš!*« (Wir wurden nicht gefragt!)
»*Al-qarār qarārunā!*« (Die Entscheidung liegt bei uns!)
»*Mā sa'lūnaš! Mā sa'lūnaš!*« (Wir wurden nicht gefragt!)

Wenn die Volksmassen ihren Wunsch nach Demokratie hinausschreien, dann beschleicht jene, die die Entscheidungen treffen, Furcht. Man kann gut verstehen, daß diejenigen, die ihre Entscheidungsgewalt *(qarār)* behaupten wollen, versuchen werden, die uralte Angst vor dem Westen auf die Demokratie zu übertragen, seine so sonderbare und so faszinierende Tochter. Die Demokratie als westliche »Krankheit« zu bezeichnen, sie mit dem Tschador der Fremdheit zu umhüllen, ist eine strategische Operation, die Milliarden Petrodollar kostet. Dieses kleine Buch wird sein Ziel erreicht haben, wenn es ihm gelingt, einfach einige Techniken aufzuzeigen, die für diese Art Manöver benutzt werden. Die Manipulation der Furcht, das Vermengen der modernen Ängste mit den uralten, ist eine davon. Gewiß sind derlei Manöver nicht einfach, weil sie auf dem so ungewissen Gebiet der Emotionen und Hoffnungen stattfinden, vor allem dem der Wünsche, Lustversprechen und Schmerzensängste. Die Moschee und die Parabolantenne, die Sünde und Coca-Cola, die geistliche Besinnung und das Bankkonto. Wir begeben uns da auf das Gebiet der typisch orientalischen Spitzfindigkeiten, wo man auf alles hoffen kann, nur nicht auf einfache Antworten. Sie können alle Farben wählen, die Sie wollen, nur nicht schwarz oder weiß. Aber gehen wir mit Geduld vor, denn alle Umwege brauchen ihre Zeit. Sie können dorthin führen, wo die geraden Wege aufhören. Dieses Buch garantiert also keineswegs, daß man alles über den Widerstreit zwischen Islam und Demokratie erfährt. Nur die Imame und die Präsidenten der muslimischen Republiken können euch diese Art von Gewißheiten geben. Aber indem man die Zweideutigkeiten, die Analogien und Paradoxe erforscht, kann man, das weiß ich als Frau, die uralten Schlösser aufbrechen und die Ängste, die sie verbergen.

Da der Westen die Furcht hervorbringt wie die Spinne ihr Netz, genügt es, eine Idee in dieses Netz zu ziehen, damit sie den Geruch der Furcht annimmt und in den Bereich des Verbotenen gerät. Stellen Sie sich für einen Moment vor, Sie seien auf einem Fluß, wo Orient und Okzident aufeinander zusteuern. Es handelt sich um zwei Schiffe mit vielen Leuten an Bord. Der Orient schaut sich an, was auf ihn zukommt, und plötzlich sieht er sein eigenes Spiegelbild. Der Westen ist in diesem Augenblick nichts anderes als ein Spiegel. Der Orient erschrickt daraufhin sehr, und zwar nicht deshalb, weil er mit dem fremden Westen konfrontiert ist, sondern weil er genau das von sich selbst widergespiegelt und enthüllt sieht, was er zu verbergen versucht: die persönliche Verantwortung. Die Demokratie, d. h. das Bestehen auf der Souveränität des Individuums gegenüber der Willkür des Führers, ist keineswegs so neu, wie unsere Imame uns weismachen wollen. Sie wurde nur immer verdrängt. Die Demokratie in diesem Sinn ist dem muslimischen Orient nicht fremd, sie ist sein Krebsgeschwür, das er seit Jahrhunderten mit sich herumschleppt. Die Oppositionellen haben ständig rebelliert und versucht, die Führer zu töten. Und diese haben immer versucht, sie zu liquidieren. Dieser Todestanz zwischen Autorität und Individualität ist Gegenstand unserer muslimischen Verdrängung, denn keine Zivilisation läßt ein solches Bad in Blut und Gewalt gerne an die Oberfläche kommen. Unsere Lehrer verbergen vor uns und vor sich selbst diese unversiegbaren Ströme von Blut, während sie uns etwas von den Wohltaten der Einheit und der Solidarität im Schoß der *Umma*, der muslimischen Gemeinschaft, vorpsalmodieren.

Der Westen erschreckt, weil er die Muslime zwingt, die Leichen aller Oppositionellen auszugraben, die von den Kalifen massakriert wurden, die der Religiösen und der Weltlichen, die der Intellektuellen und der namenlosen Handwerker, die Leichen all derer, die als Sufis oder als Philosophen verurteilt wurden, weil sie, wie es im Palast hieß, von fremden Ideen sprachen, die aus Griechenland, Indien und von den alten persischen Religionen stammten.

Der Aufmarsch der Massen, die in den arabischen Straßen während des Golfkonflikts ihren Wunsch nach Demokratie hinausschrien, wurde von den westlichen Medien nicht wahrgenommen, und gleichwohl ist es eines der wichtigsten Ereignisse, das die Dynamik der Region noch lange bestimmen wird. Ich befand mich in der Menge, als ein europäischer Fernsehsender am 3. Februar 1991 in Rabat bei dem Solidaritätsmarsch für den Irak Interviews machte. Der französische Kommentator hat ihn als Marsch fremdenfeindlicher Fundamentalisten hingestellt, bei dem die französische Fahne verbrannt wurde.

Es stimmt, daß die französische Fahne verbrannt wurde und daß die Fundamentalisten mitmarschierten, aber auch andere Gruppen, alle Richtungen der marokkanischen Linken und Tausende Unabhängige wie ich selbst, die aus allen möglichen Lagern, von den Universitäten bis hin zu den kleinen Leuten, kamen. Ali, der Schuhverkäufer aus dem *Sūq as-Sabbāṭ*, war da. Auch er ist unabhängig wie ich. »Ich vertraue niemandem, weder denen mit Bärten noch denen ohne«, sagt er oft.[2]

Die Begegnung des Kalifen

Aber kommen wir zurück zum Fluß und zum Spiegel und vor allem zu dem wichtigen Punkt des Fremden: uns selbst. In einer der Geschichten aus Tausendundeiner Nacht begegnet der Herrscher sich selbst. Er sieht seinen Doppelgänger auf einem Fluß, und er erfährt dies als totales Verlorensein, als völlig unverständliche Angelegenheit, faszinierender, als man sich überhaupt vorstellen kann. Der Kalif war niemand anderes als Harun al Raschid (*Hārūn ar-Rašīd*), der 5. Kalif der Abbasiden-Dynastie (Regierungszeit: 170–193/786–809), an dessen prunkvollem und großartigem Leben sich die Phantasie seiner Zeitgenossen entzündete: »Eines Nachts wurde der Kalif Harûn er-Raschîd von großer Unruhe geplagt; da ließ er seinen Wesir Dscha'far, den Barmekiden, kommen und sprach zu ihm: ›Meine Brust ist beklommen, und ich habe den Wunsch, mich heute nacht in den

Straßen von Baghdad umzuschauen und dem Treiben der Menschen zuzusehen; doch dazu müssen wir uns als Kaufleute verkleiden, damit uns niemand erkennt.‹ ›Ich höre und gehorche!‹ gab der Wesir zur Antwort. Zur selbigen Stunde erhoben sie sich, legten die prächtigen Staatsgewänder, die sie trugen, ab und zogen Kaufmannskleider an. Es waren ihrer drei, der Kalif und Dscha'far und Masrûr, der Schwertträger; und sie gingen von Ort zu Ort, bis sie zum Tigris kamen. Dort sahen sie einen alten Mann in einem Boote sitzen; an den traten sie heran, grüßten ihn und sprachen: ›Alterchen, wir bitten dich um die Güte und den Gefallen, daß du uns mit diesem deinem Boote zu einer Lustfahrt hinausruderst; nimm diesen Dinar als deinen Lohn!‹ [...]

Jener antwortete: ›Wer kann denn noch eine Lustfahrt machen, wo der Kalif Harûn er-Raschîd jede Nacht in einer kleinen Schaluppe den Tigris hinunterfährt und ein Ausrufer bei ihm ist, der da verkündet: ›Ihr Leute allesamt, groß und klein, gering und fein, Männer und Jüngelein! Einem jeden, der jetzt ein Schiff besteigt und auf dem Tigris fährt, dem schlage ich den Kopf ab, oder ich hänge ihn am Maste seines Fahrzeuges auf!‹ Ihr könntet ihm gerade jetzt begegnet sein; denn sein Boot kommt dort an.‹ Da sprachen der Kalif und Dscha'far: ›Alter, da nimm diese beiden Dinare und fahre uns unter einen von den Bögen dort, bis das Boot des Kalifen vorüber ist!‹ ›Gebt das Gold her!‹ sagte der Alte, ›wir wollen auf Allah den Erhabenen vertrauen.‹ Nachdem er die Goldstücke erhalten hatte, ruderte er mit ihnen eine Weile dahin; plötzlich aber kam das Schiff mitten im Tigris dahergefahren, von Kerzen und Leuchten erhellt. Da sprach der Alte: ›Habe ich euch nicht gesagt, daß der Kalif jede Nacht hier fährt?‹ Dann fuhr er fort: ›O schützende Macht, lüfte nicht den Schleier der Nacht!‹ So fuhr er mit ihnen unter einen Bogen und legte ein schwarzes Tuch über sie; nun schauten sie unter dem Tuche hervor und erblickten vorn im Boot einen Mann, der in der Hand eine Leuchte aus rotem Golde hielt, und die speiste er mit sumatranischer Aloe. Jener Mann trug einen Ärmelmantel aus rotem Atlas; über seiner einen Schulter lag ein Band aus gelber Seide, das mit Silber bestickt war, um seinen Kopf trug er einen Turban aus feinem Musselin, und über seiner anderen Schulter hing ein grünseidener Beutel, voll von sumatranischem Aloeholz, mit dem er das Feuer in der Leuchte statt mit Reisig speiste. Und ferner sahen sie einen anderen Mann am Ende des Bootes, der ebenso gekleidet war und eine ebensolche Leuchte in der Hand hielt. In der Mitte des Bootes aber erblickten sie zweihundert Mamluken, die rechts und links in Reihen standen, zu seiten eines Thrones aus rotem Golde, der dort aufgestellt war und auf dem ein Jüngling schön wie der Mond saß, gekleidet in ein schwarzes Gewand, das mit gelbem Golde bestickt war. Vor ihm stand ein Mann, der sah aus, als ob er der Wesir Dscha'far wäre, und hinter ihm ein Eunuch, der sah aus, als ob er Masrûr wäre, und der trug ein gezücktes Schwert in der Hand; schließlich sahen sie auch noch zwanzig Zechgenossen. Als der Kalif all das erblickte, sprach er: ›Dscha'far!‹ Und der erwiderte: ›Zu deinen Diensten, o Beherrscher der Gläubigen!‹ Der Kalif sagte weiter: ›Vielleicht ist dies einer meiner Söhne, entweder el-Mamûn oder el-Amîn.‹ Darauf betrachtete er den Jüngling genauer, wie der dort auf dem Throne saß; und er sah, daß jener vollkommen war an Schönheit und Lieblichkeit und des Wuchses Ebenmäßigkeit. Nachdem er ihn betrachtet hatte, wandte er sich wiederum an den Wesir und sprach: ›Wesir!‹ ›Zu deinen Diensten!‹ erwiderte der ihm. Dann fuhr der Herrscher fort: ›Bei Allah, jenem, der dort sitzt, fehlt nichts am Aussehen des Kalifen, und der Mann, der vor ihm steht, sieht aus wie du, Dscha'far, und der

Eunuch hinter ihm sieht aus wie Masrûr; jene Zechgenossen aber gleichen meiner Tafelrunde. Über das alles bin ich ganz verwirrt.‹«[3]

Der Herrscher der Gläubigen war außerordentlich bestürzt. Nichts macht mehr angst, als sich selbst zu begegnen, als unvorhergesehenerweise sich selbst zu sehen. Schon aus geringerem Anlaß kann man verrückt werden. Das Fremde, das, was wir am wenigsten verstehen, ist eben dieser *ġarīb*, der in uns wohnt, ganz tief in unserem Innersten. Verglichen mit diesem Fremden ist alles andere leicht verständlich.

Die Demokratie ähnelt diesem herrschaftlichen Schiff, das auf dem Fluß der Zeit schwimmt und uns zwingt, dem ins Auge zu schauen, was bisher in unserer muslimischen Kultur scheinbar das Undenkbare war: *'aql* (Vernunft) und *ra'y* (individuelle Meinung).[4] Von Anfang an haben Muslime ihr Leben geopfert, um die Frage zu stellen und zu lösen, die bis heute ein Rätsel geblieben ist: gehorchen oder überlegen, glauben oder denken. Das Individuum und seine Freiheit zu unumgänglichen souveränen Einheiten zu erklären, ist nicht allein dem Westen eigen; dies gehört auch aufs innigste zu unserer Tradition, nur ging dies immer wieder in Blutbädern unter. Der Westen mit seinem Insistieren auf Demokratie erscheint uns außerordentlich *ġarīb*, fremd, weil er uns als Spiegel dessen erscheint, was uns erschreckt, der Wunden, die seit 15 Jahrhunderten nicht geheilt sind: die der individuellen Meinung, die bis heute stets mit Gewalt verbunden war. Der politische Despotismus hat die Muslime unter dem Schwert des Terrors gezwungen, die Diskussion über Verantwortung, Gedankenfreiheit und die Unmöglichkeit blinden Gehorsams hinauszuschieben. Man hat dies das Schließen der Tore der *iǧtihād*, d. h. der privaten Initiative, genannt.

Der Westen läßt, indem er unablässig von Demokratie redet, das Phantomschiff mit all jenen wieder auftauchen, denen die Köpfe abgeschlagen wurden, weil sie sich weigerten zu gehorchen, läßt den Kampf zwischen »dem Schwert und der Feder« wiederauferstehen, insbesondere den der intellektuellen Kadis, die auf Gerechtigkeit, der Sufis, die auf Freiheit versessen waren, der Dichter, denen es immer gelungen war, ihre Individualität auszudrücken gegen die Kalifen und ihre Scharia *(šarī'a)*, die sehr autoritäre Auslegung des göttlichen Gesetzes.

Der Westen zwingt die Muslime, sich des *Mālik Ibn-Anas* zu erinnern, des Führers der *Mālikiten*, dem wir in Nordafrika begegnen, und der im Jahr 179/795 an den Folgen der Schläge starb, die er bei seiner *miḥna*, seiner Prüfung, erhielt, d. h. der Folter, die vom Kalifen befohlen wurde. »Der Gouverneur von Medina ließ ihn zu sich rufen, damit er seine Worte zurücknehme. Als *Mālik* sich weigerte, befahl er, ihn zu entkleiden und durchzupeitschen. Vor allem seine Hand (die die Feder hält) wurde derart geschlagen, daß seine Schulter ausgerenkt wurde.« Das geschah im Jahr 147/764, und er weigerte sich, seine Worte zurückzunehmen. Es ist nicht wichtig zu wissen, was er gesagt hat, das Wesentliche ist, daß es seine Meinung war und daß sie sich von der des Kalifen unterschied. *Mālik* erholte sich nie mehr von seiner *miḥna*. Verkrüppelt lebte er weiter, fuhr fort zu kämpfen und zu schreiben und erlag Jahrzehnte später seinen Verletzungen.[5]

Dieser Westen erschreckt gewisse Leute, weil er die Verteidiger dieser kleinen, so zerbrechlichen und verwundbaren Sache, die man Würde *(karāma)* nennt, wiedererweckt; sie werden von unseren gegenwärtigen Führern kaum zu ihren Feierlichkeiten eingeladen. Wach auf, *Ḥallāǧ*, Asket und Sufi, der du darauf bestanden hast, daß der

Mensch Hüter des *ḥaqq*, der Wahrheit, ist, daß ein jeder die göttliche Schönheit widerspiegelt und deswegen notwendigerweise ein souveränes Wesen ist. *Ḥallāǧ* wurde im Jahre 390/1000 in Bagdad lebendig verbrannt, weil er sich z. B. gefragt hatte, warum die Erde und ihre Bewohner dem Göttlichen so fern und fremd seien: »Welche Erde ist von dir verlassen, daß man es wagt, dich im Himmel zu suchen?«[6]

Denn nur die Nähe oder die Entfernung zum Göttlichen kann die Autorität des Imam rechtfertigen; er besitzt gar keine, wenn alle Menschen Gott genauso nahe sind wie er. *Ḥallāǧ* bestand darauf, daß der Mensch als Schöpfung Gottes das Vorrecht genießt, sich selbst zu lenken, da er, als vernunftbegabtes Wesen, ausgestattet mit der beachtlichen Gewalt des Intellekts, die Größe Gottes widerspiegelt. So stellte *Ḥallāǧ* die Autorität in Frage, in dem er ganz einfach erklärte, der Mensch sei die fleischgewordene Wahrheit. Sein *anā 'l-ḥaqq* (Ich bin die Wahrheit) stieß nicht auf taube Ohren; *Ḥallāǧ* und seine Ideen wurden in den Straßen und Basaren Bagdads diskutiert und kommentiert. Die Straße mit ihren Schaulustigen war natürlich auch der Schauplatz seiner Hinrichtung, die notwendigerweise öffentlich war, damit alle Welt von der Maßnahme des Kalifen erfahre. Wenn die Menschen behaupten, daß sie ihres Gottes würdig sind und sehr wohl die Wahrheit alleine erkennen können, wozu braucht man dann noch den Kalifen, den Imam und all die Gewalt, die sie ausüben? Es war für den Kalifen keine leichte Entscheidung, *Ḥallāǧ* zu töten, weil das, was er sagte, für viele Menschen einsichtig war: »Er erhielt 1000 Schläge, ohne ein Wort zu sagen... Der Henker hieb ihm Hände und Füße ab, und dann den Kopf, den er beiseite legte, um den Körper zu verbrennen. Als dieser nur noch Asche war, warf er sie in den Tigris und pflanzte den Kopf auf die Brücke von Bagdad ...«[7] *Ḫallāǧ* ließ sich verbrennen und sang bis zu seinem Tode *anā ʿl-ḥaqq* (Ich bin die Wahrheit). Wer möchte sich daran erinnern? Wer möchte diese Vergangenheit ausgraben, in das Schattenreich und in jene Fernen blicken, wo der Schrei nach Individualismus und Würde in Blut ertränkt wurde? Wie soll man diesen tiefen Verletzungen, die man schon geschlossen und vernarbt glaubte, entgehen? Wenn wir uns unsere Vergangenheit wissenschaftlich aneigneten, würden wir von dem *ġarb* und seiner Demokratie weniger aus der Bahn geworfen. Erschreckt der *ġarb* nicht deshalb die Despoten an der Macht und die Mini-Despoten, die davon träumen, sie zu ersetzen, weil er sie zwingt, sich dieser außerordentlichen Erforschung des verstümmelten Individualismus zu widmen?

Die Internationale Charta der Menschenrechte erschreckt gewisse Leute nicht aus dem Grund, weil sie erklärt, »Der Wille des Volkes bildet die Grundlage für die Autorität der öffentlichen Gewalt« und »Jeder Mensch hat das Recht, an der Leitung der öffentlichen Angelegenheiten seines Landes unmittelbar oder durch frei gewählte Vertreter teilzunehmen«, sondern weil sie vor allem die Erinnerung an die Charidschiten (*Ḫāriǧiten*) weckt, jene rebellischen Sekten aus den Anfängen des Islam, denn diese Erinnerung ist mit Terrorismus und Anarchie verknüpft. Seite an Seite mit den Sufis, die über die Notwendigkeit philosophierten, die blinde Unterwerfung abzulehnen, ging eine andere Bewegung zur Tat über und begann die Imame, die ihr mißfielen, physisch zu liquidieren. Der Islam wird im Lauf seiner ganzen Geschichte von diesen beiden Tendenzen in die Zange genommen, einer intellektuellen Richtung, die über die philosophischen Grundlagen der Welt und des Seins nachdenkt, und einer anderen Richtung, die ihre Zweifel politisch werden läßt und zum Mittel der Gewalt greift. Die erste Tradition ist die der *falāsifa*, der hellenistisch inspirierten Philosophen oder der Sufis, die vor allem aus der iranischen und indischen Kultur schöpfen, und die zweite ist die Tradition der Charidschiten, der elementaren und politischen Subversion. Das Problem der Charidschiten ist, daß sie niemals daran dachten, die Beziehung zwischen Führer und Gemeinschaft zu verändern, sondern einfach meinten, die Dinge ändern zu können, indem sie gegen den Imam rebellierten und ihn manchmal auch töteten. Die *falāsifa* und die Sufis brachten grundsätzliche Überlegungen über die Natur des Menschen und die Natur des Göttlichen vor und warfen auf diese Weise die Frage nach dem Ort der Vernunft und der persönlichen Überzeugung auf, wie dies im Westen im Zeitalter der Aufklärung geschah. Die beiden Traditionen stellten dieselbe Frage zur Debatte, von der es heute heißt, sie sei aus dem Westen importiert, die aber der politische Islam niemals gelöst hat: die nach der individuellen Freiheit. Der politische Islam hat sie weder theoretisch gelöst, denn die Debatte wurde stets vom Kalifen erstickt, noch praktisch, denn die Idee der Repräsentation wurde niemals in die Praxis umgesetzt, obwohl die Vorstellung, daß der Imam von der Gemeinde ernannt wird, im sunnitischen Islam sehr lebendig ist.

Ġarīb ist immer auch *'aib*. Das Fremde ist immer faszinierend, und genau wie in den Märchen aus Tausendundeiner Nacht weiß man nie, auf welchem Bein man vor dem Ungewöhnlichen tanzen soll. Das, was man nicht versteht und was fasziniert, das kann einen aus dem Gleichgewicht bringen, entweder auf angenehme oder auf destruktive Weise. Denn das, was wir nicht kennen, kann uns eventuell zerstören. Und diese westliche Demokratie, die gewiß den Keim des Lebens aufweist, ist in unserer Geschichte allzusehr mit dem des Todes verknüpft. Aber mit wessen Tod könnte sie *heute* verknüpft sein? Dem Tod der autoritären Technokraten oder der machtlosen Intellektuellen? Dem Tod der Funktionäre, die alles überwachen, oder dem der Völker, die widersprechen?

Der Imam und die Angst

Der Imam, der Mann, der die Umma, die Gemeinde der Gläubigen, auf den rechten Weg führt, diese mythische Figur, hat die westlichen Kameraaugen von dem Tag an fasziniert, als in den siebziger Jahren der Ayatollah Khomeini seinen glorreichen Einzug auf die Weltbühne hielt. Doch ist der Imam in der Theorie der muslimischen Politik bestimmt kein starker Mann. Seine Rolle wurde von Anfang an so geschneidert, daß er zu einem verwundbaren und anfechtbaren Leiter wurde, was ihm oft genug seine Ermordung eintrug. Diese extreme Verwundbarkeit, die eine wichtige Komponente des Imamats ist, der Theorie von der idealen Leitung und der idealen Beziehung zwischen Leiter und Geleiteten, ist im übrigen aus dem modernen Islam verschwunden, den die Politiker schamlos manipulieren, um die anachronistische Dimension ihrer persönlichen Ambitionen zu vertuschen: einen eng gefaßten Autoritarismus auszuüben.

Der Erfolg des Islam bei den Politikern, sei es bei den bereits etablierten Regimen oder bei jenen, die sie ersetzen wollen und uns die Versprechen der Geistigkeit in glänzenden Farben schildern, ist der Tatsache zuzuschreiben, daß man unmöglich den Autoritarismus ganz nackt übernehmen kann. Wer würde einen Führer wählen wollen – denn auch bei uns muß man sich dieser Prozedur unterwerfen –, der von den Dächern schreit, daß er unser Recht zu entscheiden abschaffen will? Wenn er uns hingegen verspricht, daß er, falls er regieren sollte, dies wie ein Imam tun werde, dann mobilisiert der moderne Politiker sofort 15 Jahrhunderte der Hoffnung: Der ideale Imam ist gerecht, weil er die

Bedürfnisse der Gemeinde berücksichtigt und an ihrem Glück aktiv arbeitet. Aber dieser Imam war, dem Ideal zufolge, nur deshalb gerecht, weil er verwundbar und anfechtbar war. Nun ist aber diese Verwundbarkeit durch eine optische Täuschung von der Bühne verschwunden, die durch die Verbindung zweier Phänomene zustande kam: die Auslöschung der rationalen Tradition aus dem muslimischen Gedächtnis und die Wirkung der modernen Medien. Diese beiden Phänomene haben zu einem Zusammenstoß geführt, der seinerseits ein Monstrum zur Welt gebracht hat: den allmächtigen, unangefochtenen und unwidersprochenen Medien-Imam.

Der Medien-Imam und der prophetische Imam

Man kann zwischen zwei Arten von Imamen unterscheiden, dem zeitgenössischen Medien-Imam, den die Medien fabrizieren und der die Medien benutzt, um sich zu fabrizieren, einerseits, und dem prophetischen Imam andererseits, d. h. dem Ideal, das im Koran beschrieben und später in der politischen Theorie vom Imamat oder Kalifat, der Vision von einem Führer der muslimischen Gemeinschaft, systematisiert worden ist. Zwischen diesen beiden Imamen gibt es einen großen Unterschied: Der Medien-Imam ist sehr mächtig, während der prophetische Imam sehr verwundbar ist. Der Medien-Imam ist jener Mann, den man auf den Fernsehschirmen sieht, wie er uns erklärt, daß er seine Macht von Gott bezieht. Der prophetische Imam ist jener, der dasselbe gemacht hat, aber vor der Entdeckung des Fernsehens. Die Unterscheidung ist wichtig, weil das Fernsehen uns nicht die ganze Komplexität sehen lassen kann, sondern notwendigerweise ein Detail auswählen muß, und sobald die Kamera darauf gerichtet ist, wird es riesig und füllt den ganzen Schirm aus. Dieser rein technische Medieneffekt ist folgenreich für unseren Imam: Seine Verwundbarkeit ist irgendwie verschwunden, vielleicht nur, weil man niemals einen Imam und seinen Gegenspieler systematisch interviewt. Natürlich hat ein Imam immer einen Gegner. Diesen Punkt zu übersehen, heißt die Karten zinken, was notwendigerweise dem Führer zugute kommt. Deshalb ist es so wichtig, die Cäsaren unserer modernen Zeiten wieder mit der ihnen gebührenden Verwundbarkeit auszustatten. Wir werden uns jetzt mit dieser Verwundbarkeit beschäftigen, um alle Emotionen und Regungen zu verstehen, die die aktuelle Dynamik bestimmen, in der die Intoleranz der ständige Dreh- und Angelpunkt ist.

Die Begriffe Imam und Kalif bezeichnen beide die Führer der muslimischen Gemeinschaft, mit dem Unterschied, daß der erste ein räumliches Konzept darstellt – der Imam ist der, der vorn steht *(amāma)* – und der letzte ein zeitliches Konzept – der, der dem Propheten nachfolgt (*ḫalafa*), um die Verwaltung der Angelegenheiten der Gläubigen fortzuführen. Häufig wird Imam in dem Sinne verstanden, daß er die Leitung beim Gebet hat, während der Kalif noch weitere Funktionen hat (Justiz, Armee etc.). Der Kalif ist immer auch Imam, aber ein Imam ist nicht notwendigerweise Kalif. Er kann ganz einfach ein kleiner Bediensteter sein, der das Gebet in der Moschee des Viertels leitet. Zu Beginn waren beide Funktionen miteinander verknüpft; der Kalif mußte unbedingt das Gebet leiten, aber sehr schnell schieden sich die beiden Funktionen. Wenn man jedoch von der Führung im politischen Sinn spricht, sind Imam und Kalif jedenfalls Synonyme.[1]

Bernard Lewis hat recht, daran zu erinnern, daß das Amt eines Ayatollah eine Schöpfung des 19. Jahrhunderts und

»die Herrschaft eines Khomeini« eine Neuerung des 20. Jahrhunderts ist.[2] Ein Imam, der mit Hilfe seiner in Neauphle-le-Château aufgenommenen Kassetten an die Macht kommt, ist gewiß nicht ein obskures Überbleibsel aus dem muslimischen Mittelalter, von dem wir so gut wie nichts wissen. Diese Ignoranz ist keineswegs zufällig, sondern eindeutig politisches Kalkül; denn wie können wir uns eine »muslimische Identität«, selbst fragmentarischer Art, verschaffen, wenn wir keine wissenschaftliche Kenntnis unserer Vergangenheit haben? Nicht nur die fundamentalistischen Staaten, die ihre politische Legitimität aus der Vergangenheit ziehen, investieren kaum darin, diese kennenzulernen, sondern verbringen ihre Zeit damit, Bücher zu zensieren, die sich der Aufklärung widmen. Wir haben in der muslimischen Welt, die mit dem Erdöl über fabelhaften Reichtum verfügt, keine Strategie für Museen, keine Versuche, systematisch Archive anzulegen, und auch keine seriösen archäologischen Ausgrabungen. Wenn man ein »Museum« auf islamischem Boden betritt, sei es in Lahore, Dakar oder Rabat, dann fallen die beeindruckende Staubschicht auf den wenigen Ausstellungsstücken und die klösterliche Stille auf, die die wenigen dort beschäftigten Angestellten umgibt. Man muß sich beinahe entschuldigen, weil man sie zu stören wagte, und angesichts der unglaublichen Verwaltungsprozeduren, derer es bedarf, um eine Fotokopie zu machen oder eine Reproduktion zu kaufen, zieht man es vor, den Ort unverrichteter Dinge zu verlassen und sich in Ruhe zu Hause eine Vergangenheit zusammenzureimen.

Der Islam ist wahrscheinlich die einzige monotheistische Religion, in der ihre wissenschaftliche Erforschung systematisch entmutigt, um nicht zu sagen verboten wurde. Denn ein rational analysierter Islam kann schwerlich in den Dienst von Despoten gestellt werden. Auf jeden Fall ist die muslimische Geschichte, wie wir sie kennen, eine Geschichte, die von den Wesiren für die Bedürfnisse des Kalifenpalastes verordnet wurde. Das Verschweigen dessen, was das Volk vom Imam denkt, steht bei dieser schriftlichen Fixierung unseres Gedächtnisses an erster Stelle. Und zu den Dingen, die diese Geschichte versucht hat zu begraben, gehört gerade die Furcht des Imams, und zwar nicht die, die er einflößte, sondern gerade jene, die er immer in seinen geheimsten Gedanken mit sich trug wie eine tyrannische Geliebte.

Die Welt hat vielleicht niemals eine so fragile Macht wie die des Imam gesehen: Man schuldet ihm nur Gehorsam *(ṭāʿa)*, wenn er gerecht *(ʿādil)* ist. Im Koran ist »Imam« manchmal eine Person und manchmal der rechte Weg: *imām mubīn.*[3] Ein gerechter Imam muß die Gemeinde auf dem vorgeschriebenen Weg führen, der sie zum Glück auf Erden und im Jenseits bringt. Gerade die Bedeutung dieses im vorhinein festgelegten Verhaltens macht einen Imam in den Augen der Muslime glaubwürdig, und deshalb heißt Scharia, das göttliche Gesetz, ebenfalls Weg. Die Scharia, die von den Politikern so strapaziert wird, um ihren erbärmlichen Despotismus zu verschleiern, bezeichnet genau wie der Imam, den rechten, von Gott vorgegebenen Weg, der Sicherheit und Wohlstand für alle bedeutet. Ein Politiker, der sich den Namen Imam zulegt, um die Mitglieder der Gemeinschaft zu mißhandeln und sie ihrer Rechte zu berauben, steht bestimmt nicht in Übereinstimmung mit dem Ideal des *imām ʿādil*, des gerechten Führers. Nur wenigen Imamen ist es gelungen, die Gemeinschaft zum Glück zu führen, und viele haben dabei ihr Leben lassen müssen, sind unter den Schlägen der unzufriedenen Gläubigen gefallen. Das Handeln des Imams muß, wie das der Frauen, den *ḥudūd*, den von Allah gesetzten Grenzen, folgen. Wenn er die Grenzen verletzt, hat er praktisch, wie manche Sekten sagen, sein Leben verwirkt.

Diese Verwundbarkeit und Anfechtbarkeit fehlen völlig im modernen Medienbild des Imams, bei dem sich zwei Wünsche überlagern: einerseits der des westlichen Journalisten, der seine Zuschauer so schnell wie möglich informieren und ihnen ein einfaches und klares Bild von dem vermitteln möchte, was bei uns vorgeht. Und andererseits der Wunsch des politischen Führers, der den Titel Imam beansprucht, gefilmt und interviewt zu werden und eine bestimmte Botschaft zu verkaufen, insbesondere die des *ṭāʿa* (Gehorsam), den die Muslime ihm schulden. Diese beiden Wünsche muß man sorgfältig auseinanderhalten, sonst wird man nichts von diesem »despotischen und fanatischen Islam« verstehen, diesem Medienprodukt, das vielleicht leicht zu verdauen ist, aber viele wichtige historische und symbolische Mechanismen im Dunkel läßt. Diese von den Medien oft vernachlässigten Mechanismen sind es, die ich hier gerne einbringen möchte, um wieder ein nuancierteres Bild vom Islam herzustellen.

Der Islam wird heute als die Bastion des fanatischen Despotismus dargestellt, wo die Vernunft keinen Platz hat: Die Muslime sind passiv und gehorchen, ohne zu überlegen oder ihrem allmächtigen Imam mit Einwänden zu kommen. Aus zumindest zwei Gründen ist dieser Pseudofanatismus des Muslims falsch: zuallererst, weil die Geschichte des Führers im Islam eine traurige Geschichte politischer Morde ist, des Hinopferns des Imams durch unzufriedene Gläubige, zum anderen, weil es neben dieser Tradition der Fronde, der Revolte gegen die Person des Führers, eine andere Form des Widerspruchs gibt, die »rationale Tradition«, die sich über politische Führung Gedanken macht, indem sie die Vernunft *('aql)* und die individuelle Meinung *(ra'y)* als Komponenten einbringt. Diese rationale Tradition hat, wie gesagt, ihre Verteidiger und Märtyrer; die bekannteste Strömung ist die der Mutaziliten *(Mu'taziliten)*, die das Problem des *qadar*, des Schicksals, aufgeworfen haben, d. h. die Frage nach der Verantwortlichkeit des Menschen für sein Handeln. Die zur rationalen Tradition gehörenden geistigen Strömungen betrachten die *'aql* als eine seltene Blume, und ihre Verteidiger glänzen in unserer Geschichte mit ihrer Beschreibung, indem sie als Hintergrund den Misthaufen politischer Intrigen wählen. Die Mutaziliten wurden von den Statthaltern der Macht systematisch bekämpft, die sie als *falāsifa* verdammten, die den Islam mit dem griechischen humanistischen Erbe »beschmutzten«. Sie wurden schon in allerfrühester Zeit ausgepeitscht und als *mulḥidūn* (Atheisten) verdammt, die versuchen würden, den Glauben zu pervertieren. Diese Jagd auf den humanistischen Geist unter dem Vorwand, daß fremde Ideen importiert würden, zieht sich durch alle Jahrhunderte und besteht auch heute noch fort. Allerdings haben die »Griechen« ihren Einfluß stark ausgeweitet, und heute wird der Westen insgesamt als Region des kulturellen Austausches und der kulturellen Bereicherung verdammt. Aber das Prinzip bleibt dasselbe: Seit 15 Jahrhunderten zensieren die Politiker die Intellektuellen, die eine Synthese der humanistischen Traditionen versuchen, und berauben dadurch den Islam seiner universalen Anleihen. Dabei entsteht erst mit ihnen die Dynamik jeder Zivilisation, ihre Fähigkeit der Assimilierung und Nutzung neuer Ideen und neuer Errungenschaften des menschlichen Geistes.

Aber daß diese rationale und humanistische Tradition von den Politikern verworfen wurde, heißt nicht, daß sie nicht existiert. Einen Arm amputiert zu haben, heißt nicht, ohne Arm geboren zu sein. Die Untersuchungen über Amputierte zeigen, daß das amputierte Glied im mentalen Schema des Körpers präsent bleibt. Und unsere rationale Dimension ist um so hartnäckiger, je mehr sie bekämpft wird. Aber untersuchen wir zuerst die Tradition der Fronde.

Die Tradition der Fronde: Die Charidschiten

Ein schwächerer politischer Führer als der muslimische Imam ist nur schwer vorstellbar. Der ideale Imam ist die fleischgewordene Verwundbarkeit, er ist bescheiden, zitternd vor Furcht vor seinem Gott und voller Schrecken vor denen, die er führen soll; denn wenn er eine ungerechte Entscheidung trifft, kommt er direkt in die Hölle. Theoretisch muß man sich gegen einen Imam, der ungerechte Entscheidungen trifft, auflehnen, und manche Sekten haben rasch dekretiert, daß man ihn töten muß. Diese frondierende Tradition ist die primitivste, die unsere Gesellschaft hervorgebracht hat.

Die Charidschiten haben schon in den ersten Dekaden nach dem Tod des Propheten die Frage aufgeworfen, ob man dem Imam gehorchen soll, wenn dieser nicht die Rechte der Gläubigen schützt. Muß man blind gehorchen, oder soll man dem eigenen Urteil vertrauen? Und sie antworteten, daß man aus der Gehorsamspflicht austreten *(ḫaraǧa)* könne. Und von »ausziehen« kommt der Name, den sie beanspruchten, und der fortan jeder Widerspruchshandlung anhaften wird: »Jede Person, die aus der Gehorsamspflicht zum gerechten Imam, den die Gemeinde bestimmt, austritt, nennt sich *ḫāriǧī* (Ausziehender)«, erklärt *Šahrastānī*.[4] Der Schlachtruf der Charidschiten lautete *lā ḥukma illā li-llāh* (Die Macht gehört nur Gott allein); er wurde zum ersten Mal gegen den 4. Kalifen (Ali) gerufen und führte zu seiner Ermordung durch die von dieser Sekte entsandten Terroristen im Jahr 40/661. Und eben dieser Schlachtruf sprach das Todesurteil über Hunderte Imame, muslimische Führer, zuletzt über den ägyptischen Präsidenten Sadat. Der politische Widerspruch führte im Islam zur Verurteilung des Führers, und diese frondierende Tradition ist es, die den Protest mit dem Terrorismus verband.

Diese Charidschiten, die die muslimischen Völker jahrhundertelang in Schrecken versetzten, waren die Begründer des Terrorismus als Antwort auf die Willkür. Da sie nicht mit Imam Ali einverstanden waren, brachten sie ihn um: Im Jahre 40/660 bestimmte eine Gruppe von Charidschiten, die in Mekka versammelt war, die Opfer und die Ausführenden. Derjenige, der Imam Ali töten sollte, hieß *Ibn-Mulǧam*, und er sollte sich in *Kufa* einfinden, wo sich sein Opfer aufhielt. Die dortige Moschee sollte der Ort des Anschlags sein, weil der Kalif sich jeden Morgen dorthin begab, um die Schlafenden zu wecken und das Gebet zu leiten. Zu der Gruppe, die den Mord ausführen sollte, gehörte auch eine Frau, *Qatamī* genannt: »Diese Frau hatte sich seit der Nacht des 13. Ramadan (20. Januar 661) unter eine Art Moskitonetz innerhalb der großen Moschee zum Gebet zurückgezogen ... Sie ließ sich einen Seidenstoff bringen, den sie ihnen [den Attentätern] um die Stirn band, dann nahmen diese ihre Säbel und setzten sich der Eingangspforte gegenüber, durch die Ali jeden Morgen beim ersten Ruf des Muezzin in die Moschee eintrat.«[5] Nachdem der Ruf des Muezzin erschallt war, lief alles nach Plan ab. »Ali trat ein und wiederholte mit lauter Stimme: ›Muslime, zum Gebet! Zum Gebet!‹ *Ibn-Mulǧam* brachte ihm einen Säbelhieb mitten auf den Schädel bei ...«[6] Auf diese Weise entstanden der Protest und die Gewalt als seine Entsprechung. *al-Mas'ūdī* resümiert diese Tragödie des politischen Islam: »Man sagt, daß Ali die ganze Nacht [vor seiner Ermordung] gewacht habe und daß er beim Hinundherlaufen zwischen Tür und Alkoven ständig wiederholt habe: ›Gott weiß, daß ich niemals gelogen habe und auch nicht der Lüge bezichtigt wurde.‹«[7] Dieser pathetische Aufschrei, selbst wenn er nur der Phantasie von *al-Mas'ūdī* entsprungen ist, der für seine Übertreibungen bekannt ist, resümiert sehr gut jene Verwundbarkeit des Imam, die heute verborgen wird.

Mehrere Charidschiten-Sekten priesen die Anarchie als Lösung und meinten, man müsse die Beseitigung der Führung ins Auge fassen.[8] Die Sekte der *nağadāt*, eine der extremistischsten Sekten, predigte: »Die *nağadāt* sind sich darin einig, daß die Leute eigentlich keinen Imam brauchen. Sie müssen sich nur organisieren, um untereinander Gerechtigkeit sicherzustellen.«[9] Der Führer dieser Sekte, *nağda Ibn-'Amīr*, wurde im Jahr 69/688 ermordet, d. h. 59 Jahre nach dem Tod des Propheten. Die Verurteilung des Führers wird im Namen der *'adāla* (Gerechtigkeit) ausgesprochen und soll die *munkar* (Ungerechtigkeit, Schändlichkeit) beenden. *'adāla* und *munkar* sind die Parolen des zeitgenössischen islamischen Protestes, der von *Qāḍī 'Ašmāwī*, der religiösen Autorität Ägyptens und dem Autor der bissigen Schrift *al-Islām as-siyāsī* (»Politischer Islam«), verurteilt wird; da sich dieser Protest auf die Tradition der Charidschiten beruft, verurteilt *'Ašmāwī* beide als verknöchert, da sie alles auf ein Problem der Führung reduzierten und die Volksmassen ausschlössen.[10] Laut *'Ašmāwī* hat die Rechtsverwirrung bezüglich der gewaltsamen Subversion dazu geführt, daß ein wesentlicher Punkt, nämlich die Massen und ihr Wille, unterschlagen wurden. Denn das Ideal von Mohammed, seiner *risāla*, der geoffenbarten Koran-Botschaft, besteht laut *'Ašmāwī* darin, gegen den Despoten (*tāġiya*) und gegen die Gewalt zu kämpfen, wozu den Massen Verantwortung übertragen werden muß.

Der Mord an Imamen begann schon lange vor dem Mord an Ali; mit ihm begann lediglich der politische Terrorismus, der Mord als Plan und Programm. Der erste ermordete Kalif, *'Umar Ibn-al-Ḫaṭṭāb*, war paradoxerweise auch die bedeutendste Persönlichkeit des Rechtswesens; er dachte sehr gründlich über seine Aufgabe nach. Er stellte sich ständig in Frage und war einer der Anhänger des *ra'y* (der individuellen Meinung) als Quelle der Entscheidung. *'Umar* war der erste auf einer langen Liste ermordeter Imame. *Ibn-Ḥazm* widmet diesem Thema das Kapitel »Jene unter den Kalifen, die ermordet wurden und auf welche Weise«; es ist eine faszinierende Lektüre.[11] Hier eine kleine Kostprobe aus den ersten Absätzen:

1. Kalif *'Umar Ibn-al-Ḫaṭṭāb:* erdolcht. Er wurde 23/644 ermordet. Er war der 2. Kalif, der nach dem Tod des Propheten regierte.[12]

2. Kalif *'Uṯmān*: von Säbeln in Stücke gehauen. Er war der 3. orthodoxe Kalif, der nach *'Umar* die Macht ergriff, der ebenfalls ermordet wurde (35/656).[13]

3. Kalif *Marwān Ibn-al-Ḥakam*: durch seine Frau *Umm-Ḫālid* erstickt. »Sie drückte ein Kissen so lange auf sein Gesicht, bis er starb.« (Er war der 4. der Omaijaden (*Umaiyaden*)-Dynastie und starb 64/683.)

4. *'Umar Ibn-'Abd-al-'Azīz:* »Ermordet, wie es heißt.«[14] *'Umar* war der 8. Omaijaden-Kalif und starb 101/720.

5. *al-Walīd Ibn-Yazīd*: Durch Säbel in Stücke gehauen ... etc. ... etc.

Die Mehrheit der ermordeten Kalifen wurde laut der Liste von *Ibn-Ḥazm* mit Säbeln zerhackt, d. h. Opfer des Zorns einer ganzen Gruppe. Dies erinnert sehr stark an Ritualmorde. Es gibt natürlich auch Sonderfälle wie den Tod des *al-Hādī*, des Bruders von Harun al-Raschid. Er hatte die Idee, sich auf einer Lustpartie damit zu amüsieren, eine seiner Kurtisanen über einen Abgrund zu halten. Die »Erschreckte klammerte sich an ihn, wobei sie ihn stieß, und beide starben zusammen«[15], erklärt *Ibn-Ḥazm* mit der ihm eigenen sparsamen Wortwahl. Eine Psychoanalyse des Königsmordes oder vielmehr Imammordes bleibt noch zu schreiben; sie würde viele Informationen enthalten, insbesondere über die morbide Faszination, die ein Führer ausübt, eine beinahe übernatürliche Verschmelzung von Macht und Autorität. Die Ermordung des Führers ist im allgemeinen Angelegenheit der Männer, auch wenn die Frauen ihn von Zeit zu Zeit praktizieren, wie die oben erwähnte *Umm-Ḫālid*. Wenn sich die Damen damit beschäftigen, benutzen sie natürlich nicht den Säbel, sondern vielmehr Kissen oder Gift, oder manchmal vergessen sie auch einfach, die Tür des Hammam (Badehauses) zu öffnen.[16]

Den Platz des Führers einnehmen zu wollen, weil man glaubt, es besser machen zu können, ist die Vorstellung und Triebkraft, die seit 15 Jahrhunderten Dutzende, um nicht zu sagen Hunderte Sekten beflügelt hat, ebenso wie die Widersprüchlichkeiten des modernen militanten Aktivismus, der die Macht im Namen des heiligen Buches beansprucht und im Grunde nur die alten Geschichten wiederholt. Diese Tradition, die Palastrevolte, ist eine Angelegenheit, die sich zwischen dem Führer und »seinem« Rebellen, dem Führer der oppositionellen Sekte, abspielt, wobei die Masse der Gläubigen totgeschwiegen wird.

Eine Anekdote über einen Kalifen und seinen Sufi, die *al-Mas'ūdī* erzählt, verdeutlicht die strukturelle Schwäche des muslimischen Throns.

al-Ma'mūn, 7. Abbasiden-Kalif (198–218/813–833), war einer der mächtigsten Herrscher seiner Zeit, und die Pracht seiner Herrschaft hat zahlreiche Märchen hervorgebracht. Dieser Mann jedoch, dessen Armeen die Welt erzittern ließen, war für einen seiner Gläubigen nur ein Mensch wie alle anderen auch, dem nicht mehr als jedem anderen ein Recht auf Führung zukam. Dieser Mann war ein *Sufi*, ein Mensch, der sich der Meditation und geistlichen Untersuchungen widmete. Er wollte um sein Leben gern den Kalifen fragen, was er von seinem Thron halte. Eine verwegene Idee vielleicht, aber sie steckt im Kopf eines jeden Muslim.

»Der Kalif hielt eines Tages eine Sitzung, als sein Kammerherr *'Alī Ibn-Ṣāliḥ* sich vor ihn stellte und sagte: ›Herrscher der Gläubigen, draußen vor den Stufen steht ein Mann in weißem Kleid aus grobem Stoff, das er geschürzt trägt. Er verlangt vorgelassen zu werden, um an der Diskussion teilnehmen zu können.‹ Mir war klar, fuhr *Yaḥyā* (der Erzähler, einer der Zeugen der Szene) fort, daß es ein Sufi war, und ich wollte dem Kalifen ein Zeichen machen, ihn nicht vorzulassen. Aber es gefiel ihm zu befehlen, den Mann einzulassen. Es erschien ein Mann, der sein Kleid bis zum Gürtel hochgeschlagen hatte und die Sandalen in der Hand trug. Am Rande des Teppichs blieb er stehen und sagte:

›Gegrüßt! Mögen die Barmherzigkeit Gottes und sein Segen mit euch sein!‹ *al-Ma'mūn* grüßte ihn ebenfalls. Der Fremde bat ihn um die Erlaubnis, sich nähern zu dürfen. Der Kalif willigte ein und lud ihn zum Sitzen ein. Als der Gast saß, sagte er zum Kalifen:

›Erlaubst du mir, an dich das Wort zu richten?‹

›Sprich von dem, was du weißt, denn das ist gottgefällig‹, sagte *al-Ma'mūn*. Der Unbekannte fuhr fort:

›Dieser Thron, auf dem du sitzt, dankst du ihn dem einhelligen Einverständnis, der vollen Zustimmung aller Muslime, oder der Gewalt, die du über sie ausgeübt hast, indem du deine Kraft und Macht benutzt hast?‹

al-Ma'mūn, intelligent und gewissenhaft, antwortete mit einer Sorgfalt, die seinen Respekt für diesen Mann erkennen ließ, der den Mut aufbrachte, so aufrichtig zu einem so mächtigen Kalifen zu sein; er antwortete, daß er seinen Thron weder der Abstimmung der Muslime noch der Gewalt verdankte, sondern einfach der Tatsache, daß er ihn von einem »Sultan« (Inhaber der irdischen Macht) erhalten habe, der den Thron vor ihm eingenommen und ihm per Vertrag vermacht habe...«[17]

Aber das Problem von Kalif *al-Ma'mūn* ist, daß nirgends im Koran geschrieben steht, daß Macht erblich ist. Der Islam verurteilt dies gnadenlos, wie wir noch sehen werden, wenn wir uns dem *ṭāġiya*, dem prä-islamischen Tyrannen, zuwenden. Diese Begegnung zwischen dem Kalifen und seinem Widersacher ist anrührend, weil sie unverblümt gleichzeitig die große Schönheit des Islam und die tragische Schwäche seines politischen Systems darstellt: Kein Thron ist sicher. Jedwede Person, wie schwach sie auch sein mag, kann den mächtigsten Mann der Gemeinschaft in Frage stellen. Den Muslimen standen, wie gesagt, zwei Wege offen: einmal der der Fronde wie bei den Charidschiten, der in Mord und Totschlag endet, und der Weg der philosophischen Reflexion, von dem im folgenden die Rede sein wird.

Die rationale Tradition: Die Mutaziliten und die Rückforderung der individuellen Meinung

Die Mutaziliten waren eine intellektuelle Strömung, die das Problem auf die philosophische Ebene hob: Welches Ziel hat unsere Existenz auf Erden und wozu dient die *'aql*, die Vernunft, dieses wunderbare Geschenk des Himmels? Wenn Gott uns intelligent geschaffen hat, dann muß das einem Zweck dienen.

Die rationale Opposition ersetzt den Mord am Imam durch den Triumph der Vernunft als Barriere gegen den Despotismus. Um zum Ideal einer gut geführten Gemeinschaft zu gelangen, muß man alle Gläubigen insofern mobilisieren, als sie Verwahrer jener kostbarsten Sache sind, in der sich Gottes Allmacht offenbart, der *'aql*, der Vernunft, also der Fähigkeit des Individuums, zu analysieren und zu denken. Die Mutaziliten haben, indem sie die Vernunft auf der politischen Bühne einführten, den Islam gezwungen, neue Beziehungen zwischen Regierung und Regierten zu entwickeln, da nun neben dem Palast das ganze Volk der Gläubigen als aktive Komponente in die politischen Überlegungen eingebracht wurde. Es gibt nicht mehr das typische Duell der Charidschiten zwischen dem Imam und dem Führer der Revolte. Ein dritter Darsteller betritt die Szene: die Gesamtheit derer, die *'aql* haben, d. h. die Gesamtheit der Gläubigen, die des Denkens fähig sind. Es ist bemerkenswert, daß die beiden Tendenzen, die frondierende und die philosophische, die frühzeitig im Islam auftauchten und in seiner gesamten Geschichte nebeneinander existierten, eine Grundidee gemeinsam haben: Der Imam muß bescheiden sein und darf keinesfalls in Despotismus verfallen. Nur bezüglich der Mittel zur Realisierung dieses Ideals vom Imamat unterschieden sie sich.

Im übrigen ist der Imam schwach, sei es in der politischen Theorie vom Imamat (dem Funktionieren dieser Institution) oder in der offiziellen muslimischen Geschichte.

In der Theorie schuldet man Gehorsam nur so lange, wie der Imam der Scharia folgt, dem Gesetz und dem Weg Gottes, die zu Glück, Harmonie und Wohlstand führen. *Šaraʿa* heißt im Altarabischen zur Wasserstelle gehen; d. h. zu dem Element, das Leben garantiert und neue Energie gibt.[18] Dies zum einen. Zum anderen basiert der Islam auf dem absoluten Verbot, Gott mit den Menschen zu vermengen, folglich darf der Gehorsam, den man ihm schuldet, auf keinen Fall auf die gleiche Stufe gestellt werden wie der, den man dem Imam schuldet. Dieser ist im sunnitischen (orthodoxen) Islam niemals *maʿṣūm* (unfehlbar). Da gibt es einen grundlegenden Unterschied zwischen Sunniten und Schiiten. Das Bild eines Khomeini, eines Imams, der sich als unfehlbar bezeichnet, eines Führers, der keinen Irrtum begehen kann, kann einfach nicht auf das Gebiet des sunnitischen Islam übertragen werden. Was nicht heißen soll, daß die Regime und die islamistische Opposition in den Ländern, die das heilige Wort gepachtet haben, nicht davon träumen. Sie geben sich sicherlich Phantasien über die außerordentliche Macht des Imam Khomeini hin, aber diese Phantasien lassen sich in kein von den Vorvätern ererbtes historisches Schema einpassen, wie das von Anfang an in der Schia *(Šiʿa)* der Fall war. Während in der Schia der Imam als mit beinahe übernatürlicher Macht ausgestattet gesehen wurde, ist der sunnitische Islam in dieser Hinsicht erstaunlich pragmatisch und hyperrational: Wie soll man glauben, daß ein menschliches Wesen keine Irrtümer begehen kann?

Die intellektuellen Mutaziliten waren Philosophen, Mathematiker, Astronomen, aber auch Sufis, die in den religiösen Texten nach allem suchten, was die Idee vom denkenden und verantwortlichen Individuum stützen könnte. Im übrigen waren viele Intellektuelle gleichzeitig Wissenschaftler (Ingenieure, Mediziner, Mathematiker etc.) und Sufis. Es muß festgehalten werden, daß anfangs die wissenschaftliche Forschung notwendigerweise an ein Aufblühen der mystischen Reflektion geknüpft war, in dem Sinne, daß die größte Ehre, die man Gott erweisen könnte, darin bestände, einen guten Gebrauch von seinem Gehirn, seiner *'aql*, zu machen. Der Widerspruch im Christentum zwischen Kirche und wissenschaftlicher Forschung, wie er sich exemplarisch am Schicksal Galileis darstellt, existiert im Islam in normalen Zeiten nicht. Man muß ihn künstlich als politischen Hinterhalt in Krisenzeiten herstellen, wie im Fall des Mediencoups eines Rushdie oder politischer Prozesse gegen Geistesgrößen wie den Ägypter *Ṭaha Ḥusain* nach dem Kriege.

Eine der Fragen, die die Mutaziliten diskutierten und die die Volksmassen elektrisierte, war die Frage nach dem Schicksal (*qadar*) und dem Problem der Freiheit: Ist man frei (*qādir*) in seinen Handlungen und folglich verantwortlich für sein Schicksal, oder ist unser Schicksal im Gegenteil bereits von Gott festgelegt? Eine Richtung der Mutaziliten, die sich hauptsächlich hiermit beschäftigte, wurde *qadarīya* genannt und ihre Schüler *qadarī*, die Anhänger des freien Schicksals, die meinen, daß der Mensch frei sei, seine Handlungen hervorzubringen und folglich auch für alles, was er tue, ob gut oder schlecht, verantwortlich sei. Sie unterstützten dieses Argument durch den Hinweis, daß im gegenteiligen Fall, d. h. wenn man voraussetze, daß Gott das Schicksal der Menschen festgelegt habe, man ihn damit auf einen Schlag auch für das Böse, das auf Erden existiere, verantwortlich mache. Man habe also die Wahl, entweder dem Menschen seine Freiheit zu geben oder Gott für das Böse verantwortlich zu machen, was aber unmöglich sei, »denn, wenn Gott das Böse schüfe, wäre er ungerecht«.[19]

Obwohl sie zu den Philosophen gehörten, fanden sich die Mutaziliten plötzlich mitten in der Politik wieder. Wenn man ein vernünftiges und verantwortliches Wesen ist, dann kann man nur gehorchen, wenn gewisse Bedingungen erfüllt sind, insbesondere allgemeine Wahlen für das Volk *(iḫtiyār min al-umma)*, da jede Autorität, die nicht vom Volk kommt, nicht seinem Willen entspricht. »Die Mutaziliten und andere Schulen betonen, daß man einen guten Imam nur durch die freie Wahl der ganzen Nation *(iḫtiyār)* erhalte; Gott und sein Prophet, sagen sie, habe nicht einen bestimmten Imam auserkoren, und die Muslime hätten ihre Stimmen auch nicht im voraus einem bestimmten Mann gegeben. Die Wahl sei der Nation (Umma) anvertraut. Diese allein habe das Recht, unter ihren Mitgliedern ihren eigenen Mandatsträger zu suchen, dem sie die Exekutive übertrage.«[20]

Das Auftreten der Mutaziliten auf der politischen Bühne intellektualisierte und veränderte diese, was zu neuen Begriffen führte, angefangen bei ihrem Namen: *iʿtizāl*, das heißt eine Mittlerposition einnehmen, das Für und Wider abwägen, nachdenken. Die Frage war sehr wichtig, weil es gerade hierbei um Toleranz ging: Was macht man mit einem Muslim, der eine Sünde begeht? Soll man ihn verurteilen oder eine Mittlerrolle *(iʿtizāl)* einnehmen, d. h. einen neutralen Standpunkt? Die Mutaziliten waren für die zweite Haltung: Neutralität und folglich Toleranz. Man könne niemanden verurteilen, ohne reiflich über sein Verhalten nachgedacht zu haben. Dieses *iʿtizāl* war die notwendige Folge des Respektes vor der Vernunft. Das Schema Gehorsam – Revolte der Charidschiten wurde durch ein anderes ersetzt: Gehorsam *(ṭāʿa)* – Vernunft *(ʿaql)*.

Die rationale Strömung war geboren, die das Kalifat umwälzte, die Diskussionen anheizte und eine Debatte in der Bevölkerung initiierte, die bis auf die Märkte und in die Buden der Handwerker drang. Die Mutaziliten spielten eine grundlegende Rolle, sowohl als *du'āh* (Propagandisten) bei der Beschleunigung des Sturzes der Omaijaden-Dynastie als auch beim Machtantritt der Abbasiden. Einer der ersten Führer dieser Richtung der Mutaziliten war *Wasil Ibn-'Atā'*, der 141/758 starb. Die Ideen der Mutaziliten wurden zur offiziellen Theologie des Abbasidismus, der eine Protestbewegung war, bevor er eine Dynastie wurde. Die Abbasiden übernahmen die *mu'tazila*-Philosophie als offizielle Machtdoktrin zumindest ein Jahrhundert lang, und dies war das Jahrhundert der Öffnung.[21] Und diese Öffnung bedeutete, sich das gesamte menschliche Wissen anzueignen, insbesondere durch die Übersetzung der griechischen wissenschaftlichen und philosophischen Werke ins Arabische.

Diese Übersetzung begann als staatliches Projekt durch den Kalifen *al-Ma'mūn* und wurde im Verlauf des ganzen 9. Jahrhunderts fortgesetzt. *Ḥunain Ibn-Ishāq* (gestorben 259/873), ein Christ, rief eine Übersetzerschule ins Leben, die die brillantesten Intellektuellen aus Bagdad und dem gesamten Imperium an sich zog. Aber sie begnügten sich nicht mit der Übersetzung des hellenistischen Wissens, wie es das reduktionistische Stereotyp im Westen will. Sie wandten sich auch dem Iran und Indien zu, um alles, was an Wissenswertem in anderen Kulturen angehäuft worden war, zu sammeln, zu übersetzen und zusammenzufassen, bevor sie sich selbst an die schöpferische Arbeit machten. Diese Bewegung der Übersetzung und Einführung ausländischen humanistischen Denkens wurde verstärkt und bereichert durch einen spekulativen und wissenschaftlichen Kraftakt, der dieses Aufblühen des muslimischen Denkens bewirkt hat, das unter dem Begriff *falsafa* (Philosophie) bekannt wurde. Ihre Anhänger, ob Mathematiker oder Logiker oder Mediziner, wurden *falāsifa* (Plural von *failasūf*, Philosoph), genannt, was ihre Verurteilung en bloc später sehr erleichterte.

Die *falsafa* wird auch die Wissenschaft von der Diskussion genannt, nicht nur, weil sie auf der logischen Darlegung von Argumenten beruht, sondern auch, weil dieser Zustrom neuer Ideen sich in den *Sūqs* verbreitete und zum Gesprächsstoff der Volksmassen wurde. Die Mutaziliten inszenierten im 9. Jahrhundert christlicher Zeitrechnung mit dem Segen des abbasidischen Hofes diese wissenschaftliche und spekulative Unruhe. Praktisch gehören alle Geistesgrößen in Wissenschaft und Philosophie jener Epoche an: *al-Ḫwārismī* (gestorben 236/850), der Vater der Algebra, Mathematiker und Astronom, *al-Kindī* (gestorben 257/850), oft der erste Philosoph genannt. Das 10. Jahrhundert profitierte noch von der Wirkung dieser unglaublichen Öffnung, etwa in den Werken von ar-*Rāzī*, dem im Westen als Rhazes bekannten großen Mediziner (gestorben 313/925), von al-*Baṭṭānī*, dem Vater der Trigonometrie (gestorben 317/929) oder des Metaphysikers *al-Fārābī* (gestorben 338/950), der sich für uns *al-Madīna al-fāḍila* (Die Stadt der Tugend) erdachte.

Aber sehr bald verschliß sich die Abbasiden-Dynastie, die mit der Fackel der Vernunft die Macht ergriffen und die brillantesten Köpfe zu ihrer Propaganda eingesetzt hatte, in Palastintrigen. Nun wurden die Öffnung zu Vernunft und eigener Meinung und der Kult der persönlichen Initiative als fremd verurteilt. Die Jagd auf die *falāsifa* begann, und die freien Denker wurden als *kāfir* (Ungläubiger) und *mulḥid* (Atheist) verurteilt. Um ihren Despotismus zu festigen, rekrutierten die Abbassiden von nun an ihre Denker aus jener

Geistesschule, in der Gehorsam ermutigt wird und das Denken verboten ist. Diese Tradition, die fortan mit dem Begriff Scharia belegt wurde, hatte fatale Konsequenzen, da sie bis heute den demokratischen Prozeß blockiert, indem sie den blinden Gehorsam gegenüber dem Führer mit unserem Respekt vor der Religion verknüpfte. Jede rationale und kritische Einstellung gegenüber dem Führer wurde als Zurückweisung des Islam, als mangelnder Respekt gegenüber seinen Prinzipien und Ideen, verteufelt. Die Scharia wurde – zum Wohle des Abbasiden-Palastes – ihres ganzen Widerspruchpotentials entleert. Der Imam wurde zu einem gewalttätigen und blutrünstigen Despoten, und allein die frondierende Charidschiten-Tradition blieb übrig. Folglich wurden die Abbasiden der despotischen Tradition ermordet. »Griechen« und Mutaziliten wurden zu Ungeziefer, das ausgerottet werden mußte. Die muslimische Welt bewegte sich auf den Obskurantismus zu; ihre aufgeklärten Intellektuellen wurden systematisch verurteilt und ihre Völker in intellektuelle Apathie gestoßen. Die Regression auf die fanatische Fronde ist von nun an die Hauptform des Widerstands innerhalb eines verstümmelten Islam.

Diesen Islam der Paläste, der seiner rationalen Dimension beraubt worden ist, zwingt man heute als islamisches Erbe unserem Bewußtsein auf. Es ist dieser Islam der Prinzen und Henker, der nach der Unabhängigkeit in den 40er, 50er und 60er Jahren reaktiviert wurde. Seit den 70er Jahren werden mit Petrodollars viele Seiten mit Propaganda über unsere »Identität« und »Besonderheit« gefüllt, worin die Unterwürfigkeit ermutigt und das Nachdenken verurteilt werden. Eines der unmittelbaren Ergebnisse war eine Aktion der islamischen Militanz mitten in Saudi-Arabien, und zwar die spektakuläre Einnahme der großen Moschee in Mekka im November 1979 durch die Schüler des *Ǧuhaimān Ibn-Mu-*

ḥammad Ibn-Saif al-ʻUtaibī und *Muḥammad Ibn-ʻAbdallāh al-Qaḥṭānī.*[22] Mit dem Auftauchen der Petrodollars intensivierten sich gleichzeitig die Artikulation des offiziellen Islam als *ṭāʻa* (Gehorsam) auf der einen und die islamische Militanz auf der anderen Seite.

Demgegenüber verteidigt die Mehrheit der arabischen Intellektuellen und Philosophen die Öffnung zu jeder Art Humanismus, sei er alt oder modern. Man klagt die rationale Vergangenheit und die westliche Aufklärung mitsamt dem Marxismus ein. Diese zeitgenössischen Philosophen und Ideologen wie *Muḥammad ʻAmāra*, *Ḥusain Murūwa* (vor einigen Jahren in Beirut ermordet), *ʻĀbid al-Jaʻbīrī* (Abed Jaberi), gegenwärtig einer der bedeutendsten Denker, sind in der arabischen Welt so bekannt wie Schlagerstars und häufig weitaus populärer als die Staatschefs, die sie bekämpfen. Der Marokkaner Abed Jaberi ist wahrscheinlich der von der Jugend in der arabischen Welt meistgelesene Philosoph, wenn man nach den hitzigen Debatten geht, die von den Studenten ständig und überall geführt werden. Er ist der Autor von *Naḥnu wa-turāṯ* (»Wir und das Erbe«), in dem er auf die Hinterlassenschaft der Griechen als Erbe pocht, das die Muslime nicht dem Westen überlassen sollten, weil sie es befruchtet und bereichert haben. Aber vor allem durch sein Hauptwerk *Takwīn al-ʻaql al-ʻarabī* (»Entstehung des arabischen Denkens«), in dem er den Gegensatz von Palast/*ṭāʻa* und Intellektuelle/Vernunft behandelt, hat er Millionen Jugendliche mit ihrer Modernität und ihrem Streben nach Demokratie in Einklang gebracht.[23] Die Jugend verschlingt seine Werke und lernt einen Islam kennen, in dem Offenheit und individuelle Meinung integrativer Bestandteil der Tradition sind. Und diese Strömung wird vom Westen hartnäkkig übersehen; Jaberi und die anderen Genannten werden weder übersetzt noch im westlichen Fernsehen interviewt.

Hingegen werden die islamischen Fundamentalisten auf die europäischen Bildschirme geholt, weil sie viel besser dem Stereotyp vom »fanatischen Islam« entsprechen. Wohl deshalb, weil Jaberi einem deutschen oder französischen Intellektuellen ähnelt, der versucht, die Aufmerksamkeit auf die großen ewigen Werte wie Anstand und Selbstachtung zu lenken, und folglich nicht den gängigen Exotismus repräsentiert, den die Medien suchen, um jenen schrecklichen Islam zu konstruieren, der Ablehnung hervorruft und den Rassismus fördert. Es ist interessant zu konstatieren, daß die Führer der fanatischen Bewegungen oft vom europäischen Fernsehen eingeladen werden, unsere Philosophen und Denker hingegen selten. Die ganze progressive Bewegung bei uns wird von den westlichen Medien ignoriert, wodurch auf internationaler Ebene die Medienstrategien der lokalen Despoten verstärkt werden.

Die Vernunft wird also bei uns nach dem Abzug der Kolonisatoren als fremd bekämpft. Das, wovon alle Despoten träumen, nämlich die Verknüpfung von Gehorsam gegenüber Gott und dem Imam, ist in den vergangenen Jahrzehnten zum Programm und Gesetz aller arabischen Regime geworden, die sich auf das heilige Buch berufen. Die muslimische Welt der 80er Jahre, beherrscht von Führern, die die Vernunft bekämpfen, stürzte ins Scheitern *(al-inḥiṭāṭ)*. Diese militärische, ökonomische, politische und ethische Niederlage, die der Golfkrieg deutlich machte und der CNN vor den Augen der Welt ausbreitete, enthüllte eine arabische Welt, die zwar teilweise gut geschult und ausgebildet ist, aber der Vernunft und der individuellen Meinung entbehrt.

Der Iraner *as-Šahrastānī* (gestorben 547/1152) hat in seinem erstaunlichen Buch *al-Milal wa-niḥal* (»Religionsgemeinschaften und Sekten«) diese Ausschaltung der Vernunft anschaulich dargestellt. *Ṭāʿa*, Gehorsam gegenüber

Gott, wird für immer mit *Milal*, den geoffenbarten Religionen, verknüpft. Er bestätigt damit den Triumph des *ahl al-ḥadīṯ*, des auf arabisch geoffenbarten Wissens. Der Pol *'aql* (Vernunft) sowie jede Spekulation über *ra'y* (Meinung) werden fortan unter der Formel *niḥal* zusammengefaßt, d. h. als Betrug, als selbstfabrizierter Glaube der Sekten verurteilt. *naḥala al-'aḏar* heißt auch imitieren, Falsches fabrizieren, ein Wort, das aus dem Schmiedehandwerk kommt. *ra'y* wird für immer mit kriminellen Aktivitäten in Verbindung gebracht, die den Zusammenhalt der Umma zerstören. Und diesen Islam, der seines rationalen Pols beraubt ist, zwingt man uns jetzt als muslimisches Erbe auf, und zwar mit den Begriffen *Šahrastānīs*, die wir heute wieder verwenden: Glauben *(i'tiqād)* und gehorchen *(ṭā'a)* sowie die Gleichsetzung von persönlicher Meinung *(ra'y)* mit Egoismus. Die Frage wurde von Anfang an gestellt, aber die Art und Weise, in der *Šahrastānī* darauf im 12. Jahrhundert antwortete, ist dieselbe, die heute lauthals von all jenen hinausgeschrien wird, die den Despotismus als Lebensform vorschlagen: Argumentieren heißt nichts anderes als den Islam schwächen und dem Feind dienen. Die Welt ist zweigeteilt, wie *Šahrastānī* vereinfachend sagt, in diejenigen, die an eine der geoffenbarten Religionen *(ad-diyānāt)* glauben und diejenigen, die nur ihrer individuellen Laune *(ahwā')* vertrauen. »In der Tat gibt es für den, der etwas glaubt oder etwas sagt, nur zwei Möglichkeiten, entweder hat er einen Glauben *(i'tiqād)*, oder er benutzt Worte, die er von jemandem entliehen hat und die er arroganterweise als seine individuelle Meinung ausgibt *(mustabiddan bi-ra'yihi)*.«[24] Glauben *(i'tiqād)* oder eine Meinung *(ra'y)* haben, das war seit *'Umar Ibn-al-Ḫaṭṭāb* das Dilemma, in dem sich jeder Muslim oder jede Muslime befand, der/die sich seiner/ihrer Würde bewußt war. Für *Šahrastānī* ist die Unterscheidung einfach: »Muslim ist, wer glaubt und gehorcht. Die Religion ist Gehorsam *(ad-dīn huwa aṭ-ṭāʿa)*. Ein gehorsamer Muslim ist religiös *(mutadayyin)*. Jener, der seiner Meinung Vorrang gibt *(istabadda bi-ra'yihi)*, ist ein Modernisierer und ein Erfinder.«[25] Dieser Text aus dem 12. Jahrhundert enthält alle Schlüsselworte der Debatten über den Konflikt Islam – Demokratie, die heute die muslimische Welt bewegen.

Er dreht sich um sechs Schlüsselworte, die zwei Seiten ein und derselben Gleichung darstellen: *dīn* (Religion), *iʿtiqād* (Glaube) und *ṭāʿa* (Gehorsam). Auf der anderen Seite haben wir: *ra'y* (persönliche Meinung), *iḥdāṯ* (Erneuerung, Modernisierung) und *ibdā'* (Schöpfung). Der Konflikt beruht auf der Tatsache, daß der zweite Pol über Jahrhunderte hinweg mit dem Zeichen des Negativen, des Subversiven versehen war. Auf der persönlichen Meinung zu beharren, bedeutet Schwächung des Palastes und der Macht der Gemeinschaft, die in den Händen des Kalifen konzentriert ist, und folglich das Spiel der Feinde zu spielen. Diese Angst vor der individuellen Meinung, die fähig sei, die Gruppe anfällig zu machen und dem Gegner in die Hände zu arbeiten, ist der emotionale Faden, der von all denen ausgenützt wird, die den demokratischen Prozeß blockieren wollen.

Von nun an werden *ra'y*, *iḥdāṯ* und *ibdā'* als fremd und gottlos von jener muslimischen Identität verurteilt, die von dem Despotismus verpflichteten Politikern geschaffen, von angeworbenen *fuqahā'* (religiösen Autoritäten) verbreitet und in den Dienst der Paläste gestellt wurde. Aber diese Amputation unseres Erbes der rationalen Tradition wäre nicht so schmerzhaft gewesen, wenn man Zugang zum modernen humanistischen Erbe gehabt hätte, das den europäischen Völkern den Weg zur wissenschaftlichen Reflexion und zur politischen Mitwirkung geöffnet hat. Um weiterhin wüten zu können, anstatt zu verwalten, werden die muslimischen Führer auch künftig gegen jene muslimischen Intellektuellen kämpfen, die die Philosophie der Aufklärung zu erklären und zu verbreiten versuchen. Sie werden, genau wie die Mutaziliten in der Vergangenheit, auch im 19. und 20. Jahrhundert gefoltert werden. Sie werden wie die Mutaziliten verdammt und für gottlos erklärt werden. Seit der Unabhängigkeit lösen Verhaftungen und Verbote von Schriften einander ab. Es gibt nur einen kleinen Unterschied: Die Mutaziliten waren Verräter, die griechische Ideen importierten, während die modernen Intellektuellen Knechte des Westens sind. Der Humanismus des 20. Jahrhunderts, der überall als Triumph der Kreativität und der Entfaltung des Individuums gefeiert wird, wird uns verboten sein unter dem Vorwand, daß er fremd sei, und der Obskurantismus wird uns als Zukunft und Ideal präsentiert, das es zu verteidigen gelte.

Die Angst vor der Demokratie

Die Muslime im allgemeinen und die Araber im besonderen haben gar nicht so sehr Angst vor der Demokratie; sie leiden vor allem unter der kulturellen Amputation, dem Nichtzugang zu den bedeutendsten Errungenschaften der vergangenen Jahrhunderte, insbesondere der Toleranz als Prinzip und Praxis, d. h. zu einem weltlichen Humanismus, der die Entfaltung der bürgerlichen Gesellschaft im Westen ermöglicht hat. Die humanistischen Ideen (Freiheit des Denkens, Selbstbestimmung, Recht auf Initiative, Toleranz etc.) werden im Westen schon vermittels der weltlichen, staatlichen Schulen anerzogen. Der moderne muslimische Staat hat sich, mit wenigen Ausnahmen (insbesondere die Türkei), niemals als weltlich bezeichnet, und man hat niemals das Geringste investiert, um in den Volksmassen die Lehre von der individuellen Initiative zu verbreiten. Diese wurde im Gegenteil schon von den »Reformisten«, der nationalistischen Bewegung des 19. Jahrhunderts, immer auf ambivalente Weise behandelt. Diese Bewegung führte hauptsächlich den Kampf gegen den Kolonialismus, war also zutiefst antiwestlich und gezwungen, sich in Abgrenzung gegen die Besatzung tiefer denn je im Islam zu verankern. Aber von einem militaristischen und kolonialistischen Westen, der selbst nicht in der Lage war, seinen Humanismus zu praktizieren und zu exportieren, in die Enge getrieben, blieb den muslimischen Nationalisten nichts anderes übrig, als sich in ihrer Vergangenheit zu verschanzen und die kulturellen *ḥudūd* als Bollwerk zu benutzen, um die koloniale Gewalt zu bannen. Und die muslimische Vergangenheit, die sie neu belebten, verankerte die moderne Identität nicht in der rationalen Tradition. Tatsächlich waren die Nationalisten Gefangene einer Geschichte, die die Moderne durch eine notwendigerweise konfliktgeladene Wahl blokkierte:

1. Entweder man wagte es, die Moderne zu denken, indem man das humanistische Erbe des kolonialistischen Westens beanspruchte – und lief Gefahr, die Einheit zu verlieren, denn wer »ja« zur rationalen Tradition sagt, sagt »ja« zu *ra'y* und *'aql*, folglich »ja« zu möglichen Abweichungen. Angesichts der Kolonisation den Weg für Abweichungen freimachen hieße allerdings, die muslimische Umma zu schwächen.

2. Oder man wahrte die Einheit gegenüber dem Kolonisator, indem man sich in der Vergangenheit verwurzelte, doch dann mußte die Tradition des *ṭā'a* bevorzugt und die rationale Tradition zur Seite geschoben werden, und vor allem mußte man sich gegenüber allem abschotten, was aus dem westlichen Fundus die eigene rationale Tradition reaktivieren könnte.

Leider wählten die Politiker, mehr oder weniger unfreiwillig, die zweite Lösungsmöglichkeit, was verständlich ist, weil das Wesen beider rationaler Erbteile, des westlichen und des muslimischen, die Freiheit des Denkens ist, die Freiheit, eine andere Meinung zu haben. Sie wurde also geopfert, um die Einheit zu retten. Was aber die Politiker und Reformisten der 20er und 30er Jahre nicht ganz klar sahen, war die Tatsache, daß die Muslime, indem sie sich der Vernunft verschlossen, sich mehr denn je schwächen würden, um schließlich zu jener ohnmächtigen Masse zu werden, die der Golfkrieg auf unseren Fernsehschirmen sichtbar werden ließ. Denn auch nach dem Ende der Kolonisation hörten die unabhängig gewordenen muslimischen Staaten mit ihrer Vendetta gegen die Vernunft nicht auf. Seit dem Ende des Zweiten Weltkrieges, der einer ganzen Reihe von Ländern die Unabhängigkeit brachte, bekämpft der moderne arabische Staat die Errungenschaften der Aufklärung und des westlichen Humanismus als fremd und verfolgt die Intellektuellen, die sich ihm zuwenden, als Agenten des Feindes und Verräter an der nationalen Sache.

Andererseits aber importiert er jede Menge Waffen aus eben diesem Westen. Die arabischen Länder geben mehr Geld für Waffen aus, als ihr Bruttoinlandsprodukt beträgt. Diese Investitionen sind doppelt verloren, weil der Westen mit diesem Geld seine Forschung und Entwicklung in der Weltraum- und Luftfahrtindustrie bezahlen kann. Eine Untersuchung des B.I.T. (Internationales Büro für Arbeit) hat gezeigt, daß im Westen die Beschäftigten der Waffenindustrie in den Luft- und Raumfahrtsektoren konzentriert sind: 33 % in Belgien, 25 % in Frankreich, 47 % in Schweden, 27 % in Italien, 35 % in Finnland und Griechenland und 40 % in den USA.[1] Die Vormachtstellung des Westens liegt nicht so sehr in seinen militärischen Kinkerlitzchen als in der Tatsache, daß seine Kasernen Laboratorien, seine Truppen Gehirne sind, Armeen von Wissenschaftlern und Forschern. Dieselbe Untersuchung enthüllte im übrigen, daß die Waffenindustrien für enorme Beschäftigung in anderen Sektoren wie Elektronik und Kommunikation sorgen, in denen 20 % der gesamten in der Waffenindustrie beschäftigten Arbeiterschaft in Frankreich tätig sind, 23 % in Schweden, 26 % in Italien und 30 % in den USA. Durch die militärische Forschung verschafft sich der Westen also seine Stärke. Und diese Forschung zwingt die unterentwickelten Länder in die passive Rolle von Konsumenten. Die Schwäche der Araber beruht darauf, daß sie Waffen kaufen, statt die Forschung zu ihrem strategischen Ziel zu machen. Das würde es den arabischen Staaten erlauben, zwei Wunder gleichzeitig zu vollbringen: in eine Armee von Forschern und Wissenschaftlern zu investieren und dadurch zur Vollbeschäftigung beizutragen und sich gleichzeitig von ihrer militärischen Abhängigkeit vom Westen zu befreien.

Die Waffenkäufe der arabischen Länder übersteigen 40 % aller in den 80er Jahren in der Welt verkauften Waffen[2], wodurch jene Reichtümer verpulvert wurden, die eine Vollbeschäftigung hätten finanzieren können: »Im Zeitraum von 1980 bis 1983 hatten alle einzelnen Entwicklungsregionen außer dem Nahen Osten und Lateinamerika sinkende Waffenimporte. Der Nahe Osten ist weiterhin der größte Waffenempfänger. 1983 erreichte sein weltweiter Anteil beinahe 43 % und sein Anteil am Volumen der Entwicklungsländer nahezu 55 %.«[3] Unter den neun größten Waffenkäufern der Welt waren 1983 vier arabische Länder: Irak, Saudi-Arabien, Libyen und Ägypten.[4] Was die Funktionäre dieser Länder nicht wissen, ist wohl, daß die Zeiten des Fetischismus längst hinter uns liegen und militärischen Schrott zu kaufen, die Abhängigkeit nur erhöht. Die Macht beruht darauf, daß der wissenschaftliche Geist und die partizipatorische Demokratie fruchtbar gemacht werden. Und deshalb war Saudi-Arabien trotz der unglaublichen Investitionen in militärische Ausrüstung nicht in der Lage, das Land zu verteidigen, als der Golfkrieg ausbrach, und der Rückgriff auf die Amerikaner war unvermeidbar.

Der Golfkrieg hat das Ausmaß der militärischen Abhängigkeit der Araber im allgemeinen und speziell der Saudis deutlich gemacht, denn der Kauf von Waffen hat die Schaffung einer arabischen intellektuellen Schicht und die Verbreitung einer demokratischen Kultur für die Volksmassen über ein öffentliches Schulsystem verhindert.

Das Problem der Arbeitslosigkeit in der arabischen Welt ist strukturell mit diesem massiven und unfruchtbaren Waffenimport verknüpft, weil dadurch enorme Summen verpulvert werden, ohne eine wissenschaftliche Infrastruktur zu schaffen, wie es sie im Westen gibt. Ich bestehe auf der Frage des Waffenkaufs, weil ich insbesondere als Frau denke, daß eine der dringlichsten Fragen, die von den arabischen Volksmassen diskutiert werden müßten, die danach ist, ob wir uns wirklich auf so eine idiotische Weise bewaffnen müssen. Wäre es nicht besser, dem Beispiel Japans zu folgen, das sich so entwickelt hat, gerade weil es keine Armee hat und statt dessen zu seiner Verteidigung ein wissenschaftliches Potential geschaffen hat.

Die Macht des Westens hat sich herausgebildet, weil durch den Staat vermittels der öffentlichen Schulen jener Humanismus verbreitet wurde, auf den die arabischen Massen niemals ein Anrecht hatten, und diesen Punkt möchte ich kurz erörtern, wobei ich die Frage der Militarisierung der Wirtschaft beiseite lasse.

Wir halten nur fest, daß sie die negative Seite der Amputation des arabischen wissenschaftlichen Geistes ist und den kulturellen Erstickungstod einer frustrierten Jugend bedeutet, die ihrer Rechte beraubt und von Arbeitslosigkeit bedroht ist.

Die Ambivalenz der Reformisten

Der weltliche Humanismus, wie ihn der auf die Untersuchung der Religionen spezialisierte Soziologe James Davison Hunter definiert, ist u. a. das, was in den staatlich finanzierten Schulprogrammen unterrichtet wird: »Die Unterrichtsprogramme der öffentlichen Schulen zielen darauf ab, den Wert des Individuums als Maß aller Dinge, die Wichtigkeit der individuellen Initiative, der Gefühle und der persönlichen Bedürfnisse bzw. die subjektiven Werte, die daraus entspringen, hervorzuheben; all dies liegt Welten entfernt von dem transzendentalen Modell, das der Theismus predigt.«[5] Der weltliche Humanismus, wie ihn Hunter so gut im Fall Amerikas beschreibt, hat sich nicht so sehr gegen die Religion entwickelt als vielmehr gegen die Einmischung des Staates in diese und vor allem gegen ihre Manipulation. Der Beweis dafür ist, daß die Vereinigten Staaten eines der religiösesten Länder sind, die man sich vorstellen kann. Nicht nur, daß die Religionen weiterhin bestehen, sondern sie nehmen sogar noch zu. Außer dem allgegenwärtigen Protestantismus, der die dominierende Kultur darstellt, gibt es noch viele andere: »Ungefähr 28 % der amerikanischen Bevölkerung sind katholisch, die Juden machen einen Anteil von ungefähr 2,5 % aus, und die Mormonen sind mit 1,6 % eine der religiösen Gruppen, die demographisch am stärksten wachsen. Noch bedeutsamer ist die Tatsache, daß der Pluralismus außerhalb der jüdisch-christlichen Tradition zunimmt. Es gibt z. B. beinahe ebensoviele Muslime wie Mormonen und mehr Muslime als Anglikaner. Auch die Anhänger des Hinduismus und des Buddhismus haben seit dem Ende des Zweiten Weltkrieges außerordentlich zugenommen.«[6] Der weltliche Humanismus, der Toleranz und die Gedankenfreiheit predigt, ist nicht so sehr ein Angriff auf Gott als vielmehr ein Angriff auf die staatlichen Funktionäre. Ihnen ist es verboten, die Steuern und die durch öffentliche Gelder finanzierten Institutionen zur Werbung für die Religion, welche auch immer, zu benutzen, nicht, um Gott der öffentlichen Mittel zu berauben, sondern um zu verhindern, daß der Staat und seine Funktionäre Gott dazu benutzen, ihren Zwecken zu dienen.

Die große Mehrzahl der kolonisierten Länder hat niemals diese für die Entwicklung des wissenschaftlichen Geistes so unumgängliche Phase erlebt, in der der Staat und seine Institutionen zum Transmissionsriemen der Ideen von Toleranz und Achtung des Individuums werden. Der Kolonialstaat war vor allem ein brutaler, kulturell beschränkter Staat. Der Nationalstaat, der an seine Stelle rückte, war ebenso brutal und ebenso feindlich eingestellt gegenüber jeder Entfaltung des wissenschaftlichen Geistes und der individuellen Initiative. Dies führte zur regelrechten Amputation der humanistischen Errungenschaften der vergangenen drei Jahrhunderte mit ihren beiden Strömungen, der wissenschaftlichen (Steuergelder für die wissenschaftliche Forschung, Ermutigung der Freiheit zu forschen und zu entdecken) zum einen und der politischen zum anderen (repräsentative Demokratie, allgemeines Wahlrecht). Daher stammt dieses zunehmende Unbehagen, das wir jetzt erleben, das von manchen als *'azma* (Krise) bezeichnet wird. Es kommt auf unterschiedliche Weise zum Ausdruck. Manchmal in Form von Intoleranz, als Zurückweisung der Gegenwart und derjenigen, die sie steuern. Dann wieder in dem Wunsch, vor allem der Jungen aus den armen Schichten, die arabische Welt zu verlassen, um »nach Europa« zu gehen, oder aber im großen Überdruß des Intellektuellen gegenüber seiner Regierung, dem Hichem Djaït so gut Ausdruck verleiht:

»Ich fühle mich erniedrigt, einem Staat ohne Visionen und ohne Ambitionen anzugehören, der autoritär, wenn nicht gar despotisch ist, wo es weder Wissenschaft noch Vernunft gibt, weder Schönheit des Lebens noch wirkliche Kultur. Dieser Staat unterdrückt mich, und in dieser provinziellen, bäuerlichen Gesellschaft ersticke ich, und ich leide darunter, von unkultivierten und unwissenden Führern herumkommandiert zu werden. Als Intellektueller durchlebe ich eine Neurose, und es ist menschlich und legitim, daß ich mein Unbehagen auf meine Gesellschaft projiziere, aber es gibt eben auch die Revolten des Volkes, die bezeugen, daß dieses Unbehagen nicht nur eine Konstruktion der Intellektuellen ist.«[7]

Hichem Djaït spricht für Tausende, wenn nicht für Millionen, die dasselbe empfinden. Das ist die eigentliche Tragödie der Araber sowie der übrigen Dritten Welt: Sie haben niemals systematisch Zugang zu den modernen Kenntnissen gehabt, die entstanden sind aus »der Philosophie der Aufklärung, einer ideologischen Revolution, die es ermöglichte, die Kosmologien des Mittelalters zu überwinden sowie eine Reform durchzusetzen, nämlich die feudalen Strukturen der politischen Autorität und die theistischen Formen der moralischen Autorität auszuhebeln«.[8] Diesen Bruch mit dem mittelalterlichen Staat, der das Göttliche benutzt, um die Willkür zu legitimieren und zu vertuschen, hat es in der arabischen Welt niemals gegeben. »Die Muslime haben das Phänomen der Moderne nicht als Bruch mit der Vergangenheit begriffen, sondern als Wiederanknüpfung an die Vergangenheit. Sie haben das Phänomen der Moderne nicht als Fortschritt, sondern als Renaissance aufgefaßt, letztendlich also in magischen und mythischen Begriffen. Mehrheitlich war also die Haltung der Muslime, die ihrer politischen oder religiösen Denker, genau entgegengesetzt den Prinzipien, die die korrekte Auslegung der Aufklärung impliziert.«[9] Wir befinden uns folglich, wenn man heute von der Demokratie und den Ängsten spricht, auf einem geistigen Terrain, das durch Mangel, Amputationen und Leere strukturiert ist. Die Leute leben die Moderne, ohne ihre Grundlagen und ihre zentralen Begriffe zu kennen. Die Freiheit des Denkens wird verteufelt und mit der Fronde der Charidschiten und dem Chaos identifiziert, und der Staat mißbraucht die öffentlichen Schulen, um uns seine

Propaganda vorzutragen. Aber die Alternative kann nicht in der Reduzierung der öffentlichen Schulen bestehen, um einer uneingeschränkten Privatisierung Platz zu machen, wie es uns seit Reagan als ideales Modell angepriesen wird. Die arabische Welt kennt nur einen privaten Sektor, der den Arbeitern kaum ihre Rechte zugesteht und der von wilder Profitgier beherrscht wird, während eine gewerkschaftliche Infrastruktur und ein soziales Netz fehlen. Der private arabische Sektor leistet keinen Beitrag, und auch Privatschulen sind bei uns die Ausnahme. Allein der Staat und die öffentliche Schule werden auch in den kommenden Jahrzehnten die Chance haben, eine demokratische Kultur zu propagieren und tolerante Bürger heranzuziehen.

Der marokkanische Philosoph *ʿAlī Oumlil* hat ein ganzes Buch den begrifflichen Irrtümern gewidmet, die dem »Arabischen Reformismus« zugrunde liegen, mit dem die nationalistischen Bewegungen Ende des 19./Anfang des 20. Jahrhunderts die Modernisierung versucht haben, ohne mit der Vergangenheit zu brechen, die mit Despotismus und Manipulation des Heiligen belastet war.[10] So führten sie zwar Institutionen und Begriffe der repräsentativen westlichen Demokratie gesetzlich ein, wie etwa die Verfassung, das Parlament, das allgemeine Wahlrecht, vermieden es aber gleichzeitig, die Volksmassen mit dem Wesentlichen vertraut zu machen: dem Selbstbestimmungsrecht des Menschen und der Freiheit der Meinung, was schließlich die philosophischen Grundlagen für die repräsentative Demokratie sind. Die Nationalisten vermieden es, den Problemen auf den Grund zu gehen, weil viele von ihnen religiöse Autoritäten waren, die von Militärs in Schach gehalten und von der Soldateska gelähmt waren. Man darf nicht vergessen, daß in den 50er und 60er Jahren zahlreiche Militärs an die Macht kamen. Die Diskussionen erreichten nie ein philosophisches Niveau, wie *'Alī Oumlil* schreibt: »Der Philosoph galt nie etwas, er wurde niemals eingeladen, die Rolle des *dā'ī*, des Propagandisten, für die reformistischen Ideen zu spielen. Diese Rolle übernahmen die *fuqahā'*, die religiösen Autoritäten.«[11]

Sehr schnell versuchten viele Reformisten die Idee der Verfassung *(dustūr)* mit der Scharia, d. h. dem Gesetz göttlichen Ursprungs, zu verknüpfen. Und von da an griffen die Politiker, stets auf der Suche nach Argumenten, die ihren Autoritarismus stützen könnten, eifrig nach dieser Methode der Verwirrung. Jene, die auf einer strengen Unterscheidung bestanden, wurden als *kāfir*, als gottlos im Bund mit den Kolonialisten, als Agenten des Feindes verurteilt. Auf diese Weise wurde einer der größten Verteidiger der rationalen Strömung in unserer Zeit, der 1972 gestorbene *Ṭaha Ḥusain*, zu seinen Lebzeiten drangsaliert, vor Gericht gezerrt und verurteilt »als Manipulator heidnischer und hellenistischer Ideen, ... als dem französischen Denken verpflichteter Kollaborateur, der anschließend im Dienst des amerikanischen Denkens stand ...«[12] Sein Richter, *Anwar al-Ğundī*, ein zeitgenössischer Denker, hat sich angemaßt, ihm in einem beinahe 400 Seiten dicken Buch, das 1984 nach *Ḥusains* Tod veröffentlicht wurde, den Prozeß zu machen, in dem er ihn nachträglich als *kāfir* darstellte. *Ṭaha Ḥusain*, der die erhellendsten Texte über das Leben des Propheten geschrieben hat, die ich zu meinem Glück schon in der Grundschule kennenlernte, wird auf dem Umschlag im Käfig des Angeklagten gezeigt.[13] Und so erleben wir im Jahre 1991 in der arabischen Welt diesen Mangel an Toleranz, weil *Anwar al-Ğundī* und seinesgleichen wahrscheinlich niemals eine Grundschulerziehung genossen haben, in der sie gelernt haben, daß man in einer zivilisierten Welt einen Autor nicht der Justiz überantwortet, nur weil er anders denkt. *al-Ǧundīs* Buch wird in allen Buchhandlungen verkauft, die sich auf das »Erbe« spezialisiert haben, und man erhält es für ein paar Dirham auch in Casablanca oder Algier. Offenbar schockiert diese Art Literatur nicht die Funktionäre des Informationsministeriums, die beauftragt sind, gefährliche Werke zu zensieren. Nicht die Intoleranz ist gefährlich, gefährlich sind vielmehr die Bücher, die die Toleranz verteidigen oder erklären, worin sie besteht, wie die Informations- und Kultur-Funktionäre in unserem zivilisierten Zeitalter meinen. Die Einführung des Parlamentes und der Verfassung, ohne gleichzeitig freimütig zu erklären, worin ihr Wesen besteht, nämlich im Triumph der Vernunft und des wissenschaftlichen Geistes, hindert uns daran, in Ruhe über eine Idee nachzudenken, die bis heute immer nur verteufelt wird: die der Freiheit *(al-ḥurrīya)*. Bis auf den heutigen Tag ist Freiheit in der arabischen Welt ein Synonym für Unordnung.

Die Religionsfreiheit *(al-ḥurrīya ad-dīnīya)* ist Freiheit des Glaubens und der Meinung, »unter der einzigen Bedingung: Der Boden des Islam darf nicht verlassen werden«. Auf diese Weise definiert *Ṭahṭāwī*, ein besonders charakteristischer Führer des reformistischen Flügels innerhalb der nationalistischen Bewegung, einen der Schlüsselbegriffe der humanistischen Errungenschaften, die dem parlamentarischen System zugrunde liegen.[14] Wie die anderen Reformer, die dazu beigetragen haben, den modernen muslimischen Staat zu entwerfen, wollte er ein Parlament und eine Verfassung mit Gedankenfreiheit, die aber an Bedingungen geknüpft sein sollten. *Ṭahṭāwī* und insbesondere seine Ideen von der »Toleranz« wurden uns (und werden uns noch immer) in der Schule nahegebracht, in der Grund- und der Oberschule. *Ṭahṭāwī* ist *die* Portalfigur der Modernisierer, und seine Texte werden uns feierlich beigebracht als die eines Avantgardisten, der uns neue Horizonte eröffnen soll. Wir beginnen unser Leben damit, zu denken, daß Meinungsfreiheit *(ḥurrīyat ar-ra'y)* ihre Grenzen hat und strikt überwacht werden muß. Es gibt *ḥudūd*, die nicht überschritten werden dürfen. Man kann verstehen, daß viele von uns, die eine derartige Erziehung genossen haben, Schwierigkeiten haben, wirklich zu verstehen, was es heißt, die Meinung des anderen zu respektieren.[15] Diese Art der Verwirrung blieb den Volksmassen erspart, die niemals eine »moderne« Erziehung erhielten und die daher auch niemals *Ṭahṭāwī* und die anderen Reformer gelesen haben. Sie haben daher nie von der Wichtigkeit der »Toleranz« sprechen hören.

Einige westliche Beobachter sind gegenwärtig überrascht, festzustellen, daß die naturwissenschaftlichen Fakultäten und die Wissenschafts- und Technologieinstitute ein Nährboden des Fundamentalismus sind, daß gerade dort eine große Zahl militanter Fundamentalisten heranwächst.[16] Doch ist dies die logischste Sache von der Welt, aus mindestens zwei Gründen: erstens wegen der politischen Ambivalenz gegenüber der Idee der Freiheit. Wie sollen sich die Wissenschaften in Gesellschaften entwickeln können, die die Freiheit des Denkens als unvereinbar mit der islamischen Identität zurückweisen? Zweitens wegen des Fehlens einer wissenschaftlichen Infrastruktur, die grundlegende Forschung erlaubt und fördert. Und die arabischen Staaten ziehen es vor, die technologischen Produkte, vor allem Waffen, zu importieren, statt eine große Zahl von Wissenschaftlern heranzuziehen, die möglicherweise ihre Autorität im Innern destabilisieren könnten. Daher der massive Import von Produkten, einschließlich Waffen, und die massive Entsendung von Studenten aus den besitzenden Klassen an die westlichen Universitäten. Den Rest einfach in einem Zustand von Halbwissen dahindämmern zu lassen, war so lange nicht weiter schlimm, bis es zur Flut des Fundamentalismus an eben diesen wissenschaftlichen Fakultäten kam, denen es an Labors und adäquaten Mitteln fehlt, um wissenschaftliche Initiativen entfalten zu können.[17] Die einzige Staatsform, die uns in dieser triumphierenden Moderne vergönnt war – egal, in welchem Staat mit dem Islam als offizieller Religion wir uns befinden, seien es die Monarchien oder die sozialistischen Staaten wie Syrien, Algerien etc. –, ist ein arabischer Staat, der uns einerseits unseres Rechts auf das universelle Erbe der vergangenen drei Jahrhunderte beraubt und uns andererseits das muslimische Erbe, das er in seinen Institutionen lehrt, völlig entstellt hat. Daher ist es jetzt notwendig, nochmals auf jene Idee von der Angst vor der Demokratie zurückzukommen und ein bißchen tiefer einzudringen.

Die Vieldeutigkeit der Ängste

Das Wort Angst ist verräterisch, weil es eine ganze Tonleiter verschiedener Gefühle umfaßt, angefangen bei der Wahrnehmung des Ausrutschens, wenn man über den Marmor eines alten Hammam läuft, über die Angst, von einem Zyklon erfaßt zu werden, der für die Gegend, in der man sich aufhält, angekündigt wurde, bis hin zur eher verständlichen Angst, am Freitag früh verhaftet und mittags verurteilt zu werden wegen eines blasphemischen Textes, den man am Vorabend geschrieben hat. Diese Vieldeutigkeit des Begriffes »Angst«, die aus seiner Reichhaltigkeit entspringt, findet sich auch beim Wort Demokratie.

Die Demokratie umfaßt eine beeindruckende Tonleiter von Freiheiten, Privilegien, von Rechten, die man ausüben, und Steuern, die man zahlen kann. Angefangen beim Recht, zu essen (Schwein), zu trinken (Wein) und zu lesen (unzensierte Texte), was man will, bis zum Recht, sich zu verlieben – platonisch oder lustvoll –, den Partner zu heiraten oder nicht, Kinder zu haben oder nicht, einen Lohn zu fordern, der wenigstens dem Mindestgehalt entspricht, die Gewerkschaft einzuschalten, wenn man entlassen wird, bis hin zu dem Recht, den Staatschef zu bestimmen oder beim Fernsehen dagegen zu protestieren, daß man ihm stundenlange Sendezeiten einräumt, die von Steuergeldern bezahlt werden.

Angst und Demokratie zusammen zu nennen, heißt die Vieldeutigkeiten zu vervielfältigen und die Ungewißheiten zu vermehren. Vor allem, wenn man sich in Erinnerung ruft, daß in ein und demselben Land, sagen wir in Kuweit, die Angst, die der Emir hat, eine andere Angst ist als die, die seine Frau und seine Kinder empfinden. Der Chauffeur des Emirs, der, sagen wir, Palästinenser ist, hat ganz andere Ängste als sein Herr, auch andere als die Hausangestellten, die im Palast dienen, die wahrscheinlich Pakistani, Maghrebiner oder Filipinos sind. Jeder, je nach seinen momentanen Interessen, erzeugt und heiligt gewissermaßen die Ängste, die er braucht. Diese fremde, aber so allgegenwärtige Demokratie ähnelt offensichtlich den Efriten (weiblichen Geistern) aus Tausendundeiner Nacht, die sich vor den verliebten Augen eines jungen Menschen in ein hinreißendes junges Mädchen verwandeln oder die Gestalt eines geflügelten Drachen annehmen können, um einen von der Zensur beauftragten Beamten zu erschrecken. Es handelt sich nicht darum, die Ängste zu klassifizieren oder zu katalogisieren, sondern vielmehr darum, sie ein bißchen zu verstehen, um über die Stufe des Stereotypen hinauszukommen und, wenn möglich, die Verwirrung zu beseitigen.

Seit eineinhalb Jahrhunderten diskutieren die Araber

jetzt schon die Demokratie. Sie ist paradoxerweise im Gepäck der englischen oder französischen Kolonialarmeen zu ihnen gekommen. Diese Kolonialarmee hat außerdem nach und nach andere, ebenso seltsame Dinge mitgebracht, wie etwa das Telefon, die Elektrizität und das Auto. Wir haben keine arabischen Worte für Demokratie, wir sagen *dimuqrāṭīya*, d. h. wir benutzen das griechische Wort. Zwei Araber, die über Demokratie sprechen, sind gezwungen, sich auf griechisch zu verständigen, wobei sie sich gleichzeitig in Erinnerung rufen müssen, daß das griechische Erbe uns verboten ist, unter dem Vorwand, daß es uns fremd ist. Aber ebensowenig wie für Demokratie haben wir bis jetzt arabische Wörter für Telefon, Elektrizität oder Auto. Wir nennen sie bei ihren ausländischen Namen, wir benutzen sie, und wir lieben sie sehr, und man berichtet in der Presse von keinerlei wütendem Widerstand in arabischen Ländern gegen das Auto oder die Elektrizität. Es stimmt doch, daß wir immer noch *otomobīl* für Auto sagen, obwohl es *sayyāra* gibt und die arabischen Wörterbücher eine ganze Reihe von Wörtern aufführen, die uns daran hindern sollen, die Wörter der »Feinde« zu benutzen. Aber die Volksmassen bevorzugen *tomobil* für Auto, und noch nie habe ich in Rabat einen Mechaniker von *sayyāra* sprechen hören. Dasselbe gilt für das Telefon. Es gibt die arabische Bezeichnung *hātif*, aber die Arbeiter, Bauern und Jugendlichen sagen nur *tilifūn*. Die Wörterbücher haben ein Äquivalent für Fernseher geschaffen, aber jeder besteht darauf, einen *tilivisyōn* zu kaufen. Obwohl sie außerordentlich fremd sind, werden alle diese Objekte begehrt und übermäßig konsumiert. Niemanden in der muslimischen Welt im allgemeinen, in der arabischen im besonderen ficht die Verwendung dieser wunderbaren kleinen Dinge an, die so unentbehrlich geworden sind. Die Protestbewegungen, ob weltlich oder geistlich orientiert, benutzen sie ganz besonders, um ihre Propaganda zu betreiben. Es gibt keine politische Diskussion über ihre ausländische Herkunft, und keine politische Partei, vor allem keine ernsthafte islamistische Bewegung, ruft uns dazu auf, zwischen der Religion und dem Telefon zu wählen. Aber mit der »Demokratie« ist das so: Die Gemüter erhitzen sich darüber, daß man nicht Muslim sein und gleichzeitig die *dimuqrāṭīya* haben kann, denn diese sei unserer Kultur fremd. Das ist das Argument der Regime, die ihre Legitimation aus dem Islam beziehen (Saudi-Arabien z. B.), und sie bewerten jene, die sie fordern, als *kāfir* (ungläubig). Die Ironie ist, daß in anderen Ländern die Opposition diese Argumente ins Feld führt und die Demokratie als verfassungsmäßige Grundlage bekämpft. Dies trifft z. B. für die Auseinandersetzungen zwischen den algerischen und tunesischen Regierungen und ihrer islamistischen Opposition zu. Aber auch wenn die Demokratie bekämpft wird, dann stehen Auto und Telefon keineswegs auf der Liste der fremden Dinge, die verbannt werden müssen. Man kann also daraus schließen, daß es bestimmt nicht der fremde Ursprung der Demokratie ist, der sie ins Zentrum der Diskussionen rückt und sie zu einer Figur der Kontroverse und der Konflikte auf dem politischen Schachbrett der Muslime macht. Es ist offenbar, daß sie, ganz im Gegensatz zum Auto und zum Telefon, nicht von allen Muslimen als etwas *angesehen* wird, das ihren Interessen dienlich sein kann. Oder besser noch, das, was jene, die die Demokratie verwerfen, in ihr sehen, scheint nicht mit ihren Interessen konform zu gehen.

Von daher die naheliegende Frage, wie denn diese faszinierende Demokratie begriffen wird, diese Efrita, wie Tante Aziza sagt. Wenn sie die Nachrichten um 20.30 Uhr, die im Fernsehen in klassischem Arabisch gesendet werden, das sie nicht beherrscht, zu Ende gehört hat, murmelte sie jedesmal: »Aber warum erklären sie uns denn nicht diese *dimuqrāṭīya*? Ist es ein Land oder eine Efrita oder ein Tier oder eine Insel?« Danach macht sie sich an ihre rituellen Waschungen, bevor sie sich zur Kaaba (*Ka'ba*) wendet, um ihr Abendgebet zu verrichten. Wer nimmt welche Demokratie wahr und durch welche Brillen? Jeder Muslim, unabhängig von Geschlecht, Klasse oder Herkunft, kann sofort alle Vorteile einschätzen, die er aus dem Besitz oder der Benutzung eines Autos oder eines Telefons ziehen kann. Und die Gläubigen schlagen sich, je nach ihren Verhältnissen, täglich darum, Zugang zu ihnen zu bekommen; der Wunsch, sie zu besitzen, ist jedenfalls immer vorhanden. Und obwohl diese Produkte von Multis produziert werden, die sich einen Dreck um die Muslime und ihre Interessen scheren, scheint diese Gleichgültigkeit in keiner Weise die individuellen Absichten eben dieser Muslime als Benutzer dieser Kommunikationsmittel zu stören.

Das gilt offensichtlich nicht für die Demokratie: Manche Gruppen fühlen, daß sie ihre Interessen fördern kann, insbesondere jene, die Zugang zu Sprachen haben, zum westlichen Wissen und seinen Entsprechungen, dem Bankkredit, der Sozialversicherung, bezahltem Urlaub, der städtischen Kultur etc.; das ist im allgemeinen bei den bürgerlichen Städtern, weiblich wie männlich, der Fall, die sich in Finanz- und Geschäftskreisen bewegen. Und es gilt auch für Studenten, für Künstler und Intellektuelle, die mit gewissem Erfolg an der Schaffung und Verbreitung von Wissen (traditionellem und modernem) und seiner Nutzung beteiligt sind. Andere wieder fühlen ihre Interessen außerordentlich bedroht durch diese *dimuqrāṭīya*, und angesichts der Intensität der Widerstände, die manchmal in Gewalt ausartet – immer ein Zeichen von Verzweiflung –, muß man glauben, daß bei ihnen sogar die Existenz auf dem Spiel steht. Das sind offensichtlich all jene, die von all den schönen obengenannten Dingen ausgeschlossen sind. Kann es sein, daß das, was sie von der Demokratie wahrnehmen, derart deformiert ist, daß sie das humanistische Erbe, nämlich die individuelle Initiative, die wissenschaftliche Forschung und die politische Willensbildung, erschreckend finden?

Was verbirgt dieser Schrei nach Religion, der durch die ganze arabische Welt hallt, und was drückt er bei dem, der ihn ausstößt, jeweils aus, angefangen beim mittellosen Schüler bäuerlicher Herkunft, verloren in den Elendsvierteln von Kairo oder Algier, bis hin zum Erdölprinzen, dessen Nabelschnur mit dem Pentagon verbunden ist? Eines ist sicher: Die Forderung nach dem Islam in den 90er Jahren drückt verschiedene Bedürfnisse aus, die nicht immer archaisch sind und auch nicht immer geistiger Natur. Kann es sein, daß die Ärmsten sich an den Islam klammern, weil sie Angst haben, von ihren eigenen Reichen vergessen zu werden, für die eine ganz andere Solidarität gilt, insbesondere die des Profits?

Noch erstaunlicher ist, daß das, was für die Individuen gilt, auch für die Staaten gilt. Auch diese teilen sich in zwei Kategorien, in jene, die die Demokratie als ihrer Identität widersprechend verwerfen und jene, die an ihr festhalten, während alle gleichermaßen Auto und Telefon benutzen und unser Geld verschwenden, indem sie eine Menge nutzloser Dinge kaufen, die wir nicht brauchen, wie etwa Waffen, bei denen uns die Augen übergehen, wenn wir den Preis erfahren. Und die überholten Informationssysteme, die woanders auf den Müll geworfen werden, die sie kaufen, um uns zu überwachen.

Aber letztlich ist das nur ein Detail. Das Wesentliche ist: Auch wenn alle arabischen Staaten begierig auf derlei Spielzeug wie elektronisches Überwachungsgerät und ausgeklügelte Telekommunikationssysteme sind, haben manche dennoch das Bedürfnis, ihre politische Legitimität aus der Vergangenheit zu ziehen, andere wiederum nicht. Warum hat Saudi-Arabien, das während der Regierungszeit von zwei amerkanischen Präsidenten (Carter und Reagan) alles anstellte, um die AWACS zu kaufen, ein stärkeres Bedürfnis nach dem Islam als Tunesien?

Es gibt jedenfalls gewisse muslimische Regime, die der Meinung sind, daß ihre Interessen besser aufgehoben sind, wenn sie ihre Legitimität aus anderen geistigen und symbolischen Quellen ziehen als der Demokratie. In dieser Kategorie von Regimen finden sich so unterschiedliche wie das saudi-arabische Königreich, das iranische Regime des Imam Khomeini oder seines Kalifen (dessen, der ihn ersetzt), das Militärregime des verstorbenen Zia ul-Haq in Pakistan und das Regime im Sudan, das die Bevölkerung im Namen der Scharia terrorisiert. Was für die Regime gilt, läßt sich auch für die Opposition sagen. Die Mehrzahl der islamistischen Oppositionsbewegungen verankert ihren Kampf für Befreiung und Fortschritt in der Vergangenheit und verwirft den Westen und »seine« Demokratie. Andere Oppositionsbewegungen wieder fordern die westliche Demokratie als Mittel zur Dynamisierung der Gesellschaft, ohne darin eine Bedrohung für ihre muslimische oder arabische Identität zu sehen. »Ein demokratischer Staat oder ein Staat mit demokratischen Zielen, der auf eine starke sowohl arabische als auch islamische kulturelle Identität gegründet wäre, der mutig voranschritte auf dem Weg der historischen Normalität, d. h. der Moderne, der aber gleichermaßen die anderen wichtigen Pole, die für unsere Zukunft konstituierend sind und von denen einige schon heute existieren, berücksichtigen würde, wen würde der stören?«[18] Ein arabischer demokratischer Staat, weltoffen und bereichert vom wissenschaftlichen und partizipatorischen Erbe der vergangenen Jahrhunderte, wäre viel eher in der Lage, unsere arabische und islamische Identität zu verteidigen als jene, die heute existieren.

Auf jeden Fall hat der Golfkrieg nachdrücklich gezeigt, daß die gegenwärtigen Staaten, die von den Volksmassen und deren Interessen abgesondert sind und in panischer Angst vor der Vernunft und Mitbestimmung leben, nicht geeignet sind, den Islam und die Muslime zu schützen.

Der Golfkrieg hat uns in bezug auf die emotionale Dynamik und das Gefühl der Sicherheit gravierende Zusammenhänge enthüllt. Die verantwortlichen Saudis und Kuweitis haben Angst vor den übrigen Arabern und vor allem vor den Palästinensern, und sie haben mehr Vertrauen zu ihren amerikanischen Kollegen. Der Krieg hat ferner bewiesen, daß die arabische Jugend, um nur die geringste Chance der Teilhabe an den Petrodollars zu haben, dorthin emigrieren muß, wohin die Petrodollars automatisch überwiesen werden, in die westlichen Länder. Er hat das Mißtrauen, um nicht zu sagen, den Haß zwischen Armen und Reichen, der im Herzen der arabischen Welt schon vorher latent vorhanden war, verstärkt.

Es gibt ein sehr starkes Unbehagen, das in den ökonomischen Frustrationen und der mangelnden Chancengleichheit wurzelt und sich u. a. der Religion als Sprache des Protestes, der Revolte oder auch der Verstellung und Manipulation bedient. Diese Mischung aus Frustration und Religion ist explosiv im gesamten Mittelmeerraum, und wir müssen darauf gefaßt sein, daß sie uns mit ihrer Gewalt zerreibt, wenn wir nicht alle, egal welcher Nationalität, uns beeilen, sie zu analysieren, und versuchen, die menschlichen Schmerzen und Erniedrigungen zu beheben. Es ist ein Unbehagen, das Intellektuelle und Volksmassen erfaßt und ein starkes Gefühl des Selbstwertverlustes bei der Jugend hervorgerufen hat, und paradoxerweise hat es die massive Emigration der Gebildetsten und der Ärmsten in den Westen ausgelöst. Jenen Westen, der sich verschließt, Visen von den Arabern verlangt und so tut, als schulde er ihnen nichts, direkt nach einem Krieg, in dem er in seiner Presse gejammert hat, daß das Erdöl des Nahen Ostens strategisch wichtig für seine Wirtschaft sei. Viele Araber, von jungen Arbeitslosen bis hin zu reichen Industriellen, erträumen sich das Glück von »Ferien in Europa«.

Unser Volk wird zu einem Land von Individuen, die auf der Stelle nomadisieren, mit einem Auge auf den Fernseher und dem anderen auf den Paß. Überall wird das Lied von der Krise *('azma)* angestimmt.

Verschleuderung der Talente

Wenn ich in ein muslimisches Land reise, ob es Pakistan, Ägypten oder Algerien ist, dann fällt mir als Soziologin immer wieder dieser starke Schmerz auf, von dem die Menschen gezeichnet sind, seien es Intellektuelle, junge Leute oder Bauern. Schmerz über blockierte Ambitionen, einen unerfüllten Konsumwunsch, sei es nach Kleidern, Lebensmitteln, Spielzeug oder nach kulturellen Produkten wie Büchern, Qualitätsfilmen oder Theaterstücken. Diesen so intensiven Schmerz über verschleuderte Talente, verpaßte Gelegenheiten, Chancenungleichheit, absurde Karrierehindernisse – den spüre ich niemals in irgendeinem westlichen Land.[19] In Amerika z. B. hat mich immer wieder überrascht, daß selbst die mittelmäßigsten Typen noch Mittel und Wege finden, um das wenige, was ihnen die Natur gegeben hat, erfolgreich zu investieren. Was bei uns so unerträglich ist, vor allem, wenn man mit armen jungen Männern und Frauen spricht, ist das Ausmaß der verschleuderten Talente. *Anā ḍayā'* (mein Leben ist im Eimer) ist ein Leitmotiv, das ununterbrochen wiederholt wird, das man immer und überall zu hören bekommt. Es ist dieses Gefühl des Scheiterns, das die Leute mit sich herumschleppen und das man nicht antrifft, wenn man durch eine europäische Stadt geht. Für mich ist dieses Fehlen der Seufzer ein Zeichen dafür, daß ich in einem fremden Land bin, in dem das Talent seiner normalen Kurve folgt: auftauchen, kämpfen, sich entfalten und schöpferisch sein.

Dieser Schmerz um die eigenen Talente und dieses Gefühl, daß man sein Leben vertan habe, müssen meines Erachtens in Betracht gezogen werden, um zu verstehen, weshalb die Muslime, und vor allem die jungen Leute der unteren Schichten, die ständig von Arbeitslosigkeit bedroht sind, sich um den Antagonismus Islam – Demokratie scharen, was eigentlich ein verzweifelter Schrei nach Zugang zur Kultur unseres Jahrhunderts und zu nützlichem Wissen ist. Jedoch, wird man einwenden, wie kann ein junger, von Arbeitslosigkeit bedrohter Mensch sich der Demokratie widersetzen, die Religion zur Grundlage seines Protestes machen und glauben, sich dadurch zu schützen? Schafft Religion etwa Arbeitsplätze? Sie schafft auf jeden Fall einen Raum der Stärkung und des Nachdenkens über die Welt und ihre Ungerechtigkeiten.

Das Interview mit Mina, einer marokkanischen Teppichweberin, die wegen eines Arbeitsunfalls mit gebrochener Hand im Krankenhaus liegt und von der Fabrik nach zehnjähriger Beschäftigung ohne irgendeinen medizinischen Schutz oder eine Entschädigung entlassen worden ist, gibt ein anschauliches Bild von diesen demokratischen, kulturellen und linguistischen Amputationen. Als ich ihr bei einem Besuch im Krankenhaus Avicenna in Rabat vorgeschlagen hatte, den Arbeitsinspektor aufzusuchen, geriet sie außer sich, weil ich offenbar einen wunden Punkt berührt hatte. »Hör' mal, Fatema, du darfst mich nicht, nur weil du gebildet bist und ich Analphabetin bin, wie eine Idiotin behandeln. Du sagst mir, ich solle den Arbeitsinspektor aufsuchen, als hätte ich daran nicht gedacht, du sagst mir, ich solle zur Gewerkschaft gehen, als hätte ich daran nicht gedacht! Ich sage dir, Allah ist mein Zeuge, ich bin mein eigener Inspektor und meine Gewerkschaft!« Sie erstickte fast vor Wut, riß sich das Seidentuch vom Kopf, das ihre Haare züchtig verbarg, und warf es zu Boden, ein traditionelles Zeichen extremen Schmerzes, und hob die Augen zum Himmel, der umrahmt war von dem kleinen Fenster in ihrem Krankenzimmer. »Allah! Der du die Tiefe der *ẓulm* (Ungerechtigkeit) kennst, ich möchte, daß du die Fabrik niederbrennst, daß du den Boß in Stücke reißt! Allah, hörst du mich! ›Wenn dich meine Diener nach mir fragen, so bin ich nahe‹.[20] Man hat mir gesagt, daß du die *maẓlūm* hörst! Wo bist du, Allah! Ich brauche dich in diesem Land der Ungeheuer!« Unterdessen waren die Krankenschwestern herbeigeeilt und wollten mich hinauswerfen. »Laßt sie! Laßt uns in Ruhe! Ich gieße mein Herz aus! Und laßt mich schreien! Sagt mir nicht, daß ich schweigen soll, sonst werde ich euch wie den Boß und die Gewerkschaft verfluchen!« Die Türe wurde leise geschlossen, denn jeder hat Angst vor jemandem in solch einem Zustand des Schmerzes und der Wut, der zu einer übernatürlichen Macht betet und sie anruft. »Fatema, hör' gut zu, ich erzähle dir die genauen Umstände, die du nicht kennst. Seit zehn Jahren arbeite ich ohne Ausweis, ohne einen Vertrag, meinen Namen gibt es auf keiner Liste, jeden Tag werde ich in der Fabrik angestellt, als wäre es das erste Mal. Im ersten Jahr bin ich mit Aicha zur Gewerkschaft gegangen, weil eine Eisenstange von der Webmaschine auf uns gefallen war. Aicha, die älter als ich war, hatte mehr Erfahrung. Die Gewerkschaft hat uns zum Arbeitsinspektor geschickt. Und weißt du, was dieser Inspektor gemacht hat? Er hat dem Boß was geflüstert, statt uns zu verteidigen. Am nächsten Morgen hat uns der Boß zu sich kommen lassen. ›So, so, *al-qaḥbāt* (ihr Huren), ihr rennt also zum Arbeitsinspektor? So mißbraucht ihr mein Vertrauen und breitet draußen die schmutzige Wäsche aus? Ihr hättet zu mir kommen können und mich höflich darum bitten können, euch Medikamente zu kaufen. Ihr Ungeheuer an Undankbarkeit. Ihr seid Mädchen aus der Gosse, wertlos wie Abfall. Ihr seid entlassen.‹ Wir haben sechs Monate lang keine Arbeit gefunden. Unsere Namen wurden an alle Fabriken in der ganzen Region Rabat-Salé durchgegeben.« Mina, wie Millionen andere, die täglich die Mißachtung ihrer Rechte erleben, ist keine Fatalistin.

Ein Fatalist gerät nicht in Wut und schimpft auf seinen Boß. Und gerade da spielt der Islam eine Schlüsselrolle in der so wichtigen Frage der Menschenwürde. Gott zum Schutzherrn zu haben, wenn der Boß, die Gewerkschaft und der Arbeitsinspektor deine Rechte mit Füßen treten, ändert wahrscheinlich kurzfristig nichts am Kräfteverhältnis. Aber auf lange Sicht kann die entlassene, erniedrigte und ausgebeutete Arbeiterin in den großen Palast des symbolischen Kapitals eintreten, der niemals seine Pforten schließt. Sie ist von der Fabrik ohne Geld und ohne Rechte entlassen worden, aber ihrer Menschlichkeit hat man sie nicht berauben können. Sie kann in den Dialog mit dem Himmel und seinem Herrn eintreten. Gott entfremdet sie nicht, wie uns der Marxismus sagt. Auf jeden Fall entfremdet er sie weniger als die totalitären Staaten, die den Sozialismus predigen und die Diktatur des Proletariats. Gott gibt ihr wenigstens sehr kräftige Mittel, ihrem Schmerz Ausdruck zu verleihen und vor allem ihn in Zorn zu verwandeln, in ein Programm der Rache. Aber da stößt man auf die Grenzen des traditionellen, symbolischen Kapitals: Es erlaubt ihr nicht, eine Welt zu denken, in der sie ein Anrecht auf medizinische Versorgung hätte und soziale Anerkennung fände, und es erlaubt ihr noch weniger, daran teilzuhaben. Um dahin zu kommen, wäre es notwendig gewesen, daß der Imam, der Führer des muslimischen Staates, einen Teil des staatlichen Kapitals in moderne Institutionen investiert hätte, die es Bürgern wie Mina erlaubt hätten, einerseits ihre Rechte zu genießen und auszuüben und andererseits den privaten Sektor zu zwingen, ebenfalls zu investieren. Die arabischen Industrien sind auf dem europäischen Markt nur deshalb »wettbewerbsfähig«, weil sie einen barbarischen Kapitalismus praktizieren, in dem die Arbeiter mehr oder weniger ihrer Rechte beraubt sind und keinerlei Schutz genießen. Ebenso wie der Staat hat die arabische Geschäftswelt Angst vor der Demokratie und sieht mit Schrecken das Bild von Arbeitern und Arbeiterinnen, die in verantwortliche und fordernde Bürger verwandelt sind. Einer der Gründe für die Arbeitslosigkeit der jungen Leute von den Universitäten in Marokko ist der, daß der Fabrikdirektor Angst hat, eine(n) »Studierte(n)« unter seinen Angestellten zu haben, der/die auf dem Campus das Protestieren gelernt hat. Bei einer Untersuchung unter den Frauen in der Textilindustrie im Jahre 1987 gaben viele Arbeiterinnen an, daß sie leichter eingestellt würden, wenn sie die traditionelle Dschellaba *(ğellāba)* trügen.[21] »Mit Jeans und T-Shirt wartest du Stunden, und nach dem Versuch sagt man dir, daß du ungeeignet bist.«[22]

Der Zugang zu den Mechanismen, die die Fabrik verändern, ohne sie niederzubrennen, und die die Macht an Mina und ihre Kolleginnen übertragen, ist das moderne demokratische Kapital, dessen sie beraubt wurde. Minas Schrei und ihre Wortwahl erklären, daß nur die Tradition der Fronde wiederbelebt wird. Den Chef zu bekämpfen, das ist die einzige offenstehende Möglichkeit, und leider auch die Grenze.

Ein Teil der Menschheit schöpft alle seine Schemata und Orientierungspunkte aus dem einzigen symbolischen und kulturellen Erbe, das er besitzt: dem traditionellen Erbe. Und das islamische Erbe bleibt trotz seiner extremen Politisierung und all der finanziellen und administrativen Manipulationen, denen es ausgesetzt ist, von außerordentlichem Reichtum, um Hoffnung zu schenken und zwei wesentliche Dinge zu vermitteln: ein Gefühl der Identität und die Kraft zu kämpfen. Unter den wachsamen Augen der Nichtmuslime, die, wie der Golfkrieg bewiesen hat, wenn nötig, auch habgierigen Interessen dienen und Patriots auf die Zivilbevölkerung richten können, entfaltet sich der Islam als Schmelztiegel menschlicher Erfahrung. Als einzigartiges symbolisches Kapital von Millionen Enterbten ist er aufgerufen, so lange als Referenzrahmen für die Identität eine wichtige Rolle zu spielen, solange die Massen noch auf den Eintritt in das Reich der modernen Wissenschaften warten. Daher ist es so wichtig, jene beiden grundlegenden Texte zu untersuchen, die gegenwärtig den Antagonismus Islam – Demokratie ausmachen: erstens die Charta der Vereinten Nationen und zweitens den Koran.

Die Charta der Vereinten Nationen – die große Unbekannte

Wenn wir von dem Konflikt Islam – Demokratie sprechen, dann reden wir im Grunde von einem Gesetzeskonflikt; denn wenn der Bezugstext für den Islam der Koran ist, dann ist es für die Demokratie ganz pragmatisch die Charta der Vereinten Nationen, die vor allem ein übergeordnetes Recht ist. Die Mehrheit der muslimischen Staaten hat die Charta unterzeichnet und hält damit zwei einander widersprechende Gesetze in Händen, ein Gesetz, das den Bürgern Gedankenfreiheit verspricht, und eine Scharia, die sie verurteilt, zumindest in ihrer offiziellen Interpretation, die sich um *ṭā'a* dreht. Aber die Mehrheit der Muslime, die sehr wohl und sehr frühzeitig Zugang zum Koran hat, bekommt niemals die Möglichkeit, diese Charta der Vereinten Nationen zu lesen, kann sich also auch nicht mit ihrem Inhalt vertraut machen. Für sehr viele Leute ist diese Charta wie das Ungeheuer *ḥagūza* (marokkan., von hocharab. *'ağūza*: alte Frau) aus meiner Kindheit, von dem man immer reden hört, das aber niemand jemals gesehen hat. In unseren Gegenden schlummert sie geheimnisvoll zusammengerollt in den Diplomatenkoffern, und ganz wie einer Harems-Kurtisane gelingt es ihr nie zu entweichen. Mit dem Alter und der Krankheit ist sie zur besonders schrecklichen, weil unsichtbaren, *ḥagūza* geworden. Aber zuallererst muß ich *ḥagūza* vorstellen.

Ich bin in einem der letzten Harems in Fez geboren, in den 40er Jahren, kurz bevor die Mauern dieser altehrwürdigen Institution unter den mächtigen Stößen der Moderne einstürzten. Ich habe das, was man eine glückliche Jugend nennt, verbracht: Dazu gehörten ein riesiger, mit schwarzem und weißem Marmor ausgelegter traditioneller Hof, der ein gigantisches Muster für endlose Himmel-und-Hölle-Spiele bildete, vier Treppen in jeder Ecke, deren Stufen aus grüner Fayence wie magische Säulen auf eine der höchsten Terrassen in der Medina von Fez führten, und zehn gleichaltrige Cousins und Cousinen, die unaufhörlich in schnellem Spiel und im abgehackten Rhythmus des Gelächters herumtollten. Für die Erwachsenen war das natürlich eine Katastrophe: Eine Siesta war bei den Mernissis unmöglich. Die Gäste entschuldigten sich immer und verdrückten sich noch vor dem Mittagessen. Unsere Mütter brüllten, um sich Gehör zu verschaffen, bis zu dem Tag, als eine Tante aus Tétuan kam, einer Stadt im Norden, in die sich die aus Andalusien verjagten Muslime zurückgezogen hatten. Sie brachte eine furchtbare Legende mit, die sie wahrscheinlich von ihren spanischen Vorfahren geerbt hatte, die Geschichte von *Lalla Ḥagūza*. Einmal im Jahr kommt *ḥagūza* zu einem besonderen Fest, für das ein ziemlich dickflüssiges rituelles Mahl aus grobem Couscous mit Milch zubereitet wird. Die Spezialität dieser Dame *ḥagūza* ist es, sich unter dunklen Treppen zu verstecken, einem Kind, das lärmt, aufzulauern und ihm den Bauch aufzuschlitzen, sofern nicht die Mutter des Kindes rechtzeitig einschreitet und die notwendigen Gebete spricht. Seither kehrte Ruhe in dem großen Haus ein, und die Kinder-Bevölkerung teilte sich, wie heute die Araber in der Frage der Demokratie, in zwei

Lager: jene, die *ḥagūza* treffen wollten, und jene, die vor ihr höllische Angst hatten. Ich gehörte natürlich zu der zweiten Gruppe, und ich ging nie mehr jene Treppen hoch, nicht einmal am hellichten Tag, es sei denn festgeklammert am Rock meiner Mutter. Der Clan der *Ḥaguzisten* hingegen, angeführt von meinem Cousin Ahmed, war auf eine Begegnung aus. Man müßte sich in aller Frühe aufstellen, bevor die fürchterliche *ḥagūza* die Treppe in Beschlag nähme, sich mit Steinschleudern bewaffnen und sie niederschießen. Wenn sie erst einmal auf der Erde läge, würde man über das Recht auf freien Durchgang verhandeln.

Die Diskussion über *Lalla Ḥagūza* hat einen großen Teil unserer Jugend beansprucht, bis wir eines Tages über unsere Pubertät stolperten, was mit der staatlichen Unabhängigkeit zusammenfiel. Wir stürzten uns, Männer wie Frauen, hinaus in die Straßen der Medina, um »Die Freiheit ist unser Kampf, bis wir sie haben« zu singen. Die Ängste waren verflogen, alles war möglich, die arabische Welt öffnete sich wie eine Blume, betäubt von ihrem eigenen Duft. Die Zukunft hatte die Farbe des Himmels in Marokko, dieses unerhörte Blau, ungewöhnlich und so beständig. *Ḥagūza* war zum Schlüsselwort für alles geworden, was man nicht kannte und was Angst machte. Manchmal, auf den lebhaften Versammlungen der Parteijugend der *Istīqlāl* (Unabhängigkeit), die Hunderte Frauen und Männer aus allen Winkeln der Medina anzogen, stieß mir Cousin Ahmed den Ellbogen in die Rippen und sagte: »*Ḥagūza* ist unter uns!« Er meinte dann immer eine (einen) dieser Exzentriker(innen), von denen es so viele in Marokko gibt, die dorthin kamen, um ihre Gedichte vorzutragen, und die immer ganz unglaublich gekleidet waren, mit einer Mischung von Kleidungsstücken aus mehreren Jahrhunderten, oft mit westlichem Rock und nackten Beinen, und oben oft türkisch, der

Kopf verschleiert und in einen Turban gewickelt wie eine Mumie. Die Charta der Vereinten Nationen ist ein wenig wie *ḥagūza*: völlig unbekannt; doch alles, was bizarr ist, ähnelt ihr. Und sie wird wie *ḥagūza* bleiben bis zu dem Tag, an dem sie die Koffer unserer Diplomaten verläßt und sich in die öffentlichen Schulen und in die *Suqs* begibt. Denn diese verehrungswürdige Charta wird bis zum heutigen Tag von denen, die sie unterzeichnet haben, so eifrig gehütet wie eine gekidnappte Jungfrau.

Ideale auf dem Papier

Die Charta der Vereinten Nationen ist ein Gesetzestext, der Gesetzeskraft auf den Territorien jener muslimischen Staaten hat, die Mitglieder der Vereinten Nationen sind und sie unterzeichnet haben. Und was für ein Gesetz! Ein aggressiveres läßt sich kaum denken, denn diese Charta drängt sich auf, heischt Vorrang vor allen anderen lokalen Gesetzen und ist das Ideal, das diese reformieren und umformen soll. Sie ist das erhabene Modell, da sie selbst den Verfassungen übergeordnet ist.

»Die Vollversammlung erhebt die vorliegende Erklärung zum gemeinsamen Ideal, das alle Völker und alle Nationen erreichen sollen, damit alle Personen aller Organe der Gesellschaft, mit dieser Deklaration ständig vor Augen, sich anstrengen, durch Unterrichtung und Erziehung den Respekt vor diesen Rechten und Freiheiten zu entwickeln und durch allmähliche Maßnahmen nationaler und internationaler Art die universelle und effektive Anerkennung und Anwendung, sowohl in der Bevölkerung der Mitgliedstaaten selbst als auch in den Territorien, die ihrer Jurisdiktion unterstehen, sicherzustellen.«

Diese Charta wurde am 26. Juni 1945 in San Francisco unterzeichnet; mehrere muslimische Länder gehörten zu den »urspünglichen« Mitgliedern, wie der Iran, die Türkei, der Libanon, Ägypten, Syrien und Saudi-Arabien, während die übrigen, so schnell sie konnten, ihre Diplomaten zur Ratifizierung schickten. Unmittelbar danach führten die Vereinten Nationen Zulassungsbedingungen für die Zuspätgekommenen, die neuen Mitglieder, ein. Der Beitritt verpflichtete sie, Texte zu unterzeichnen, in denen sie anerkannten, daß diese Charta ihrer Verfassung übergeordnet sei und den Status eines obersten Bezugspunktes habe. Und da die Mehrzahl der muslimischen Länder nach langen Jahrzehnten kolonialer Besetzung endlich ihr Haupt erhoben, waren sie bereit, alles nur Denkbare zu tun, um Seite an Seite und als Partner neben ihren Ex-Kolonisatoren zu sitzen. Gewiß haben sie die Resolution 116 vom 21. November 1947 gelesen, in der in aller Deutlichkeit gesagt ist:

»Die Vollversammlung befaßte sich mit den vom Sicherheitsrat angenommenen Änderungen des Verfahrens bei der Zulassung neuer Mitglieder. Sie beschloß auch ihrerseits, die Verfahrensregeln entsprechend zu ändern, und zwar: Jeder Staat, der sich um die Mitgliedschaft bewirbt, soll dem Generalsekretär mit der Bewerbung eine formelle Erklärung übermitteln, daß er die Verpflichtungen der Satzung [Charta] akzeptiert... Wenn der Bewerbung zugestimmt wurde, so tritt die Mitgliedschaft zu jenem Zeitpunkt in Kraft, zu dem die Vollversammlung die Zustimmung erteilt.«

Auf diese Weise entstanden auf muslimischem Territorium nach dem Zweiten Weltkrieg auf dem Papier parlamentarische Demokratien, und es wurden Gesetze eingeführt, die dem islamischen *ṭā'a* und der Verbannung des *ra'y* (Meinung) widersprachen, insbesondere der teuflische Artikel 18:

»Jeder Mensch hat Anspruch auf Gedanken-, Gewissens- und Religionsfreiheit; dieses Recht umfaßt die Freiheit, seine Religion oder seine Überzeugung zu wechseln, sowie die Freiheit, seine Religion oder seine Überzeugung allein oder in Gemeinschaft mit anderen, in der Öffentlichkeit oder privat, durch Lehre, Ausübung, Gottesdienst und Vollziehung von Riten zu bekunden.«

Dieser Artikel, den die Vollversammlung der Vereinten Nationen in ihrer Resolution 217 A (III) vom 10. Dezember 1948 proklamiert hatte, und zwar als »gemeinsames Ideal, das von allen Völkern und allen Nationen erreicht werden solle«, hätte eine Diskussion hervorrufen müssen über die Gedankenfreiheit und die Beziehung zwischen Religion und Staat. Wenn Saudi-Arabien, das mit zu den ersten Unterzeichnern der Charta gehört, seit 1948 seinen gigantischen Erziehungs- und Propaganda-Apparat und sein Bankennetz eingesetzt hätte, um diesen Artikel 18 zu erläutern, und klargemacht hätte, daß ein laizistischer Staat nicht so sehr ein Staat der *mulḥid* (atheistischen) Funktionäre ist als vielmehr ein Staat, der es seinen Vertretern verbietet, öffentliche Gelder zu verschwenden, um ihre Interpretation des Islams zu verbreiten – das Gesicht der muslimischen Welt hätte anders ausgesehen.

Die Signatar-Staaten der Charta und der internationalen Vereinbarungen hatten die Wahl zwischen zwei Möglichkeiten: Die erste bestand darin, anläßlich dieser neuen, für universell erklärten Gesetze die Gelegenheit zu ergreifen und mit ihren Völkern eine Grundsatzdebatte über die Natur der Macht zu führen, ihnen zu erklären, was die Demokratie in Theorie und Praxis ausmacht, und ihnen die Mechanismen der Volksvertretung zu erlauben. Die zweite Möglichkeit bestand im Gegenteil darin, diese Gesetze in den Koffern zu verbergen und sie wie Kurtisanen zu verstekken, da man den Imam spielen und den *ṭā'a* wollte. Man wählte die zweite Möglichkeit: Diese Gesetze beiseite zu schieben, wurde Strategie und Ziel. Denn die Medien zu mobilisieren und die Millionen Lehrer anzuhalten, den Artikel 18 zu erklären, hätte bedeutet, die philosophischen Grundlagen des weltlichen Staates erklären und die Benutzung des Staatsapparates zur Propaganda für den blinden Gehorsam gegenüber dem Präsidenten der Republik verbieten zu müssen.

Hätten die arabischen Staaten den ersten Weg gewählt, hätte man eines der Wunder dieses Jahrhunderts nicht erlebt: Präsidenten der arabischen Republiken haben die »Herrschaft« ebensolange wie Könige inne. Die arabische Welt ist wahrscheinlich eine der wenigen Regionen der Welt, wo »gewählter Präsident der Republik« zu sein, eine Funktion ist, die ein ganzes Leben lang dauert. Angefangen bei Präsident Bourgiba von Tunesien, der seinen Sessel nur unter Druck aufgab, bis zu Herrn Assad von Syrien, der gerade sein viertes Mandat angekündigt hat. Die lange Herrschaft von Präsident Bourgiba sowie die vier Mandate von Präsident Assad fallen aus der banalen Gewohnheit einer repräsentativen Demokratie heraus, die ja den Launen einer notwendigerweise schwankenden und flüchtigen Öffentlichkeit unterworfen ist. Die lange Amtszeit der arabischen Präsidenten kann nur zweierlei bedeuten, entweder ist es ein übernatürliches Phänomen wie etwa göttliche Gnade oder Magie *(suḥūr)* oder aber die sehr viel prosaischere »Fälschung« der Stimmzettel.

Präsident Bourgiba, den wir alle wegen seiner Vergangenheit als nationalistischer Führer bewundern, hätte sicher eine kürzere Präsidentschaft gehabt, wenn er nicht die öffentlichen Gelder für Reklamezwecke und namentlich für den Kult um seine eigene Person verwandt hätte. Ich habe den Fall Bourgiba deshalb erwähnt, weil Tunesien einer der wenigen arabischen Staaten war, die sich als modern bezeichneten, im Gegensatz etwa zu einem Land wie Marokko, wo man bedenkenlos auf die Tradition zurückgriff. Um unser Verständnis für das enge Band zwischen dem Autoritarismus und der Weigerung des muslimischen Staates, die Volksmassen an der großen Diskussion über die Moderne, d. h. insbesondere den laizistischen Staat, zu beteiligen, noch zu vertiefen, muß man das Muster lesen können. Das Regime Bourgiba nahm die Massenmedien und die Schulen für sich in Anspruch, um den Bürgern zu sagen, daß man modern werden und auf die Tradition verzichten müsse, und gleichzeitig verweigerte es ihnen das, was die Moderne eigentlich ausmacht, nämlich Gedankenfreiheit und Teilnahme an den Entscheidungen. Der Staat monopolisierte den Staatsapparat und die Medien, d. h., er sang zwar das Loblied auf die Moderne, nahm den tunesischen Bürgern aber gleichzeitig das Recht, an der Verteilung seiner Steuern teilzunehmen. Das Resultat ist, daß gerade jene arabischen Länder, die sich wie Tunesien als liberal oder wie Algerien als sozialistisch bezeichneten, die größten intellektuellen Verwirrungen in den Volksmassen stifteten und auf diese Weise islamistische Oppositionsbewegungen schufen, die sie jetzt unter Druck setzen.

Das Argument der Islamisten lautet, daß bei einer Trennung von Islam und Staat kein Mensch mehr an Allah glauben und die Erinnerung an den Propheten Mohammed verschwinden werde, denn man werde ständig mit fremden kulturellen Botschaften über die Satelliten bombardiert.

Da man der Aggression dieser maßlosen Konsumkultur ausgesetzt sei, sei es notwendig, daß der Staat den Islam verteidige. Eine derartige Argumentation ist eigentlich eine echte Beleidigung des Islam, denn sie behauptet, daß er sich nicht halten könnte, wenn er nicht den Menschen aufgezwungen und ihnen als Gesetz auferlegt würde – wozu gehört, daß die Gerichtshöfe bemüht werden, um jene zu bestrafen, die Wein trinken und sich weigern, im Ramadan zu fasten. Und diesem Argument zufolge hat ein Islam ohne Polizei dem modernen Bürger nichts zu bieten; der würde ihn ohne die Überwachung durch den Staat sofort aufgeben.

Man wird in den folgenden Kapiteln sehen, daß der Islam viel zu bieten hat. Wie das Christentum und der Judaismus, wird der Islam den weltlichen Staat überleben, und er wird, wenn er erst einmal seiner Zwangsmittel beraubt ist, wie diese Religionen eine Erneuerung erleben. Das am tiefsten in den Herzen der Menschen verwurzelte Christentum und Judentum habe ich, wie gesagt, in Amerika, in Frankreich und in Deutschland gesehen. In jenen Ländern hat der weltliche Staat die Religion nicht getötet, er hat nur ihre Manipulation durch den Staat gebremst. Um diesen grundlegenden Unterschied zu erreichen, haben die Europäer drei Jahrhunderte gebraucht, viele Philosophen und mehrere Revolutionen waren notwendig, damit die Volksmassen ihn begreifen konnten. Die muslimischen Staaten haben seit der Unabhängigkeit die Apparate zur Erziehung der Volksmassen und der Propaganda manipuliert und sie niemals in den Dienst dieser neuen Idee vom weltlichen Staat gestellt, den der Artikel 18 so einfach formuliert. Indem er deutlich das Recht der Glaubensfreiheit bestätigte, stellte der Artikel 18 in grundlegender Weise das Recht des Staates in Frage, Gewalt gegen den Bürger auszuüben, und erhob die Toleranz zum heiligen Grundsatz. Nun, tolerant waren die muslimischen Führer, die die Charta der Vereinten Nationen und die seit einem halben Jahrhundert angehäuften Konventionen unterzeichneten, kaum. Sie werden weiterhin nicht nur die einschränkenden Zusätze vermehren, um jeden Konflikt zwischen der Charta und ihrer autoritären Interpretation des Islam zu kaschieren, sondern sie werden auch die nationalen Staatsbudgets strapazieren, um die Charta zu entstellen und die von ihr geforderte Gedankenfreiheit als unvereinbar mit dem Islam zu verbieten, und sie werden den Bürger daran hindern, sich durch ständige und regelmäßige Teilhabe an der Demokratie mit ihren Regeln und Mechanismen vertraut zu machen.

Das Versteckspiel der Vorbehalte

Die muslimischen Staaten brauchen und mißbrauchen die Ergänzungen und Einschränkungen der Charta und internationalen Instrumente, um jeden Spalt auszufüllen, in dem ein Bürger etwas Freiheit atmen oder ein wenig Gleichheit fühlen könnte. Als arabische Frau kann man nur lachen, wenn man die Ergänzungen der ägyptischen Republik zum Artikel 9 der Konvention zur »Beseitigung aller Formen der Diskriminierung der Frauen« (vom 8. Dezember 1979) liest, die von den Pharaonen-Diplomaten am 16. Juli 1980 unterzeichnet wurde. Wenn man sich das Kauderwelsch anhört, das jene verehrungswürdigen Funktionäre als »Vorbehalt« eingebracht haben, dann versteht man, warum die Vereinten Nationen von den Volksmassen so aufgefaßt werden, als ob sie Teil eines absurden Theaters seien.

»Vorbehalt zu den Verfügungen des Artikels 16 bezüglich der Gleichheit zwischen Mann und Frau in allen Fragen, die sich aus der Heirat, dem Verlauf der Heirat und ihrer Auflösung ergeben und die nicht in Widerspruch zu den Verfügungen der Scharia stehen dürfen, die dem Gatten die gleichen Rechte wie seinem Partner garantieren, um ein gerechtes Gleichgewicht zwischen ihnen sicherzustellen, mit

Rücksicht auf die geheiligten Werte der Ehebande und der Familienbeziehungen in Ägypten, die ihre Quelle in den tiefen religiösen Überzeugungen finden, die nicht übertreten werden dürfen, und angesichts der Tatsache, daß diese Bande sich im wesentlichen gründen auf die Gleichheit der Rechte und Pflichten der Ausgewogenheit, wodurch die wahrhaftige Gleichheit realisiert wird ... etc. ... etc. ...«[1]

Was haben Sie beim Lesen dieses Textes davon verstanden? Nicht viel, werden Sie antworten, denn man sieht nicht ein, inwiefern die Gleichheit im Artikel 16 einer Scharia »widersprechen« soll, die ein gerechtes Gleichgewicht garantiert. Gerade dieser Mangel an Klarheit, dieser Mangel an Eindeutigkeit ist typisch für den modernen arabischen Staat, und er hat zu der Verwirrung und Gewalt der Fundamentalisten geführt, die wir kennen.

Dieser Text enthüllt uns die Symptome der schweren Krankheit, an der Ägypten leidet und die es wie eine Geschlechtskrankheit verschweigt: die kategorische Ablehnung des Prinzips der Gleichheit, wozu es sich allerdings auf der diplomatischen Ebene nicht bekennen kann, ohne als primitiv und ungesittet verurteilt zu werden. Andererseits zu behaupten, daß die Scharia gegen die Gleichheit sei, hieße riskieren, die Karre erst recht in den Dreck zu fahren und den Staat zu verleiten, zwischen dieser und der Charta zu wählen und damit das Prinzip der Vereinten Nationen in Frage zu stellen. Aber einen Sitz in den Vereinten Nationen erhalten nur jene Staaten, die die Texte unterzeichnen, in denen Gleichheit und Freiheit als Grundlagen ihrer politischen Systeme anerkannt werden. Daher dieses Hintertürchen des Rechts auf Vorbehalte und Ergänzungen, die es dem arabischen Staat erlauben, zwei Wunder zu vollbringen: in den Vereinten Nationen einen Sitz zu haben und die Konventionen zu unterzeichnen, und gleichzeitig die Texte zu manipulieren und restriktive Interpretationen der Prinzipien von Freiheit und Gleichheit zu verkünden, die gerade diese nicht vertragen. Man begreift nun die Rolle, die die Religion in dem delikaten Theater spielt, das unsere Regierungschefs für uns aufführen: am Sitz der Vereinten Nationen in New York ein modernes Gesicht zu zeigen und zu Hause das Gesicht eines Abbasiden-Kalifen, der uns terrorisiert. Die »Ergänzungen« und Vorbehalte vervielfältigen sich, um alle Gesetzestexte zu verschleiern, die mit dem *ṭāʿa* in Konflikt geraten und das Recht auf *raʾy* bekräftigen.[2] Deshalb werden die Vereinten Nationen, ihre Charta und ihre Konventionen von den arabischen Volksmassen als Ort der Manipulation und Scheinheiligkeit betrachtet.[3] Und der Golfkrieg, bei dem die wunderschönen Prinzipien der Charta und das wunderschöne Ideal der Universalität und Verantwortlichkeit dazu herhalten mußten, um Gewalt einzusetzen und Bomben zu werfen, hat diesen Eindruck leider noch verstärkt. Tatsache aber ist, daß der Staat seine Erziehungs- und Medienapparate nicht einsetzt, um die Bürger über den revolutionären Inhalt der Charta von 1948 aufzuklären.

Fernseh-Islam

Die Prinzipien der Charta können gar nicht in den Köpfen Wurzeln fassen. Die Oppositionsführer, die heutzutage ihre Unzufriedenheit in frommen Schlagworten wie *ẓulm* (Ungerechtigkeit) und *ʿadāla* (Gerechtigkeit) predigen und damit eine von Arbeitslosigkeit bedrohte Jugend in die Moscheen locken, verdammen zu Recht die Demokratie und ihre Charta als fremd. Die Mehrheit hat niemals die Gelegenheit gehabt, im Fernsehen oder Radio dieses neue, von

San Francisco ferngesteuerte Gesetz als allgemeinverbindlich erklärt zu bekommen. Die von Imam-Funktionären fabrizierten religiösen Programme und die amerikanischen Filme füllten die arabischen Bildschirme und dröhnten aus den Radiolautsprechern in den 80er Jahren, in denen gleichzeitig die islamische Opposition an Boden gewann. Beinahe ein Fünftel der Radioprogramme in Ägypten (18,6 %) wurden in dieser Zeit religiösen Programmen zur Verfügung gestellt, und nur 14,7 % von insgesamt 56455 Stunden Hörfunk wurden für kulturelle Programme reserviert.[4] Israel, ein Land, in dem die Religion eine eminent strategische Rolle spielt, widmete nur 0,8 % seiner 34281 jährlichen Sendestunden der Religion. Hingegen stellte es 8,1 % seiner Sendestunden im selben Zeitraum kulturellen Programmen zur Verfügung.[5] Im sozialistischen Algerien der 80er Jahre lag die im Radio für religiöse Programme reservierte Zeit (1434 Stunden) beinahe doppelt so hoch wie die für Kultur (867 Stunden). Von den verbleibenden Sendestunden waren 11 285 dem Sport und 11 513 der Unterhaltung vorbehalten.[6] Natürlich hat Saudi-Arabien offenbar am meisten Angst um den Glauben seiner Bürger, denn es widmet ihm 30 % seiner Radiozeit (insgesamt 36 865 Stunden). Selbst das prüde und katholische Italien, das die Ehre hat, den Papst zu beherbergen und seine Unfehlbarkeit im luxuriösen Vatikan zu schützen, stellt nicht so viel Zeit religiösen Programmen zur Verfügung; dort werden 37 % der Zeit für kulturelle Programme verwendet.

Nicht einmal in den Programmen, die von den Statistikern der UNESCO als erzieherisch eingestuft wurden, haben wir in den arabischen Staaten längere Ausführungen über die Charta der Vereinten Nationen erlebt, dieses übergeordnete Recht, das, wie es heißt, unsere kulturelle Integrität bedrohe. Das Fernsehen wäre das ideale Instrument gewesen, um uns genau zu erklären, wodurch es uns bedroht. Und dennoch kann man nicht behaupten, daß die Charta im arabischen Fernsehen deshalb verboten ist, weil sie fremd ist. Unser so arabisches Fernsehen stopft uns regelrecht voll mit billigen Hollywood-Filmen.

Die größten Konsumenten der amerikanischen Filme sind die Erdölländer, aber Ägypten hat, trotz seiner heimischen Filmindustrie, 38,7 % der Filme aus den Vereinigten Staaten importiert.[7] Laut UNESCO hat Algerien 60 % seiner Filme aus dem Westen bezogen. Aber bei genauerem Hinsehen bemerkt man, daß die algerische Führung keineswegs von Moskaus Ideen besonders fasziniert war, denn von dort importierten sie nur 7,9 % der Filme. Die Phantasie des durchschnittlichen Algeriers beschäftigte sich vor allem mit den USA, von wo ein Drittel aller Filme importiert wurde. Selbst die arabischen Führer, die für den »sozialistischen Weg« plädiert haben, richteten es so ein, daß man nicht allzuviel von sozialistischen Prinzipien sprach, diese *ḥagūza* aus dem Osten, weil man nicht riskieren wollte, über die kleinen Monster wie die »Diktatur des Proletariats« und den Ehrenplatz, den man der »Avantgarde« einräumen muß, zu stolpern. Eine Untersuchung des von Radio und Fernsehen verbreiteten arabischen Sozialismus steht noch aus, denn ihre Resultate könnten uns zum Lachen bringen.

Ich glaube, daß unter den arabischen Ländern, die für die »Moderne« mit sozialistischem Flair waren, die Funktionäre des irakischen und syrischen sozialistischen Fernsehens am wenigsten Probleme hatten, Papa Marx in einen blutrünstigen Kalifen zu verwandeln. Seine Verwandlung in eine *ḥagūza* ist bestimmt keine schwierige Aufgabe in Damaskus, der Hauptstadt der Omaijaden, oder in Bagdad, der Hauptstadt der Abassiden, gewesen. In dem Augenblick, wo der Schlüsselbegriff von der »Diktatur« geheiligt wurde und zu

Ehren kam, selbst wenn es sich dabei um die Diktatur des Proletariats handelte, konnte die kalifale Vergangenheit auferstehen und eine neue Karriere einschlagen. Die Berichte von Amnesty International haben in den 80er Jahren mehrere sozialistische arabische Länder als Orte der Folter und physischen Liquidierung bezeichnet.[8] Der arabischen Avantgarde wird sorgfältig das Maul gestopft, ihre lärmendsten Mitglieder werden mehr oder weniger freiwillig nach London oder Paris abgeschoben.[9] Das »Proletariat«, d.h. die im informellen und nicht, wie vom Sozialismus versprochen, im modernen Sektor untergebrachten Jugendlichen, die möglicherweise den alten Charidschiten-Reflex in den Pulvermühlen der Vororte hätten hervorrufen können, tauchten im Fernsehen immer nur kurz auf, eingezwängt zwischen Fußballnachrichten und religiösen Programmen.

Es mußten erst die Basisbewegungen Ende der 80er Jahre entstehen, die die Menschenrechte in den Straßen der arabischen Hauptstädte verbreiteten, so daß kommentierte Übersetzungen der internationalen Dokumente, der Charta und der Konventionen auf arabisch für ein paar Dirham zirkulierten. Die alphabetisierten Volksmassen warfen sich auf diese Broschüren, um nachzulesen, was *hurrīyat ar-ra'y* (Gedankenfreiheit) bedeutet und daß die Charta der Vereinten Nationen gegen die Folter Schutz bieten könnte.[10] Allein durch die Agitation der Linksintellektuellen und der studentischen Massen für die Menschenrechte konnten die zahlreichen Dokumente von Amnesty International auf arabisch erscheinen und umfangreiche Teile in der linken Presse abgedruckt werden, wenn ihre Führer aus dem Gefängnis kamen oder wenn es ihnen gelang, nach Prozessen oder nach Verhängung von Geldstrafen wieder in Erscheinung zu treten.

Wenn man dann hört, wie große Denker, die die westliche

öffentliche Meinung beeinflussen, wie etwa Herr André Glucksmann, den Fundamentalismus auf das Unverständnis der muslimischen Bevölkerungen für »die Schwierigkeiten des modernen Staates« und auf den Wunsch, »die provozierende Vitrine des Westens, die Israel darstellt, zu zerschlagen«, reduzieren, ist man wohl oder übel gezwungen, zu konstatieren, daß seine Ignoranz bezüglich der »Muslime«, von denen er spricht, diejenige übertrifft, die er ihnen zuschiebt, und daß seine Ignoranz den bitteren Nachgeschmack des Fundamentalismus hat, den er verurteilt. Aus seinen Worten spricht die arrogante Überzeugung, daß man selbst im Besitz der Wahrheit und der andere mit einer atavistischen Unfähigkeit zu verstehen geschlagen sei.[11] Wenn zum anderen gesagt wird, der Fundamentalismus könne nur von innen heraus zerschlagen werden, dann behauptet man damit auch, daß der Rest der Bevölkerung alles passiv und ohne zu kämpfen erduldet, und wäscht sich als Westler von jeder Verantwortung in dieser Angelegenheit rein; die muslimischen Volksmassen schlagen sich ja tagaus tagein gegen die Intoleranz und den Autoritarismus. Äußerungen wie diese zeigen aber auch, daß man keinerlei Anstrengungen unternimmt, um sich zu informieren, obwohl die Berichte von Amnesty International sehr kurz sind, zwei bis drei Seiten pro Land. Aufs Geratewohl kann man im Bericht von 1989 eine Seite aufschlagen: »Irak: Die politischen Gefangen werden häufig gefoltert und man hat vom ›Verschwinden‹ einer großen Anzahl von Personen gehört... Hunderte Exekutionen sollen stattgefunden haben...« Oder man schlägt eine andere Seite auf: »Saudi-Arabien: 1988 hat es Informationen über Verhaftungen angeblicher Oppositioneller gegeben, vor allem in der östlichen Provinz, aber auch von Pilgern, die an der *ḥağğ*, der jährlichen Pilgerfahrt der Muslime, teilnahmen.

Mindestens 26 Todesurteile sind vollstreckt worden, und eine Amputation hat stattgefunden.«

Wenn man sagt, daß die Volksmassen nicht kämpfen, dann bringt man alles durcheinander, indem man eine Realität vereinfacht, deren Komplexität ja gerade der Angelpunkt allen Mißbrauchs ist. Man muß zumindest zwischen zwei Arten von Fundamentalismus unterscheiden, wenn man dieses Wort ins Spiel bringt. Einmal den offiziellen Staatsfundamentalismus (offizielle Kultur, Verweigerung einer demokratischen Erziehung) und den reagierenden Fundamentalismus (islamistische Opposition). Und vor allem sollte man vermeiden, alle Muslime in einen Topf zu werfen und ihnen die Unterscheidungen zu verweigern, die immer gemacht werden, wenn man von den Europäern spricht: herrschende Klassen, Intellektuelle und Volksmassen. Jede dieser drei Gruppen verfolgt ihre Interessen und bringt sie in einer politisch verfälschten Situation zum Ausdruck, die sie zwingt, sich zwischen den beiden Seiten einer ebenso gefährlichen wie reduzierten Gleichung zu entscheiden: Glaube/Gehorsam oder Freiheit/Atheismus.

Da die staatlich monopolisierten Massenmedien nicht zur Erklärung der Charta und der internationalen Dokumente genutzt und statt dessen eine massive Dosis religiöser Programme in den Büros der Bürokraten produziert wurden, entstand eine kulturelle Leere; hinzu kamen Betrug im parlamentarischen Spiel und Wahlmanipulation. All dies hat die arabischen Volksmassen in eine Begriffsverwirrung und in die Intoleranz gestürzt. Versuchen wir herauszufinden, was einem »Präsidenten der Republik« passiert, wenn der Unglückliche zum Beispiele in eine arabische Sprache übersetzt wird.

Am wenigsten verwirrt sind jene Muslime, deren Staatschefs es vorgezogen haben, ihre traditionellen Titel zu behalten. Sie müssen wenigstens, in Ermangelung einer angemessenen bürgerlichen Erziehung, keine Verrenkungen ausführen, um das Wort *ra'īs* (Kopf)[12] mit dem Präsidenten in Einklang zu bringen. Diejenigen, die in einer Monarchie leben, wie ich selbst, haben am wenigsten Probleme in dieser Hinsicht. Das Wort *malik* (König) stellt keine Schwierigkeit dar, denn es ist nicht neu, man findet es im Koran und in den mittelalterlichen arabischen Wörterbüchern. Wir haben ganze Abhandlungen über den *mulk* (Herrschaft, Monarchie), seine Natur, seine Rituale und seine Anforderungen, aber das Wort *ra'īs al-ǧumhūrīya* – Präsident der Republik – ist nicht Teil unseres Erbes. Man findet es weder im Koran noch in irgendeinem alten Wörterbuch. Im *Lisān al-'arab* gibt es die beiden Wörter *ra'īs* und *ǧumhūr*, aber getrennt. Wenn man versucht, sie zu kombinieren, ergibt sich eine merkwürdige Mischung, bei der sich weder Herr Mitterrand noch Herr Kohl wiedererkennen würden, denn das, was dabei herauskommt, hat die größte Ähnlichkeit mit einem Abbasiden-Imam.

Republik – »res publica« – bezieht sich auf »eine Regierungsform, bei der Legislative und Exekutive nicht in einer Hand vereinigt sind und das Amt des Staatschefs (Präsidenten) nicht erblich ist«. Dieses Wort gibt es nicht im Koran, doch *ḥizb* (Partei) und *ḥaqq* (Recht) findet man. Das Wörterbuch *Lisān al-'arab* erklärt uns, daß das Wort *ǧumhūr*, die Wurzel von *ǧumhūrīya*, einfach die Mehrheit der Menschen *(ǧullan-nās)* bedeutet, aber auch die Edelsten unter ihnen *(ašrāfuhum)*. Aber der Kerngedanke ist der des Gruppierens und Sammelns. Das Verb *ǧamhara* heißt versammeln *(ǧam-*

hara al-qaum idā ǧama'ahum), erklärt der Autor des Wörterbuchs, *Ibn-Manẓūr*. Er gibt mehrere Beispiele, die alle den sammelnden und vereinheitlichenden Charakter von *ǧumhūr* bestätigen, was im Arabischen eher auf eine Verbindung mit »Horde« hinweist, während das lateinische »res publica« die Natur der Macht des politischen Führers definiert, indem es die Unterscheidung von Privatem und Öffentlichem hervorhebt. Eines der Beispiele, das uns das Lexikon liefert, um den Sinn des Begriffs verständlich zu machen, ist der *ǧumhūrī*-Wein: »Es ist ein Wein, der sehr betrunken macht« und den man als *ǧumhūrī* bezeichnete, weil »die Mehrzahl der Leute ihn trank«. Halten wir also fest, daß *ǧumhūrīya* einen gewissen Konsens, eine gewisse Einheit inmitten des Kollektivs, beschreibt, die uns nichts über die Grenzen der Macht, die der Führer ausübt, sagt.

Präsidieren kommt vom lateinischen »praesidere«, »prae« = »vor« und »sidere« = »sitzen«, d. h. den ersten Platz einnehmen in einer Versammlung, einer Gesellschaft, »um die Ordnung aufrechtzuerhalten, die Diskussion zu leiten und die Entscheidungen zu verkünden«, wie das [deutsche] Wörterbuch erläutert. Aber gehen wir vom lateinischen Ursprung zur arabischen Sprache über. Da wird der Präsident der Republik zum *ra'īs al-ǧumhūrīya* und verändert bei diesem semantischen Übergang derart seine Funktionen und seine Position, daß er kaum wiederzuerkennen ist. *Ra'īs* heißt, wie gesagt, auf arabisch Kopf. Und der Kopf ist das, was das übrige beherrscht. Ich kann nicht den kleinen Finger heben, wenn das Gehirn nicht das Seine tut, um das notwendige Signal zu senden. Als erstes bemerkt man beim Übergang vom Lateinischen zum Arabischen das Verschwinden der Versammlung und die dramatische Ausrichtung auf den höchsten Punkt, den Kopf. Es gibt also eine Verschiebung von der *lateinischen räumlichen Auffassung* von der Präsidentschaft, die gemäß einem horizontalen Schema ausgeübt wird (im Sitzen leiten, vor der Versammlung leiten; leiten im Angesicht der Versammlung) zu einem *arabischen körperlichen Schema*, das eine vertikale Beziehung zwischen Führer/Geführtem herstellt, wo derjenige, der führt, das Gehirn ist, und der Rest wie eine Herde folgt.

Ra'īs, dessen Wurzel durch die drei Buchstaben *R(rā) A(Alif mit hamza), S(sīn)* gebildet wird, kommt, wie das *Lisān al-'arab* erklärt, von *ra's*, womit »der höchste Punkt von jeder Sache« *(ra's kullušai' a'lāhu)* bezeichnet wird. Dies ist übrigens der gebräuchlichste Sinn im Koran, wo der Begriff etwa 18mal auftaucht.[13] »*Ra'asa*«, erklärt das Wörterbuch, »heißt, jemanden auf den Kopf schlagen« *(aṣāba ra'sahu)*. Da ist man weit entfernt von einer friedlichen Beziehung zwischen Führer und Geführtem. *Ibn-Manẓūr* will sichergehen, daß wir auch richtig verstanden haben: »*ra'asa* ... heißt, den Leuten Befehle erteilen«. Der *ra'īs*, das ist »der Herr der Menschen«. Aber er fügt noch sicherheitshalber, falls man die inhärente Gewalt in der Beziehung zum Führer immer noch nicht erkannt haben sollte, hinzu: »*Irta'asanī* heißt, daß er mir seine Meinung aufzwingt, denn ursprünglich bedeutet es, jemanden am Nacken packen und ihm den Kopf zu Boden drücken.« Ein Araber also, der »Präsident der Republik« sagt, denkt nicht an eine Versammlung, wo ein *ra'īs* denen gegenübersitzt, denen er zuhören muß, um eine Diskussion zu ermöglichen. Wenn ich als arabische Frau *ra'īs al-ğumhūrīya* sage, stelle ich mir einen Kopf auf einem Körper vor und versuche dann, mich irgendwo auf diesem Körperschema einzuordnen, das mich zwangsläufig zur Ohnmacht verurteilt. Ich werde versuchen, mich in der linken Zehe einzunisten.

Die Charta der Menschenrechte stellt gewiß einen Schock und einen Bruch mit den mittelalterlichen Denkweisen dar;

und ihre Ideen, die in der Philosophie der Aufklärung wurzeln, konnten die Auffassungen in Gesellschaften mit despotischer Tradition deshalb nicht erneuern, da keine systematische Anstrengung in der Erziehung durchgeführt wurde. Diese Erziehung hätte die Mentalität aber nur dann gründlich verändern können, wenn sie gleichzeitig auf zwei zusammenwirkenden Ebenen erfolgt wäre: fortlaufende Ausbildung und wirkliche Beteiligung mit Stimmabgabe und parlamentarischer Demokratie.

Die Vorstellungen von der Macht und ihrer Anwendung sind in einem Arabisch formuliert, das seit den Abbasiden streng überwacht wird, damit es sich nicht von der Kalifen-Vergangenheit entferne. Weil sie nicht minutiös umgebildet wurden, mußten diese Vorstellungen jeden Bezug zum Pluralismus, der der Demokratie zugrunde liegt, unterdrücken. Im Lichte dieses Mangels, dieser organisierten »Amputation« der modernen bürgerlichen Kultur, einer Kultur, die den muslimischen Volksmassen den Zugang zum modernen Humanismus ermöglicht hätte, muß man jetzt auf den Koran als Bezugspunkt des Islam zurückkommen. Und in den folgenden Kapiteln werden wir begreifen, warum die moderne ehrgeizige Jugend, die ihre Talente umsetzen und menschenwürdig leben möchte, im Koran Gedanken findet, die ihren Ungewißheiten Ausdruck verleihen. Denn der buchstabengetreue Islam, die *risāla* (Botschaft), ist nichts anderes als eine geräumige Bleibe, wo eine Musik erklingt, die der Hoffnung Flügel verleiht. Aber um ihre Klänge zu hören, muß man sich natürlich von den Fernseh-Moscheen entfernen, wo die mit Petrodollars bezahlten Imame brüllen. Und vor allem muß man sich wie unsere Sufi-Vorfahren auf sich selbst konzentrieren, um den *sīmurġ* zu suchen, den Märchenvogel, der tief versteckt ist an seinem einzig möglichen Aufenthaltsosrt: in unserem Innersten.[14]

Der Koran – fünfzehn Jahrhunderte der Hoffnung

Der Koran ist ein in 114 Suren von unterschiedlicher Länge gegliedertes Buch; eine Sure kann nur aus ein paar Zeilen bestehen oder mehrere Seiten lang sein, je nach Anzahl der Verse, die sie enthält. *Imām Ibn-Kaṯīr* zufolge enthält der Koran 6000 Verse, insgesamt 77 439 Wörter und nicht weniger als 321 180 Buchstaben.[1] Er wurde mündlich und in arabischer Sprache von Allah dem Propheten Mohammed geoffenbart, durch Vermittlung des Engels Gabriel.[2] Der Prophet hatte schon sein 40. Lebensjahr erreicht, als Gott ihn über seine Mission ins Bild setzte. Der Engel Gabriel besuchte ihn in drei aufeinanderfolgenden Nächten vom Samstag bis Montag und enthüllte ihm, daß er von Gott zum Propheten auserwählt worden sei, der die *risāla* empfangen werde. Das war im Jahr 610 u. Z., im Ort *Ḥīra* in der Nähe von Mekka, den Mohammed gewöhnlich zur Erholung aufsuchte.[3] Die ersten Verse waren ein Befehl, sich zu informieren und zu lernen:

»Lies im Namen deines Herrn, der alles erschuf
Er schuf den Menschen aus einem Klumpen Blut
Lies! denn der Herr ist der Allgütige
Der (den Menschen) lehrte durch die Feder,
Den Menschen lehrte, was er nicht wußte.«[4]

Die Offenbarungen folgen einander Tag auf Tag, über 20 Jahre lang, von 610 bis 632, dem Todesjahr Mohammeds.[5] Der letzte Vers soll ihm neun Tage vor seinem Tod geoffenbart worden sein.[6] Aber er begann nicht unmittelbar mit dem Predigen, denn Mekka, sein Geburtsort, war ihm feindlich gesinnt. Er hielt seine Mission drei Jahre lang geheim. Den Befehl, öffentlich zu predigen, erhielt er von Allah erst im Jahr 613. Er predigte zehn Jahre lang bis zum Jahre 622, als die Feindschaft der Stadt das Leben seiner Jünger und sein eigenes in Gefahr brachte. Da entschloß er sich, nach Medina auszuwandern.[7] Er war 53 Jahre alt, und jenes Jahr wurde später zum ersten Jahr des muslimischen Kalenders erklärt, das den Namen Hedschra (Auszug, Auswanderung, Flucht, Ausreise) trägt. Bis zum Vorabend seines Auszugs hatte der Prophet laut *as-Suyūṭī* bereits 80 Suren empfangen, die aus diesem Grunde »Mekka-Suren« genannt werden. Die 34 übrigen wurden ihm in seinen zehn verbleibenden Lebensjahren in Medina geoffenbart, weshalb sie »Medina-Suren« heißen.[8] Die Meinungen über die Orte der Offenbarungen der Suren sind geteilt. *Ibn-Kaṯīr* zufolge habe der Prophet genau 25 Suren in Mekka empfangen und folglich 89 in Medina.[9]

Der Befehl, den Koran schriftlich niederzulegen, wurde manchen Quellen zufolge gleich nach Mohammeds Tod gegeben, während andere meinen, daß der Koran von sechs Personen zu Lebzeiten des Propheten zusammengestellt wurde, und wieder andere glauben, daß er erst zur Zeit des Kalifen *'Umar*, der im Jahre 13 (634) an die Macht kam, zu einem Werk zusammengefaßt wurde.[10] Sicher ist, daß die Gemeinschaft sich sehr schnell darüber klar wurde, wie wichtig es war, die Offenbarungen schriftlich festzuhalten, um gegen das Vergessen und die Launen der Erinnerung anzugehen – auch wenn es Schüler, Huffad, gab, Personen mit der unglaublichen Fähigkeit, sich fehlerfrei zu erinnern. Die offizielle Version, die wir heute in Händen halten, ist die Sammlung von *muṣḥaf*, d. h. die unter der Herrschaft des 3. Kalifen *'Uṯmān* (23–39/634–644) in einem Buch zusammengestellte Fassung.[11] Diese *'uṯmānī* genannte Version wird einhellig von allen Muslimen in der ganzen Welt anerkannt, von den Sunniten ebenso wie von den Schiiten; welches auch immer die Tendenzen, Schulen, Sekten und Abweichungen sein mögen, sie alle erkennen diese Version als heiliges Buch an, als alleinige und einigende Schrift, als Worte, mit denen Allah die menschlichen Wesen beehrte, indem er ihnen den Weg zu Frieden und zum Wohlergehen auf Erden und zum Paradies im Jenseits wies. Und diese Einhelligkeit ist, wie man sich vorstellen kann, eines der Geheimnisse der Stärke dieses Textes und seines Einflusses auf die Generationen, die ihn über 15 Jahrhunderte weitergegeben haben.

Eine der extremistischen Sekten der Charidschiten weigerte sich, die Sure Joseph anzuerkennen, unter dem Vorwand, »daß es nicht erlaubt ist, im Koran eine Liebesgeschichte zu verfassen«.[12] Diese Sekte wurde und wird als äußerst unverantwortlich angesehen. Es handelt sich um die Sekte der *'Ağāriden ('ağarida)*, benannt nach ihrem Gründer, *Ibn-'Ağarrad*, der noch andere merkwürdige Positionen vertrat, z. B. eine notorische Feindlichkeit gegenüber Kindern. Kinder, die als Nicht-Muslime geboren werden, seien zur Hölle verdammt, während die muslimisch geborenen Kinder so lange von der Gemeinschaft ferngehalten werden müßten, bis sie aufgefordert werden, formell dem Islam beizutreten.[13] Die *'Ağāriden* sind wirklich merkwürdig, um es gelinde auszudrücken. Einen Vers oder gar eine ganze Sure des Koran nicht anzuerkennen, bringt jenen, der einen solchen Versuch unternimmt, eher in Mißkredit als das heilige Buch. Dies nur, um eine Vorstellung von der Bedeutung dieses Dokumentes im muslimischen Denken und von der Zuverlässigkeit seiner Botschaft, gestern und heute, zu geben. Doch erst die Art und Weise, wie der Koran von Generation zu Generation weitergereicht wird, der

Raum, den er in den ersten Kindheitsjahren einnimmt, und die enge Verknüpfung zwischen seiner Musik und den ersten Lese-, Schreib- und Rezitationserfahrungen können einen wahren Eindruck von seiner Wirkung als Quelle unserer Symbole wie auch als Wunderhorn unserer Vorstellungskraft geben.

Die Koran-Erziehung

Ich hatte als Kind nicht das Recht, das heilige Buch zu berühren. Nur *Lalla Fqīha* (Frau Lehrerin, die Leiterin der Koranschule) hatte das Recht, es anzufassen. Sie unterrichtete mich die ersten drei Jahre, indem sie auf einer mit Holz gerahmten Schiefertafel *(lūḥa)* einige Verse vorzeichnete. Am Freitagvormittag erhielt jeder seine *lūḥa*, auf der schon die Verse standen. Wir bemühten uns, ihre Zeichen nachzuziehen, die sie mit *smāġ*, einer speziellen honigfarbenen Kreide, vorgezeichnet hatte. Auf diese Weise lernten wir zu schreiben. Der Freitag verstrich mit dieser Aufgabe, und diejenigen, die, wie ich, die *smāġ* dort anbringen, wo sie nicht hingehört, vor allem im Gesicht, werden von *Lalla Fqīha* mit Zartgefühl veralbert. Sie sagt immer: »An dem Tag, an dem du mit der *smāġ* umgehen kannst, hast du auch schreiben gelernt, und vielleicht auch die Sauberkeit, wenn Allah dir gnädig ist.« Die *lūḥa* werden am Ende des Schultages sorgfältig mit der Schrift gegen die Wand gelehnt. Am Samstagmorgen sind sie alle getrocknet, die Schrift ist wunderbar klar, und man fühlt einen unerhörten Stolz, denn man vergißt leicht, daß die Linien ja vorgezeichnet waren.

Wir, die Kleinen, saßen immer vorne, zum einen, damit wir besser überwacht werden konnten, vor allem aber, um uns »besondere Aufmerksamkeit« *(muqābala)* zu schenken, z. B. ein Kind, das eingeschlafen war, behutsam hinzulegen , oder ein anderes Kind, das verschämt *udu* (waschen) flüsterte, schnell auf die Toilette zu schicken. Je älter man wurde, desto mehr entfernte man sich von der *Fqīha*. Wenn man sehr klein ist, sind natürlich alles Geflüster und alle interessanten Geräusche hinter einem. Aber man hat Sicherheit. Am Samstagmorgen setzt sich jedes Kind mit gekreuzten Beinen mit seiner *lūḥa* auf seine Matte oder sein Kissen und beginnt die geheimnisvollen Zeichen, die es am Vortag nachgezogen hat, in Richtung auf die Lehrerin zu wiederholen. Wir wiederholen die Musik der Worte, indem wir versuchen, der Linie zu folgen, die sie mit ihrem langen Stock auf der nächstgelegenen *lūḥa* zieht. Danach vergißt sie uns und beschäftigt sich mit den Älteren und vor allem mit ihren Töchtern, denen sie Anweisungen für die Zubereitung des Mittagessens für die Familie geben muß. Wir bekommen auch etwas zu essen oder haben etwas mitgebracht, je nachdem, wie weit es von der Schule nach Hause ist.

Normalerweise geht man zu der *fqīha* seines Viertels, es sei denn, es gibt zwischen ihr und den Eltern große Meinungsverschiedenheiten. Das geschah einmal, als sie meinen Cousin Aziz geschlagen hatte, der sehr stolz war und zu Hause daraufhin einen derartigen Skandal verursachte, daß alle Kinder der Familie Mernissi (das war ein Dutzend) zu einer *fqīha* geschickt wurden, die ein paar Kilometer weiter wohnte. Das war für uns die Gelegenheit, uns stundenlang morgens und bei Einbruch der Nacht in der Medina herumzutreiben.

Bei der *fqīha* bleibt man den ganzen Tag über. Die Leseübung auf der *lūḥa* wird ständig wiederholt von Samstag bis Mittwoch, an dem dann rezitiert wird. An diesem Tag betritt dann eine weitere Person die Bühne, und zwar der *bā-fqīh*, der Mann der *fqīha*. Er läßt uns den Text vortragen, nachdem er die *luḥa* eingesammelt hat. Wer ihn dann nicht auswendig kann oder die heiligen Verse schlecht ausspricht, wird vom *bā-fqīh* verspottet. »Eine Woche für drei Verse, und immer noch Stottern! Wie willst du es anstellen, 6000 Verse in deinem kleinen Kopf unterzubringen? Gott weiß, da stimmt was nicht in dem kleinen Kopf.«

Die Kinder, die fehlerfrei rezitieren können, sind Gegenstand der allgemeinen Aufmerksamkeit. Sie werden oft dazu ausersehen, bei melodiösen Rezitationen mitzuwirken, die an religiösen Feiertagen oder beim Besuch einer wichtigen Persönlichkeit in der Schule stattfinden. Wenn ein Kind schnell lernt und eine schöne Stimme hat, wird es als Wunderkind angesehen, und durch diese Bewunderung fällt es ihm später leichter, sich auch auf anderen Gebieten hervorzutun. Ich hatte ein gutes Gedächtnis, aber eine zu weiche Stimme, weshalb ich in meiner ganzen Kindheit bei rituellen Anlässen von den ersten Rängen ausgeschlossen blieb. Seither versuche ich immer, als Regel in meinen Klassen oder in den Seminaren, die ich leite, die Rotation einzuführen, um Durchlässigkeit zu schaffen und der Hoffnung Raum zu geben.

Normalerweise wird man mit drei Jahren in die Koranschule geschickt, und mit sechs Jahren hat man die Schrift gelernt, man beherrscht die *smāġ*, hat die Bedeutung der Sauberkeit erkannt und vor allem ein sehr gutes Gedächtnis entwickelt. Mit fünf Jahren erhält man das erste Geschenk, das einem zeigt, daß man eine wichtige Persönlichkeit ist: Es handelt sich um einen wunderbaren kleinen Koran mit Goldschnitt und Kalligrahien. Mein Vater hat ihn mir an einem Freitag geschenkt, er nahm ihn mir aber 20 Minuten später wieder aus der Hand, als ein Cousin zu mir kam, um mich zum Spielen zu holen. »Wenn du mit Spielen fertig bist, kannst du ihn wieder nehmen. Ich werde ihn auf das Fensterbrett legen, dann brauchst du nur auf einen Schemel zu steigen, um an ihn ranzukommen. Man darf ihn niemals auf der Erde liegen lassen, darf ihn niemals zur Hand nehmen, ohne sich vorher Gesicht und Hände gewaschen zu haben. Wenn man dich zum Spielen holt, legst du das Seidenband zwischen die Seiten, schließt ihn sorgfältig, holst den Hocker und legst das Buch Allahs an seinen Platz.« Auf diese Weise wird in der ganzen muslimischen Welt von Generation zu Generation dem Kind die Wichtigkeit der *risāla* eingeprägt, der geoffenbarten Botschaft. Oft kann ich auf Arbeitstreffen oder bei maghrebinischen oder arabischen Konferenzen jene herausfinden, die eine Koranschule besucht haben, denn sie merken sich deine Telefonnummer, ohne sie aufzuschreiben, machen wenig Aufzeichnungen bei Versammlungen und erinnern sich genau, beinahe Wort für Wort, an Unterhaltungen, die man fünf Jahre zuvor geführt hat.

Dār Fqīha, bei der ich in den 40ern war, glich zum Verwechseln jener Lehrerin, die mir mein Großvater beschrieben hatte, und die wiederum jener, die ihm sein Großvater beschrieben hatte. Und alle ähneln sie sehr den Beschreibungen, die man in mittelalterlichen Texten findet. Heute ist diese Institution natürlich modernisiert. Die *Fqīha* hat eine Wandtafel und ein Register, um die Namen verlesen zu können, und neuer Unterrichtsstoff ist eingeführt worden. Die Methode allerdings und die Ausstattung sind dieselben geblieben. Die Koranschulen sind wahrscheinlich die billigsten Schulen überhaupt, weil die Ausstattung auf ein Minimum reduziert ist und ein einziger Lehrer alle Altersgruppen in ein und demselben Raum unterrichtet. Was die Überwachung betrifft, so ist sie beinahe für den ganzen Tag gesichert, außer in den wenigen Momenten, wo die Lehrerin mal verschwinden muß, doch dann läßt sie sich von einem älteren Kind vertreten. Das ist wahrscheinlich eine der Ursachen dafür, daß diese Schulen überdauert haben und heute noch bestehen; außerdem stellen sie für Millionen Kinder aus ärmeren Schichten die einzige Möglichkeit einer Vorschulerziehung dar. Die große Veränderung heutzutage besteht in einer absoluten Trennung der Kinder aus den verschiedenen Gesellschaftsschichten, während zu meiner Zeit die Kinder nach Stadtvierteln eingeteilt wurden. Reich und arm gingen in dieselbe Schule. Heute gehen die Kinder der Reichen in Kindergärten nach englischer Art oder in Kinderhorte nach französischer Art, und in beiden lernen sie lesen und schreiben anhand von »Schneewittchen« oder »Alice im Wunderland«, sie lernen fremde Sprachen, während nur wenige Stunden für die arabische Sprache und die religiöse Erziehung erübrigt werden. Aber die große Mehrheit der Kinder der Armen gehen zu Millionen weiterhin in die Koranschulen, weil es die einzigen zur Verfügung stehenden Krippen und Tagesstätten sind. In Marokko z. B. ist die Zahl der Kindergärten und Krippen, die vom Staat finanziert werden, minimal, verglichen mit dem Bedarf in einem Land, wo die Geburtenrate eine der höchsten der Welt ist (beinahe 3 %). Um ein Kind in einer modernen privaten Krippe unterzubringen, muß man mindestens 100 Dollar monatlich bezahlen, obendrein das Kind zum Mittagessen heimholen und um 14.30 Uhr wieder hinbringen. Man kann sich vorstellen, was das für die durchschnittliche Familie mit mehr als einem Kind für Kosten sind, in einem Land, wo das Durchschnittsgehalt bei 150 Dollar liegt. Die Koranschule des Stadtteils verlangt nicht mehr als drei Dollar, und die Kindermädchen, die Arbeiterinnen oder Handwerker bringen die Kinder sehr früh am Morgen und holen sie nach der Arbeit ab, womit auch das Transportproblem gelöst ist.

Aber es sind vor allem die Ungleichheiten auf der Ebene der zugänglichen Ausbildung in jeder Institution, die diese unüberwindliche Schwelle schaffen, die gegenwärtig die muslimische Welt trennt und ihr diese intensive Feindseligkeit zwischen den Klassen einträgt. Während die Kinder der Reichen ohne weiteres Zugang zu einer doppelten Ausbildung erhalten, der modernen und der traditionellen, wird den Armen schon von Anfang an der Zutritt zur Moderne verwehrt, insbesondere was den mathematischen Bereich und die modernen erzieherischen Spiele angeht. Es stimmt zwar, daß viele *fqahā'* und *fqīhāt* sich der Notwendigkeit bewußt sind, ihre Methoden und den Inhalt ihres Unterrichts zu modernisieren und von den Kindern zu verlangen, Rechenbücher und bestimmte Spiele zu kaufen. Aber die Mehrheit unter ihnen ist nicht darin ausgebildet, dies zu unterrichten. Das bewirkt, daß die Kinder, die heute vor dem siebten Lebensjahr, dem Jahr der Einschulung, in die Koranschule gehen, derart ins Hintertreffen geraten, daß sie den Rückstand vor allem in den modernen Fächern und den Fremdsprachen, die in den Kinderkrippen nach westlichem Muster Vorrang haben, kaum aufholen können. Diese Kluft in der kulturellen Welt der muslimischen Kinder, je nach sozialer Klasse und Einkommen, ist wahrscheinlich eine Ursache für die Fremdenfeindschaft und die Ablehnung des Westens bei denjenigen, denen der Zugang zur Moderne vollständig verwehrt ist.[14] Die Chancen, eine Arbeit zu finden, hängen direkt davon ab, ob man dieses moderne Wissen beherrscht.

Es ist interessant anzumerken, daß die in der ganzen Welt investierten Petrodollar zur Rettung unserer *aṣāla* (Besonderheit) nur der Propagierung des traditionellen Wissens dienen. Die Gelder zur Förderung des kulturellen Lebens unserer nach Europa emigrierten Gemeinden werden überwiegend in die Gründung von Koranschulen gesteckt, während doch der Zugang zu beiden Formen der Bildung notwendig wäre, besonders für die Emigrantenkinder, weil sie sich irgendwann einem außerordentlichen Konkurrenzkampf auf dem Arbeitsmarkt stellen müssen. »Die Banque Islamique de Developpement (BID) hat unter anderem das sehr schöne und kostspielige Kulturzentrum von Evry, einem Vorort im Süden von Paris, finanziert, wo 70 000 Muslime wohnen. Es gibt dort für Männer und Frauen getrennte Gebetshäuser (keine gemischten), eine Bibliothek, eine Koranschule und eine wunderschöne Moschee mit Minarett. Die Kosten ... betrugen zwei Millionen Dollar.«[15] Die Petrodollars werden nicht investiert, um die ungleichen Ausbildungschancen aufzuheben, sondern um unter dem Mantel der Heiligkeit den Gehorsam gegenüber der Autorität (*ṭā'a*), die Gefügigkeit und den sprichwörtlichen Fatalismus, mit dem man uns ständig in den Ohren liegt, zu kultivieren. Wenn man allerdings in seinem Urteil von der Dynamik der religiös verursachten Oppositionsbewegungen ausgeht, dann muß man zu dem Schluß kommen, daß dem Koran trotz aller Versuche, ihn zu manipulieren, eine besondere Kraft innewohnt, die seine Verse vermitteln. Diese Kraft ist ein sehr starkes Gefühl für das eigene Ich und seine Rechte, sosehr sie auch verhöhnt werden mögen, und dieses Gefühl verleiht einem die Energie, zornig zu werden und sich eine andere Welt vorzustellen.

Daher stammt das Interesse, sich vertraut zu machen mit den Wortsymbolen, den Urszenen, den Grundkonzepten; sie sind mit 15 Jahrhunderte alten Emotionen und Gemütsbewegungen befrachtet, die gerade die oppositionellen Gruppen zu neuem Leben wecken und reaktivieren. *Ḫaqq*

(Recht und Wahrheit) und *bāṭil* (Irrtum und Unrecht) gehören dazu. Mit dem Ruf nach *ḥaqq* und *bāṭil* hat Khomeini die Woge entfesselt, die den Schah von Iran in den 70er Jahren hinwegspülte, und ebendieses *ḥaqq* haben die von den Bomben auf Bagdad wahnsinnig gewordenen Volksmassen in den Straßen von Lahore über Kuweit und Riad bis Nouakchott hinausgeschrien, wobei jeder seine eigenen Ängste und Frustrationen hineinlegte.

Um zu verstehen, wieso das Wort *ḥaqq* (Recht) die Menschenmassen in Unruhe versetzt und Denkanstöße gibt, muß man eine weite Erinnerungsreise antreten, den Kalender bis auf das Jahr Null zurückblättern, in die *ğāhilīya* eintauchen, die vorislamische Epoche. Wie war Mekka vor dem Islam? Jede Reise ist notwendigerweise ein Abenteuer, ein Hineintauchen in den *ġarīb*, in das Fremde, man weiß es und ist darauf vorbereitet. Aber mehr *ġarīb* als die *ğāhilīya* läßt sich kaum denken. Jene vorislamischen Zeiten sind den heutigen zum Verwechseln ähnlich, mit ihrer Gewalt und ihrer Anarchie. Das Gefühl eines beunruhigenden Déjà-vu erfaßt einen, wie in uralten Mythen, wenn man daran geht, den Fluß der Zeit hinauf- oder hinabzugleiten. Manche Flüsse schließen sich, wie der heilige Kalender, zu einem Kreis und vermählen sich mit dem rhythmischen Zyklus einer in der Ewigkeit pendelnden Zeit.

Die *ğāhilīya*, liegt sie hinter uns?

Die Angst vor der Gedankenfreiheit

Im Gegensatz zum Judaismus und zum Christentum, die sich auf Personen beziehen (Juda und Christus), ist der Islam ein Verhältnis, eine Beziehung, nämlich die der Unterwerfung. Die Wurzel *istislām* bezeichnet diese Unterwerfung, d. h. des Niederlegens der Waffen, um den Zustand des Krieges *(ḥarb)* zu beenden. *Istislām at-tasallum*, das ist der Waffenstillstand, die Unterbrechung der Feindseligkeiten. *Salam* ist eine der Bezeichnungen für Kriegsgefangene.[1] Aber zwischen wem ist der Islam ein Waffenstillstand, werden Sie fragen? Die Identität der Kontrahenten wird klar, wenn man die Geschichtsbücher im Jahr 8/630 aufschlägt. Das ist das Jahr der *fatḥ*, des Erfolgs, des Gelingens, das Jahr, in dem der Prophet als Sieger nach Mekka zurückkehrt und der Islam zur offiziellen Religion in der Kaaba wird, dem religiösen Zentrum des heidnischen Arabien. Der Waffenstillstand zwischen den Bewohnern von Mekka und Allah ist eingetreten, die Einwohner von Mekka haben dem *širk* abgeschworen, der Freiheit, zu denken und ihre Religion unter den 360 Göttern, die in der Kaaba ihren Sitz hatten, zu wählen. Im Gegenzug garantierte Allah Frieden in der Stadt, in der das wichtigste Problem die Gewalt war. Tatsächlich bedeutet das Wort *širk* das Gegenteil von Islam, es ist seine Negation. Der Islam ist der Schlüssel für Ordnung im Himmel und auf Erden.

Die Religions- und Meinungsfreiheit, wovon in der Charta der Vereinten Nationen die Rede ist, erweckt in der muslimischen Vorstellung eben diese *širk* wieder zum Leben. Das Wort bedeutet etymologisch einfach »sich zusammenschließen« und auch »teilnehmen«, ist aber negativ besetzt, denn es fällt historisch mit der Unordnung und Konfusion vor 8/630 zusammen, dem Datum der Eroberung Mekkas durch den Propheten, als er die Götter von ihrem Thron stürzte.

»Der Prophet, Friede und Segen mögen auf ihm ruhen, betrat Mekka als Sieger, die Leute bekehrten sich zum Islam, manche freiwillig und manche widerwillig. Der Prophet, Friede und Segen mögen auf ihm ruhen, noch hoch zu Roß, machte die *ṭawwāf* (rituelle Umrundung) um den Tempel, und um die Kaaba herum waren 360 *aṣnām* (Idole) aufgestellt. Und jedesmal, wenn er an einem *ṣanam* (Idol) vorbeikam, betete er, indem er mit seinem Stock darauf wies: »Die Wahrheit *(ḥaqq)* ist gekommen, und die Lüge *(bāṭil)* hat sich in Luft aufgelöst.« Denn es liegt in der Natur der Lüge, sich in Luft aufzulösen. Mit dem Aussprechen dieses Satzes, fiel der *ṣanam* um, und sein Antlitz wurde auf dem Boden zerschlagen. Der bedeutendste *ṣanam* war *Hubal*.«[2]

Dieser Absatz bei *Ibn-Sa'd* ist der Schlüssel, um nicht nur eins, sondern mehrere Rätsel zu lösen, die zugleich die Herausforderungen sind, die der moderne Islam annehmen muß. Dazu gehören die Angst vor der persönlichen Freiheit, wozu das Verbot für Künstler gehört, das menschliche Gesicht darzustellen, und ferner der Ausschluß der Frauen aus der Politik, die mit dem Triumph des monotheistischen Einen verknüpft ist. In der Tat waren unter den 360 Göttern der Kaaba die mächtigsten die Göttinnen. Göttinnen, die wohl kaum das Gesicht von *raḥma* hatten, der Zärtlichkeit, die mit der nährenden Mutter verbunden ist, denn jene wateten im Blut der Opfer, die sie forderten, Opfer, die so grausam wie unnütz waren. Das Weibliche wurde doppelt mit dem Zeichen des Unsichtbaren geschlagen. Die Frau wurde verschleiert – in erster Linie, weil sie mit der Gewalt der Göttinnen gleichgesetzt wurde, und zweitens, um die Umma zu vereinheitlichen und die Stadt von allem zu reinigen, was an die vorislamische Unordnung erinnerte. Auf diese Urszene kommen wir noch zurück, denn damals wurde der islamische Gesellschaftsvertrag geschlossen: Frieden gegen Freiheit, *raḥma* gegen *širk*.

Die Gedankenfreiheit existierte vor 8/630, der arabische Himmel wimmelte von Göttern; sie waren zahlreich in den Tempeln, aber auch in jedem Heim. Während sich der Judaismus und das Christentum bei den Nachbarn im Mittelmeerraum gut etabliert hatten, verweigerten sich die Araber nach wie vor dem Monotheismus und waren wegen ihres »Kultes der Idole« berühmt, wie uns *Ibn-al-Kalbī* erzählt, der Autor einer der seltenen und faszinierenden Abhandlungen über die vorislamischen Religionen:

»Jedes Haus in Mekka hatte sein *ṣanam*, das die Araber anbeteten. Wenn einer von ihnen verreiste, war die letzte Handlung, bevor er ging, seine Hände auf das Idol zu legen, um sich durch die Berührung von seiner wohltätigen Kraft durchdringen zulassen. Wenn er von der Reise zurückkehrte, war die erste Handlung, die er beging, dasselbe Ritual zu wiederholen, das Idol zu berühren, um seine Kraft zu gewinnen.«[3]

Širk ist der passendste Begriff, um jene Freiheit im Artikel 18 der Charta der Menschenrechte zu übersetzen: »Jeder Mensch hat Anspruch auf Gedanken-, Gewissens- und Religionsfreiheit; dieses Recht umfaßt die Freiheit, seine Religion oder seine Überzeugung zu wechseln.« Dieser Artikel 18 ist sogar die Definition für die *ǧāhilīya*. Was er vorschlägt, bedeutet, in das Jahr 0/622 zurückzugehen. Die Übersetzer der Vereinten Nationen, die den Auftrag hatten, die Charta ins Arabische zu übertragen, brauchten nicht weniger als vier Wörter, um »Freiheit, seine Religion zu wechseln« wiederzugeben: *ḥaqq ḥurrīyat taġyīr ad-diyāna*, statt einfach das passende Wort *širk* zu nehmen, das im Koran nicht weniger als 160mal verwendet wird.[4] In diesem kleinen Artikel 18 und dem Begriff von *širk* ruht wahrhaft der Konflikt Islam – Demokratie, eine philosophische Diskussion, die 15 Jahrhunderte lang durch das Schwert des Henkers blockiert worden ist. Dennoch ist die Frage einfach: Lieben wir den Islam, weil die Polizei ihn uns aufzwingt? Gewiß nicht. Wir lieben ihn vielmehr wegen all der schönen Dinge, die die Polizei weder bieten noch wegnehmen kann, insbesondere wegen der so wundervollen Idee der *raḥma*.

Zärtlichkeit in der homogenen Stadt

1979 habe ich einen Black Muslim in Berkeley interviewt, um zu erfahren, wie ein Bewohner Kaliforniens zum Islam gekommen ist, und da war es das Wort *raḥma*, das in dieser Bekehrung entscheidend war: »Das war das Wort. Das war der Kode, nach dem ich so lange gesucht habe. Hier war es!« Ein syrischer Freund hatte ihn eines Freitagabends mit in die Moschee von San Francisco geschleppt. An jenem Tag hatte der Imam jenen Vers für das Gebet gewählt, den aufzusagen man uns als Kinder lehrt, wenn man Angst im Dunklen hat. »Euer Gott hat sich selbst die *raḥma* vorgeschrieben.«[5] Rahma ist ein reichhaltiger Begriff mit vielen Facetten: Sensibilität, Zärtlichkeit und Barmherzigkeit. Alles, was weich und zärtlich ist, nährend und beschützend wie ein Uterus *(raḥm)*, hat denselben Ursprung.[6] Der Regen ist *raḥma*, weil er Wohlstand mit sich bringt.[7] Die Umma, diese mystische muslimische Gemeinschaft, die zum Träumen anregt, ist voll von *raḥma*, dieser Liebesbeziehung, die die Mitglieder einer Familie verbindet und bewirkt, daß sich alle für das Schicksal des anderen verantwortlich fühlen.

Der Schrei der fundamentalistischen Jugend von heute ist u. a. ein Appell an diesen *raḥma*-Islam, wo die Reichen der Stadt für die Ängste der Armen empfänglich sind. Ihr Schrei ist der des benachteiligten Kindes der Familie (in der arabischen gestern, der weltumspannenden heute), dem modernes Wissen vorenthalten wird. Den Schrei dieser Jugend auf eine Kriegserklärung gegen die Reichen der Erde, d. h. gegen den Westen, zu reduzieren hieße, einen großen Irrtum bei der Deutung dieser Angst zu begehen. Und von der richtigen Analyse dieser Angst hängt es ab, ob der Friede in der Welt realisiert werden kann. Wenn man die Kamera nur auf die Gewalt der Fundamentalisten richtet, lautet die Strategie, sie zu bekämpfen; wenn man sie hingegen auf ihre Angst richtet, ihre Furcht, vergessen zu werden bei dem großen Fest des Wissens, das die Moderne darstellt, dann lautet die Lösung, sie daran teilhaben zu lassen. Darum liegt mir daran, noch ein wenig bei der Kaaba im Jahre 8/630 zu verweilen, als der Islam nur erst ein Friedensversprechen war, um seine Botschaft und das Feld seiner Auseinandersetzungen zu begreifen.

Der Islam mit seinem Einen Gott hat 8/630 an der Kaaba deshalb triumphiert, weil sich die 360 Götter, die dort ihren Sitz hatten und Vielfalt, Gedanken- und Glaubensfreiheit ausdrückten, als unfähig erwiesen hatten, die *raḥma* in ihr Recht zu setzen. Die Gewalt im damaligen Mekka war derart verbreitet, daß selbst die Götter ihr Teil abbekamen, sobald sie nicht mit den Menschen übereinstimmten. Mohammed siegte mit der Schnelligkeit eines Blitzes, weil die Araber unter der Unsicherheit litten, unter der Gewalt in den Städten *(fitna)*. Und die *ǧāhilīya*, erklärt uns *aṭ-Ṭabarī*, ist die Roheit, die aus der Unwissenheit kommt. Das ist die Grausamkeit, die aus der Unwissenheit kommt.[8] Jemand, der Wissen besitzt, kann nicht gewalttätig und grausam sein. Der Islam macht den Vorschlag, dem ein Ende zu setzen, *raḥma* in ihr Recht einzusetzen. Der erste Vers im Koran, ist der Befehl zu lesen: »*iqra'*.«

Die geopferte Leidenschaft

Der Islam, ebenso wie die anderen monotheistischen Religionen auch, verspricht den Frieden nur um den Preis eines Opfers, dem der Leidenschaft, der *ḥawā*. Die *raḥma*, der Friede in der Gemeinschaft, kann nur existieren, wenn das Individuum auf seine *ahwā'* (Plural von *hawā*) verzichtet, die als Quelle des Zwists und der Kriege identifiziert werden. Der Islam wird das Gegenteil sein, die *raḥma* in der Gemeinschaft um den Preis von *ahwā'*, der individuellen Begierden und Leidenschaften. *Raḥma* gegen Freiheit, das ist der Gesellschaftsvertrag, den die neue Religion der Stadt Mekka vorschlägt. Darauf verzichten, frei zu denken, und seine *ahwā'* dem Gruppeninteresse unterordnen, das ist der Pakt, der zum Frieden führt. *Salām* wird einkehren, wenn das Individuum es hinnimmt, auf seinen Individualismus zu verzichten. *Hawā* ist zunächst einmal Begierde und Leidenschaft, aber auch ein Synonym für Meinung, nämlich für das individuelle, ungezügelte Interesse einer Person, die die Existenz der anderen vergißt und nur an den eigenen Vorteil denkt. Die Begierde, per Definition individuell, ist das Gegenteil von *raḥma*, der hochgradigen Sensibilität für den anderen, für alle anderen, für die Gegenwart der Gruppe. Der Islam ist von Anfang an ein anfälliger Friede, der durch die Leidenschaften als unberechenbarem Ausdruck des Individualismus ständig von innen bedroht ist. Die Unterordnung unter die Gruppe wird mit *'aql* (Vernunft) verwechselt und jede Nachsicht gegenüber Präferenzen und individuellen Wünschen wird als irrational gebrandmarkt; *hawā* wird auf diese Weise zum Inbegriff der unsinnigen Launen. Die Bedrohung durch *širk*, die vorislamische Unordnung, wird immer auf der Stadt lasten, denn die Gefahr liegt im Innern und ist der menschlichen Natur inhärent. Der Friede ist ein fragiles Gleichgewicht. *Hawā* und die Pluralform *ahwā'* kommen 30mal im Koran vor, als negativer Pol zur idealen Stadt. Sie ist der Zwischenraum, der Spalt, durch den Zwietracht und Unordnung eindringen können.[9]

Aber, und das ist das Geniale am Islam, es geht nicht darum, die *hawā*, die Begierde, auszuschließen oder auszulöschen, man muß sie nur so handhaben, daß sie nicht die *ḥudūd*, die geheiligten Grenzen, überschreitet. Der Islam verwirft nichts, er lenkt, und das ideale Schema ist das Gleichgewicht. In normalen Zeiten ist im Rahmen eines gewissen Gleichgewichts alles möglich, solange die Sicherheit der Gruppe nicht in Gefahr gerät. Individuelle Ausbrüche können in Schach gehalten werden. »Handle und wäge«, heißt der Schlüsselsatz unserer Mütter und Lehrer, den sie uns täglich einzuprägen versuchten. Es liegt am Individuum selbst, in Ermangelung eines überwachenden Klerus, maßzuhalten und niemals das Interesse der Gemeinschaft aus dem Auge zu verlieren. Man soll sich vergnügen, aber den Sinn für das Kollektiv behalten. Man lebt nicht allein in der Wüste und darf daher seine Umgebung nicht vor den Kopf stoßen. Nicht entsagen, aber auch nicht übertreiben. Dies gilt natürlich nur für normale Zeiten. Wenn die Gemeinschaft angegriffen wird, dann können die *ahwā'* das Schiff ins Chaos steuern.

Das ist eine mögliche Lesart der Affäre Salman Rushdie. Der Imam, der über das so notwendige kosmische Gleichgewicht wacht, damit das Schiff des Islam auf einem feindseligen Planeten nicht untergeht, hat die überschäumende Phantasie als unheilvoll verurteilt. Salman Rushdie ist ein Romanschriftsteller. Seine Arbeit ist die der Imagination, die am wenigsten zu kontrollierende Zuflucht der Einzigartigkeit, der kleine geheime Garten jeder Person, der sich jeder Zensur entzieht, jedem Kompromiß. Man kann jemanden zwingen, sich zu unterwerfen, aber man kann niemals seine Einbildungskraft kontrollieren. Das ist auch eine mögliche Lesart für die Verschwörung gegen die progressiven Intellektuellen, die seit dem Zweiten Weltkrieg versucht haben, die westliche Philosophie der Aufklärung einzuführen. Dies ist schließlich auch eine Lesart für die Kriegserklärung gegen die Mutaziliten. Man könnte die Liste verlängern; Tatsache ist, daß seit 15 Jahrhunderten die Einbildungskraft dazu verurteilt ist, sich außerhalb der *ḥudūd* zu bewegen. Es ist kein Zufall, daß unsere großen Denker in Paris und London oder den USA sind. Die Einbildungskraft ist der Ort aller Subversionen. Wenn die umliegenden feindlichen Länder die Wache aufziehen, dann ist das nicht der passende Moment, sich hinter seinem egoistischen Individualismus zu verschanzen und sich in seine Einzigartigkeit zu flüchten, so heißt es. Man wird darauf zurückkommen müssen, denn genau dort wird sich die Zukunft des Islam und sein Überleben im 21. Jahrhundert abspielen. Es ist notwendig, daß die Umma ihre Sicherheit auf andere Dinge stützt als auf das Verbot der Gedankenfreiheit. Man kann nicht länger die Einbildungskraft verbieten, die Freiheit, nachzudenken oder sich etwas vorzustellen, denn sie ist der Ort der Erfindungen, die Quelle des Reichtums im elektronischen Zeitalter! Hier muß die große Kulturdebatte stattfinden, die anzunehmen und vor allem zu lösen die Muslime gefordert sind. Und die fanatischen und unkultivierten Führer, die in den modernen Wissenschaften kaum bewandert sind, können uns bestimmt keine Lösung anbieten. Sie sollten sich in ihre *raḥma* hüllen, nachdenken und demütig lernen.

Der Islam ist im Grunde eine dynamische Religion, er stellt ein fragiles Gleichgewicht zwischen zwei Polen her, einem negativen *(hawā)* und einem positiven *(raḥma)*. Er ist eine ausgewogene Beziehung zwischen der Begierde und der Macht, die der Stadt Heilung bringt und nicht nur den Frieden verspricht, sondern auch diese Zärtlichkeit, die uns so manche Festabende verzauberte. Diese Idee ist im ursprünglichen Islam sehr stark. Wenn man sich nicht den Gesellschaftsvertrag – Friede gegen Freiheit – vergegenwärtigt, kann man auch nicht verstehen, warum alle Wörter, die mit Gedankenfreiheit, schöpferischer Freiheit und Improvisation zu tun haben, verdammt und mit Verboten belegt werden, und warum der große Verdammte dieses Jahrhunderts Salman Rushdie ist, ein Romanschriftsteller, der allein aus seiner Vorstellung schöpft, und nicht ein Wissenschaftler, der die Wirklichkeit beschreibt.

Die Einbildungskraft – Ort aller Perversionen

Die Einbildungskraft, d. h. jener Bereich des Denkens, der wie losgelöst von der Realität und seiner selbst nicht mächtig erscheint, dieser Bereich der Freiheit, den die Gruppe nicht kontrollieren kann, heißt auf arabisch *ḫayāl*, was dieselbe Wurzel hat wie das Pferd *(ḫail)*. *Lisān al-ʿarab* erläutert, daß man deshalb das Pferd *ḫail* nenne, weil in seinem Gang etwas Herausforderndes liege, weil es mit Arroganz daherkomme. Man sagt auf arabisch z. B. »er ist ohne Zügel« von jemandem, der sich egoistisch und narzistisch verhält. Der Geist wird oft mit einem Pferd verglichen, und man weiß, daß die arabischen Pferde zu den schönsten der Welt gehören, weil sie elegant und schnell sind. Das Pferd und der Vogel bei uns sind sehr starke Symbole für Freiheit. Wenn ich manchmal an einer offiziellen Konferenz in einem arabischen Land teilnehme – und alle Konferenzen werden organisiert, um schließlich in die Unterzeichnung irgendeiner Resolution zu münden – und am Ende der Sitzung mich weigere, was auch immer zu unterschreiben, dann hören alle Versuche, mich zu beeinflussen, mit einem Schlag und wie durch Magie auf, wenn ich den Satz *anā ṭair ḥurr* ausspreche – ich bin ein freier Vogel. *Ḥurr* ist uns ja aus der *ǧāhilīya* überliefert, wo der freieste Mann der Aristokrat war, jener, der keinen Herrn über sich hat, wobei das Gegenteil von *ḥurr* der Sklave ist.

Die Freiheit *(al-ḥurrīya)* hat immer einen doppeldeutigen Sinn in der muslimischen Kultur gehabt. Der Begriff war nie eindeutig positiv besetzt, denn er ist einfach mit der Anarchie in der *ǧāhilīya* verknüpft. F. Rosenthal hat recht mit seiner Bemerkung, daß politisch »nicht von einer Person erwartet wurde, daß sie eine freie Wahl über die Art und Weise, wie sie regiert werden wolle, treffe. Manchmal jedoch bestand sie auf ihrem Recht, von den Männern an der Macht als gleichwertig angesehen und behandelt zu werden«, und, so fügt er hinzu, *al-ḥurrīya*, von der die Sufis sprechen, ist die Unterwerfung unter Gott.[10] Die Freiheit der Sufis jedoch bedrohte die Kalifen, weil sie die Schranke zwischen Gott und den Menschen zerstörte. Indem sie den Menschen vergöttlichten, gaben die Sufis ihm alle seine Rechte zurück. Auf jeden Fall liegen die Wurzeln des Verbotes, die Vorstellungskraft und den Geist frei schweifen zulassen, in dieser Angst vor der exzessiven Individualität. Die allgemeinen Freiheiten – *ḥurrīyāt ʿāmma* –, von denen die Charta der Menschenrechte spricht, klingen eher wunderlich in einer Gesellschaft, die die Besonderheit fürchtet und sie als Quelle aller Ungleichgewichte ansieht. Wenn sich der arabische Staat – wie im Unabhängigkeitskampf versprochen – nach Erlangung der Unabhängigkeit bemüht hätte, uns über unsere Befreiung nachdenken zu lassen, hätte man diese allgemeinen Freiheiten auch praktizieren können. Man hatte reichlich Zeit, uns mit dieser Freiheit vertraut zu machen, vor der es all jenen graust, die nur ein winziges Stück Autorität besitzen. Alle brechen in Hysterie aus, sobald ein Heranwachsender oder eine Frau verkünden, daß sie frei sein wollen. Aber verweilen wir noch bei diesem *ḫayāl*, diesem sanften Windhauch, der trotzdem Armeen ins Wanken bringt und sowohl die *šāwīšīya* als auch die Wächter alarmiert.[11]

Das Pferd ist klüger als der Reiter

Ich bin immer wieder hingerissen vom Anblick eines rassigen, nervösen und bebenden arabischen Pferdes. So viel äußerlich sichtbare Energie! So viel Aufruhr auf jedem Quadratzentimeter! Und ich liebe es, Männer und Frauen zu betrachten, die trotz aller Risiken diese Eigenschaften bei uns haben, und wunderbarerweise findet man viele, wenn man nur sucht. Ich habe immer auch die guten arabischen Reiter bewundert, d. h. diejenigen, die nicht versuchen, boshafter als das Tier zu sein, das sie scheinbar beherrschen. Ich bin eine eingefleischte Städterin, geboren in einer Stadt aus dem 8. Jahrhundert, wo die Straßen so eng sind, daß die Stadt auf Eselsrücken versorgt werden mußte. Bis zum 20. Lebensjahr habe ich immer Schulter an Schulter mit Eseln gespielt, die mehr oder weniger gehorsam und vor allem sehr langsam waren, weil die Straßen mit Steinen gepflastert waren.[12] An Festtagen, wenn ich in die Umgebung mitgenommen wurde, um der Fantasia zuzuschauen, den Spielen der Bauern auf ihren aufgeschirrten und herrlich geschmückten Pferden, galt meine Bewunderung nicht so sehr dem Reiter als vielmehr dem Pferd. Vor allem bereitete es mir und den anderen Kindern immer den größten Spaß, daß die Pferde unberechenbar waren. Die Stürze der Reiter waren stets die Höhepunkte. Wenn ich an jene Schauspiele meiner Jugend zurückdenke, werde ich mir bewußt, daß die Leute, auf jeden Fall die Kinder, sich mit dem Pferd und nicht mit dem Reiter identifizierten. Erst im Alter von 40 Jahren stieß ich auf das arabische Sprichwort, das alle kannten außer mir: Die Pferde sind klüger als die Reiter.

Sicher ist, daß die Araber besser als irgend jemand sonst wissen, daß es lächerlich ist, ein Rassepferd beherrschen zu wollen, und daß es noch viel schwieriger ist, die außerordentliche Freiheit eines menschlichen Gehirns zu kontrollieren. Wenn man sich die Art und Weise anschaut, wie man sich unserer Erziehung annimmt, und das Mißtrauen und die Gewalt in der Lehrer-Schüler-Beziehung beobachtet, dann läßt sich, ohne allzusehr danebenzuliegen, daraus ableiten, daß der Geist von Natur aus aufsässig ist und jeder Beeinflussung widerstrebt. Man hat den Eindruck, daß im Grunde der Geist störrischerweise souverän ist, warum sonst hätte mich *Lallā Fqīha* mit so viel Rachsucht geschlagen, überwacht und angetrieben. Sie wußte, daß ihre Macht utopisch ist.

Auch die Arroganz wird im Koran verurteilt. »Wahrlich, Allah liebt nicht die Stolzen, die Prahler«.[13] *Ḫayāl*, die Einbildungskraft, und *iḫtiyāl*, die Arroganz, gehen auf dieselbe Wurzel zurück. Sich etwas vorzustellen, ist voller Risiken, weil es sich tatsächlich um eine schöpferische Kraft handelt, und in Bildern zu denken u. a. bedeutet, eine andere Wirklichkeit zu schaffen. »Etwas glauben *(ẓanna)*, bedeutet in Bildern schaffen *(taṣawwaruhu)*«, sagt der *Lisān al-ʿarab*. Die bildhafte Darstellung ist mit einem Verbot belegt, denn die Bilder, die die Araber schufen, waren die von Idolen, die *aṣnām*. Es waren die Reproduktionen persönlicher Götter, die ihres Stammes, der nur einige Familien umfaßte. Und wir werden bald sehen, daß der Mensch eines Stammes seinen Göttern nicht so sehr unterworfen (verpflichtet) war, wie man glaubt, denn wenn sie ihn ärgerten, ließ er sie schlichtweg fallen.

Das Verbot der bildhaften Darstellung

Das Bild heißt *aṣ-ṣūra*. Für Fotograf haben wir kein anderes Wort als *muṣawwir*. Jeder hat schon die Irritation bemerken können, die Funktionäre, Wächter in öffentlichen Gebäuden oder Polizisten erfaßt, wenn man in muslimischen Ländern mit einem Fotoapparat ankommt. Aber ich will nicht von dem in der ganzen Welt verbreiteten Verbot, in Museen zu fotografieren, sprechen. Ich möchte von der übertriebenen Aggressivität sprechen, die demjenigen entgegenschlägt, der mit einem Fotoapparat in der Medina spazierengeht. Ich weiß nicht, wie die Fotografen in arabischen Ländern ihr Leben fristen, aber jedesmal, wenn ich versuchte, einen Baum oder eine Tür oder eine Fliege zu fotografieren, ist es schlecht ausgegangen. 1987 hatte mir ein junger Ägypter verboten, die Sphinx zu fotografieren. Ich beruhigte ihn, denn er war sehr viel stärker als ich, indem ich ihm meinen Fotoapparat aushändigte, wie man sich einem kleinen Kind gegenüber verhält, um seinen Zorn zu besänftigen. Aber ich fühlte mich erniedrigt und vor allem müde. Er vermieste mir die Ferien. Mit einer Kinderstimme fragte ich ihn, womit ich denn *al-kaun* (den Kosmos) gestört hätte. Dann sagte ich weinend zu ihm, daß er mich unterdrücke und ich schwach sei, was die sicherste Methode ist, um einen arabischen Mann zu entwaffnen. Mein Peiniger gab mir den Fotoapparat zurück, indem er verwirrt stammelte: »Ich weiß nicht.« Er hätte es aber wissen müssen. »Die Leute, die von Allah am Tag des Jüngsten Gerichtes am härtesten bestraft werden, sind die *muṣawwirūn*«, erzählt uns *al-Buḫārī* in seinem *aṣ-Ṣaḥīḥ*.[14] Die Engel, erklärt er, betreten niemals ein Haus, wo es einen Hund gibt oder eine *taṣāwīr*. Und *taṣāwīr* ist jede von menschlicher Hand hergestellte Reproduktion des Menschen. Denn so hat der Kult der Idole begonnen. Die Menschen stellten Bildnisse her, die sie dann anbeteten.

Ein ferner Vorfahre der Araber, *Amr Ibn-Luḥayy*, soll »der erste gewesen sein, der den Kult der Idole zur Kaaba brachte«. Er soll Syrien besucht und dort gesehen haben, wie die Leute Gegenstände anbeteten. Er fragte sie: »Was ist das?« Sie sollen ihm geantwortet haben: »Wir verwenden sie, um vom Himmel Regen zu erbitten und über unsere Feinde zu siegen.« Daraufhin bat er sie, ihm auch welche davon zu geben. Und er kehrte nach Mekka zurück und stellte sie um die Kaaba herum auf.[15] Das Verbot, ein Bild von menschlichen Wesen zu reproduzieren, verknüpft daher für alle Zeiten zwei Dinge in unserem Unterbewußtsein miteinander, die sich in unseren modernen Zeiten der Telekommunikation als Hauptdarsteller herausgestellt haben: das Bild und den Individualismus. Das Schöpferische, die Einbildungskraft, die Einzigartigkeit – all dies sind Facetten einer Energie, die so märchenhaft und so gefährlich wie die Spiegel und die Träume ist. »*Ḫayāl*«, sagt *Ibn-Manẓūr*, »sind die Bilder, die für dich zu existieren scheinen, ob beim Aufwachen oder im Traum, ... und deshalb nennt man den Schatten im Spiegel *ḫayāl*, genau wie das, was unser Körper in der Sonne auf den Boden wirft.« Alle Wörter für »erschaffen«, wie *ḫalaqa* und *bada'a*, sind gefährlich und mit Verboten belegt. Jede Neuerung ist eine Übertretung der Ordnung der Dinge. *Ibn-Manẓūr* sagt sogar, *ḫalaqa* ist im Fall eines menschlichen Wesens ein Synonym für lügen *(kaḏaba)*.[16] Drei Wörter werden bis heute von den Verteidigern des Glaubens als Fallbeile benutzt, nämlich *kāfir, mulḥid, zindīq*, und sie drücken alle im Grunde dasselbe aus: vom rechten Weg abweichen. Der religiöse Fanatismus ist wie jedes totalitäre System Träger der Gewalt in dem Maße, wie die Worte gleich Guillotinen funktionieren; es genügt für den, der im Namen Gottes spricht, dich als *mulḥid* (Atheist) oder *kāfir* (Ungläubigen) anzuklagen, um dich zu einer Zielscheibe gerechtfertigter Bestrafungen zu machen. Es ist aber so, daß gerade in dieser Entfernung von der Gruppe Schöpfung und Erneuerung stattfindet, weshalb wir mit Ausdauer und Gelassenheit uns jedem einzelnen dieser Wörter zuwenden müssen, um ihnen ihr Wesen zu entlokken und ihre Nuancen zu entschlüsseln.

Es ist verwirrend festzustellen, daß *kufr* (Ungläubigkeit) beinahe das Gegenteil von *fikr* (Denken) bedeutet; auf jeden Fall gehen beide auf dieselbe Wurzel zurück, nur umgekehrt, ver-rückt, wie in Träumen und bei Versprechern. Der *kāfir* ist einer, der auslöscht, der die erhaltenen Wohltaten ignoriert, einer, wie der *Lisān* sagt, der undankbar ist gegenüber Gott, der ihm den Weg *(zindīq)* gewiesen hat. Mit dem aus dem Persischen entlehnten *zindīq* wird derjenige bezeichnet, der nicht ans Jenseits glaubt und nicht an den Einen Gott. Das ist derjenige, der sich die Dinge zu einfach macht, denn er beraubt sich der Ewigkeit.[17] Durch einen Spiegeleffekt geraten alle drei Begriffe in das schwarze Loch, den Abgrund Satans. Und *zindīq* ist auch, so heißt es weiter, ein Synonym für *mulḥid. Zindīq* und *kāfir* stehen unter dem Einfluß des Satans, *šaiṭān*, und dieser tummelt sich, wie wir wissen, im Bereich der Begierden und Leidenschaften *(ahwā')*. Alles, was sich in den *ḥudūd*, den schützenden Grenzen, beengt fühlt, ist satanisch.

Eine der Definitionen von *šaiṭān* ist laut *Ibn-Kaṯīrs* Kommentar zur rituellen Formel, die wir (mindestens) zehnmal täglich aussprechen, *a'ūḏu bi-llāhi min aš-šaiṭān* (»Ich erflehe den Schutz Allahs gegen den Teufel«), diese: »In der arabischen Sprache kommt *šaiṭān* aus der Wurzel *šaṭana*, was bedeutet, daß man sich vom normalen menschlichen Betragen entfernt und in irgendeiner Weise aus der Reihe tritt.«[18] Diese Definition von *šaiṭān* ist wichtig, weil sie uns an das Wesen der Ordnung, an die Begriffe des Gesellschaftsvertrages und die Bedeutung der Rebellion erinnert: »*Šaiṭān* ist der Rebell, sei es unter Menschen oder unter den Djinns oder den Tieren; alles, was rebelliert, ist *šaiṭān*... Der *šaiṭān* ist so genannt worden, weil er subversiv ist, weil er mit seinem Verhalten und seinen Handlungen das allgemein gültige Verhalten übertritt, das Verhalten, das zum Guten führt...«[19] Dies ist genau der Punkt, an dem die Überlegung und die Diskussion, die alle Muslime zu führen gefordert sind, ansetzen müssen: Die Beziehung zwischen dem Guten und dem individuellen Denken, das Problem des öffentlichen Interesses und der individuellen Entfaltung.

Denn das ist das Problem, das sich auch im Mekka des Jahres 8 stellte: öffentliches Interesse (Friede) oder individuelles Interesse *(ahwā')*. Aber auch wenn das Problem heute dasselbe ist wie vor 15 Jahrhunderten, so kann man doch nicht dieselben Parameter und dieselbe Dynamik ins Spiel bringen und sich nicht auf dieselben Lösungen berufen.

Die Bedingungen der zivilisatorischen und technologischen Entwicklung sind derart, daß es nicht mehr nötig ist, uns in irgendeiner Weise zu verstümmeln. Wenn die arabischen Parlamente begännen, normal zu funktionieren, und die Leute den demokratischen Dialog praktizierten, um zu entscheiden, welche Straßen gebaut, welche Schulen errichtet, welche Arbeitsplätze geschaffen werden sollen, wird man eine andere Auffassung von der Freiheit gewinnen als unsere unglücklichen Vorfahren der *ǧāhilīya*.

Der Gesellschaftsvertrag im Islam

Die Idee eines einzigen Gottes, diese Botschaft des Propheten Mohammed, in Mekka geboren und zu dem Stamm der *Quraiš* gehörend, einem der mächtigsten Arabiens, folglich groß geworden in einer polytheistischen Stadt, wurde anfangs einfach als bizarr empfunden. Im übrigen ist der Koran die beste Quelle für diese Unfähigkeit seiner Zeitgenossen zu verstehen, worauf er hinauswollte:

»Macht er die Götter zu einem einzigen Gott? Dies ist fürwahr ein wunderbarlich Ding.«[20]

Es ist nicht so, daß die großen Persönlichkeiten des Stammes *Quraiš* mit dem Propheten nicht einverstanden gewesen wären, vielmehr verstanden sie ganz einfach nicht, wovon er sprach. »Will Mohammed alle Göttlichkeiten auf eine einzige reduzieren? Will er uns dazu bringen, daß wir alle dasselbe Gebet sprechen? Er weiß doch sehr gut, daß jeder von uns seinen eigenen Gott anbetet.«[21] Alle Glaubensauffassungen auf eine zu reduzieren, das war für sie Magie, und sie behandelten den Propheten als *saḥḥār* (Zauberer), wie in derselben Sure zu lesen ist.

Die Freiheit des Denkens einzuschränken, lief für die Araber im Jahre 8/630 darauf hinaus, nicht nur die 360 Götter zu zerstören, sondern auch die Tausende, um nicht zu sagen die Millionen kleiner Götter, die täglich von den Menschen geschaffen wurden, zu Hause oder auf ihren Reisen durch die Wüste. Man kann von einer richtigen Industrie von Idolen sprechen, bei der, je nach Wohlhabenheit, jeder Stamm, jede Stadt oder Gruppe eine Statue ihres Idols ihren Mitteln entsprechend bestellen konnte.

»Wenn das Idol in Form eines menschlichen Wesens aus Holz oder Silber hergestellt wurde, nannte man es *ṣanam*. Wenn es aber aus Stein gemacht war, nannte man es *waṭan*.«[22]

Das Idol aus Holz »war notwendigerweise den Edlen und Reichen vorbehalten, wie alle importierten Produkte«.[23] Dabei handelte es sich um eine ostentative Investition einer Gruppe in ihr offizielles Idol, das im Tempel oder auf einem öffentlichen Platz aufgestellt wurde, im Gegensatz zu den kleinen Modellen, die für den häuslichen Kult in Heimarbeit hergestellt wurden. Wie also sollte man die Kulte vereinen, wo die Freiheit des Denkens sich bis in die häuslichen Praktiken hinein fortsetzte?

Doch der Islam kam auf die Welt, um das Unmögliche zu vollbringen, das ist seine ideelle Kraft und einer der Gründe für seine weltweite Verbreitung. Die irdischen Probleme sind nicht unlösbar. Ihre Lösung liegt in der Fähigkeit der Gruppe begründet, sich zu verstehen und zu einigen. Dies gibt dem Islam seinen pragmatischen Charakter und führt dazu, daß es schwierig ist, ihn von der Politik loszulösen. Er ermutigt die religiösen Autoritäten nicht dazu, sich der Meditation hinzugeben wie die hinduistischen Fakire. Selbst die Leute, die auf der Suche nach Geistigkeit sind, wie die Sufis, müssen wenigstens mit einem Bein fest auf der Erde bleiben, wenn sie eine gewisse Glaubwürdigkeit gewinnen wollen, und ihre Hauptaufgabe besteht in gewisser Weise darin, die öffentlichen Probleme zu lösen, selbst wenn diese außerordentlich kompliziert sind. In weniger als 17 Jahren (vom Jahre 613 u. Z., als er öffentlich zu predigen begann, bis 630 u. Z., als er Mekka eroberte), gelang es dem Propheten, indem er an der einen Idee, so unbegreiflich sie auch schien, festhielt, die Statuen der Götter und Göttinnen zu zerstören, um die Araber um *al-wahīd*, den Einzigen, zusammenzuschließen. Das war ein Gewaltakt, um nicht zu sagen ein Wunder, denn anfangs war niemand von der Idee überzeugt, daß der Friede über diese Reinigung der Kaaba zu gewinnen sei. Denn niemand sah den Zusammenhang zwischen Vielfalt und Gewalt. Dem Rat der *Quraiš* schien es eine viel einfachere Lösung, daß der Prophet seinen Gott zur Kaaba brächte und die anderen machen ließe, was sie wollten. So lautete auch ihr Vorschlag: »Er soll aufhören, unsere Götter zu beleidigen«, schloß die Delegation der *Quraiš* bei einer historischen Unterredung, zu der sie *Abū-Ṭālib* aufgefordert hatten, den Onkel und Beschützer des Propheten und den einzigen, der ihm einen Rat geben konnte. »Er soll aufhören, unsere Götter zu beleidigen, und wir lassen ihm seinen Gott *(wa-nada'uhu wa-ilāhahu)*.«[24] *Abū-Ṭālib*, der zu den Weisen der Stadt gehörte, wandte sich, nachdem er die Darlegung der Delegation gehört hatte, an den Propheten und sagte ganz einfach: »Sohn meines Bruders, diese Delegation ist die repräsentativste des Stammes, dem du angehörst. Sie verlangen von dir nur Gerechtigkeit, wenn sie fordern, daß du aufhörst, ihre Götter zu beleidigen, und im Gegenzug werden sie dich ruhig deinen Gott anbeten lassen.«[25] Die Delegation wartete auf das erlösende Wort des Propheten, denn sie wollte einen Kompromiß finden und in der Stadt Frieden einkehren lassen. Der Prophet antwortete, er wolle nicht mehr von ihnen, als daß sie einen einzigen Satz aussprächen, dann würde er sie in Ruhe lassen; dieser Satz würde es ihnen erlauben, alle Araber zu unterwerfen und die *a'ǧim* (Nicht-Araber) zu beherrschen.[26] Erleichtert antworteten die Mitglieder der Delegation mit Eifer: »Aber welchen Satz denn? Wir sprechen auch zehn aus, wenn du willst.« Sie zeigten sich sehr entgegenkommend. Darauf sagte ihnen der Prophet, daß es genüge, die Formel der *šahāda* auszusprechen, die erste Handlung, um Muslim zu werden. »Sagt: *Lā ilāha illā 'llāh* (Es gibt keinen Gott außer Allah).« Sie weigerten sich natürlich und antworteten ihm: »Du kannst von uns alles verlangen, nur das nicht.«

Daraufhin sprach der Prophet den Satz, den wir noch heute nachsprechen, um auszudrücken, daß man auf keinen Fall bereit sei, sich auf einen Kompromiß einzulassen: »Selbst wenn es euch gelänge, die Sonne einzufangen, und ihr sie mir brächtet und mir in die Hände legtet, ich änderte nicht meine Meinung. Ihr sprecht diesen Satz aus oder nichts.«[27] Diese Zusammenkunft war schicksalhaft. Die Stadt war fortan buchstäblich in zwei Lager geteilt. Das Koranwort, das verwendet wird, um diese Meinungsverschiedenheit auszudrücken, ist *šiqāq*, Spaltung, die sowohl die Gemeinschaft als auch den Himmel in zwei Teile spaltet. Im Islam gilt daher die Zahl zwei als Zeichen der Verfluchung. Und das Wort *šiqāq* leitet auch die Sure 38 ein, in der die einleitenden Verhandlungen des Rats der *Quraiš* mit dem Propheten beschrieben werden. Als man sich klargeworden war, daß der Prophet keinen Kompromiß hinsichtlich des Einen akzeptieren würde, blieb nichts anderes, als ihn aus der Stadt zu verjagen. Der Gegensatz zum Einen wird für alle Zeiten mit einem negativen Vorzeichen versehen sein, und alle Worte, die das bis heute ausdrücken, wie *ḥizb* (Partei) und *šīʿa* (Gruppe, die eine unterschiedliche Meinung hat), haben diesen sektiererischen Charakter, dessen Wurzel in jener Epoche zu suchen ist. Sie meinen alle die Spaltung *(šiqāq)*, den unheilbaren Riß. »Das Wort *ḥizb*, das in der ganzen arabischen Welt gebraucht wird, um die politische Partei im modernen, d. h. westlichen Sinn zu bezeichnen, bezieht sich auf *ǧunūd al-kuffār* (die Armeen der Ungläubigen), jene, die sich gegen den Propheten verbündeten und gegen ihn Komplotte schmiedeten«[28], d. h. die *Quraiš*-Leute, die für die Gedankenfreiheit und die Vielfalt der Götter waren. »Jene, die eine andere Auffassung der Dinge haben«, werden im Koran verdammt als »jene, die ihre Religion geteilt haben und zu Sekten geworden sind«.[29] *Šīʿa* (Schia) bezieht sich hier auf die jüdischen und christlichen »Sekten«, denn so betrachtet der Islam *ahl al-kitāb*, die Völker der Schrift. Am Anfang waren alle Menschen auf dem rechten Weg, aber in der Folge sind einige vom rechten Weg abgewichen und zu Sekten geworden, und der Ur-Islam[30] hat die Schia zur Welt gebracht, d. h. diejenigen, die vom rechten Weg abgewichen sind: die Juden und Christen. Der Prophet Mohammed, der letzte Gesandte Gottes, ist gekommen, die Scheidung aufzuheben und alle Welt wieder auf den rechten Weg zu führen, den des Islam. Vor wie auch nach Mohammed also wird der Bruch des Konsenses mit Abweichung gleichgesetzt. Der Islam begreift sich, was der Westen oft vergißt, als in der jüdisch-christlichen Tradition verwurzelt. Sie ist sein geistiges Erbe, doch werden Juden und Christen als Sektierer verurteilt, weil sie die ursprüngliche Botschaft pervertiert hätten. Hätte es nicht diesen Zwist gegeben, dann wären die drei Zweige der Völker der Schrift *(ahl al-kitāb)*, all jene, denen die Gnade einer göttlichen Offenbarung zuteil wurde (Juden, Christen, Muslime), einige Brüder.

Die Spaltung des Islam in Sunna und Schia ist der historische Beweis, daß Meinungsabweichung als Schwächung der Gruppe erlebt wird und es besser ist, die oppositionelle Gruppe auszuschließen und sie getrennte Wege gehen zu lassen, wenn sie zu stark ist. Der Widerspruch wird als Trauma aufgefaßt, als eine furchtbare Situation, denn sie erinnert an die Gewalt in Mekka vor dem Triumph des Einen. Eine Möglichkeit der Muslime, an diesem Problem zu arbeiten, bestand darin, die Begriffe *'aql* (Vernunft) und *ra'y* (individuelle Meinung) zu diskutieren und zu rehabilitieren, wie es die Mutaziliten und die »Philosophen« vorgeschlagen haben; doch diese Möglichkeit wurde im Mittelalter gewaltsam zurückgewiesen und bis in das 19. Jahrhundert aufgeschoben. Als dann im Kielwasser der Kolonialarmeen die Idee der parlamentarischen Demokratie auftauchte, sahen die Nationalisten die Notwendigkeit, diese Debatte wieder auf die Tagesordnung zu setzen; doch auch diese zweite Chance, den Dissens innerhalb der Gemeinschaft zu diskutieren, wurde, wie wir gesehen haben, vertan. Der unabhängige Staat setzte ausschließlich auf die Karte der Notwendigkeit der Einigkeit, erklärte der heimischen Opposition den Krieg, steckte ihre Führer ins Gefängnis und zensierte die Intellektuellen. Am Vorabend des Jahres 2000 ist die arabische Welt orientierungslos und ökonomisch besiegt, doch die Hauptursache ihrer Niederlage, ihr undemokratischer Charakter, kann nur durch das Verständnis der heiligen und stark verschlüsselten Begriffe analysiert werden, die gegen das Individuum und die Meinungsvielfalt gerichtet sind.

Die Hegemonie des Heiligen in der modernen politischen Sprache ist um so erstaunlicher, wenn man sich daran erinnert, daß der Zusammenschluß um den Einen zu einem sofortigen und strahlenden Sieg geführt hatte. Erinnern wir uns – das ist wichtig, um nicht die zeitliche Orientierung zu verlieren –, daß die Probleme mit dem Rat der *Qurais̆*, der für die Ordnung in der Stadt verantwortlich war, erst auftauchten, als der Prophet 613, über 40jährig, öffentlich zu predigen begann. Die für die Sicherheit der Stadt verantwortlichen Notablen hatten die Gewalt jedoch nicht weiter verschärft; erst neun Jahre später, im Jahre 622 u. Z., entschlossen sie sich, den Propheten davonzujagen, d. h. genauer, ihn zu liquidieren. 622 u. Z. war das Jahr des Bruchs zwischen dem Rat von Mekka und dem Propheten, für den es nun keinen Weg zurück mehr gab. Er mußte sich, um zu überleben, zur Emigration entschließen. Er ging nach Medina, aber nicht, um dort zu bleiben. Im kollektiven Bewußtsein der Muslime ist die Emigration keine definitive Entscheidung, sondern ein Umweg, um an den Ausgangspunkt zurückzugelangen: nach Mekka, wohin der Prophet siegreich zurückkehrte, um die Vielfalt auf das Eine zu reduzieren.[31] Gleichwohl beginnt der muslimische Kalender mit dem Moment, wo der Bruch zwischen Polytheismus und Monotheismus endgültig ist, d. h. mit dem Jahr 622 u. Z. Das Wunder des Propheten ist es, erfolgreich zu seinen Lebzeiten bewiesen zu haben, daß sein Modell wirksam ist. 630 u. Z. besetzte er Mekka und drang als Sieger in seinen Tempel, die Kaaba ein, den heiligsten Ort aller Araber. Die Vereinigung Arabiens war beinahe abgeschlossen, als er 632 u. Z. starb. Die Welle des Erfolgs und des Triumphes ist ins Rollen gekommen: 634 u. Z. erleidet die römische Armee ihre erste Niederlage in Syrien, und 637 u. Z. wird die persische Armee in der Schlacht von *Qādisīya* besiegt; an diese Schlacht hat übrigens Radio Bagdad pausenlos während des Krieges gegen den Iran und während des Golfkrieges erinnert. Jerusalem wird 638 u. Z. genommen, Zypern 649 u. Z., Persepolis 649–650 u. Z. Im Jahr 655 u. Z. greift die muslimische die römische Flotte südöstlich der anatolischen Küste an; der Kaiser von Byzanz, der das Kommando führt, kann gerade noch rechtzeitig entfliehen.

Der Kampf zwischen *širk* (Freiheit – Vielfalt) und dem Islam war nicht eine Schlacht um eine Stadt, es war eine Schlacht um die Eroberung des Himmels und die Aneignung der Zeit. Jede Truppenbewegung, jedes Eindringen einer fremden Armee auf das geheiligte Territorium weckt die Erinnerung an das Jahr 8/630, genannt das Jahr des Triumphes, bringt die geheimsten Windungen muslimischen Unterbewußtseins zum Erbeben, versetzt die vergessensten Regungen und Archetypen in Schwingung und mobilisiert alle symbolischen Zeichen, die sie ausdrücken. Genau dies ist durch den Aufmarsch der amerikanischen Truppen auf dem geheiligten Gebiet des Islam passiert, dessen heiligster Ort nach wie vor Mekka und seine Umgebung ist. Riad, die moderne Hauptstadt, hat nicht diese symbolische Bedeutung. Die religiöse Sprache des amerikanischen Präsidenten, gespickt mit »God bless America« (Gott segne Amerika), schuf größte Verwirrung und machte auf viele den Eindruck, als ob selbst die Satelliten im Dienst himmlischer Machenschaften standen. Ein Krieg der Religionen, eine weltweite Verschwörung, um den Islam zu zerstören und eine andere Religion zum Sieg zu führen, die des arroganten und kapitalistischen Amerika, auch wenn Mr. Bush sich von Zeit zu Zeit außer auf Gott auch auf freedom, Freiheit, berief. Man kann sagen, daß der amerikanische Präsident die Muslime ebensosehr wie mit den auf Bagdad geworfenen Bomben mit seiner rituellen Formel »May God bless the

United States of America« terrorisiert hat. Damit beendete Mr. Bush seine zu trauriger Berühmtheit gelangte Rede zur Lage der Nation im Januar 1991, in der er seinem Volk erklärte, warum er die Truppen »half way around the globe« in Marsch gesetzt habe. Die Muslime rieben sich die Augen und fragten: »Aber von welchem Gott spricht er?« Die Gassen der Medina brodelten nur so: Sieh an, Amerika, das man immer für unheilbar materialistisch hielt, schlägt sich nun für seinen Gott. Die kleinen Leute verstanden nicht den Inhalt dieser von den Medien in die ganze Welt hinaustrompeteten Rede, in der der amerikanische Präsident erklärte, das Kriegsziel sei die Verteidigung von Demokratie und Freiheit: »Der Wind des Wandels ist jetzt mit uns. Die Kräfte der Freiheit sind vereint. Wir schreiten in das nächste Jahrhundert, zuversichtlicher denn je zuvor, da wir den Willen haben, zu Hause und draußen das zu tun, was getan werden muß, das schwere Werk der Freiheit.« Die Leute waren doppelt überrascht. »Ist die Demokratie eine Religion?« hat mich mein Torhüter zwischen zwei *salām ʿalaik* (Begrüßungen) auf der Treppe gefragt. Die Mischung aus religiösen Begriffen, die in den Reden des amerikanischen Präsidenten stets zusammen mit Freiheit und Demokratie genannt wurden, und dazu die Bomben auf die Zivilbevölkerung von Bagdad, all dies half den arabischen Volksmassen kaum zu verstehen, daß dieser elektronische Krieg eine moderne Zielsetzung hatte. Für sie war es sehr wohl ein Religionskrieg, und diese Demokratie und diese Freiheit hatten denselben Beigeschmack wie die Angriffe käuflicher und egoistischer präislamischer Horden im 7. Jahrhundert und die nachfolgenden Kreuzzüge. Mr. Bush erscheint denn auch oft in den Karikaturen als *ṭāġiya*, als pharaonischer Despot. Das edle Ziel des Westens, die Verteidigung der Demokratie, geriet auf Abwege und erinnerte an die brutale

Gewalt der Pharaonen, des halbmythischen Ägypten von Moses und seinen Genossen. Der Golfkrieg, mit den modernsten Mitteln in der Geschichte der Menschheit geführt, zwang die durch die Gewalt der Zerstörung terrorisierten Menschen dazu, eine Orientierung in dem zu suchen, das dem Verstehen entzogen ist: im Mythos und seiner zweideutigen Sprache.

Die Angst vor dem Individualismus

Die arabischen *Ǧāhiliten (ǧāhilīyūn)*, die einem trostlos pragmatischen Rationalismus und vor allem einem grausamen Individualismus huldigten, widerstanden dem Monotheismus, der ihre Nachbarn schon seit mehreren Jahrhunderten erobert hatte, und bevorzugten eine Vielfalt von Göttern, die zu beleidigen und übel zu behandeln sie nicht zögerten, falls diese zufällig nicht genau ihren Wünschen entsprachen. Einen Gott mit Steinen zu bewerfen, ihn zu beleidigen und zu beschimpfen, war eine alltägliche Angelegenheit. Das Mißgeschick des Gottes *Sa'd* , der von den *Banū Milkān*, einem Zweig des Stammes der *Muḍar*, verehrt wurde, ist recht aufschlußreich. Er hatte die Form eines großen länglichen Felsens an der Küste von Falat, in der Nähe von Dschidda. Ein Gläubiger war gekommen, um dessen Segen zu erflehen; er wollte vor allem seine große Kamelherde segnen lassen, die sein ganzer Reichtum war. Er näherte sich dem Idol, um sein Ritual zu erfüllen, als ihm ein kaum vorhersehbares Unglück widerfuhr. Als die Tiere das Blut der dem Gott dargebrachten Opfer erblickten, das man dem Ritus gemäß über dem Felsen ausgoß, ergriff Panik die Herde, und sie entfloh zügellos in die Wüste. Der Beduine wurde von einer Raserei ergriffen, nahm Steine, mit denen er seinen Gott bewarf, um ihn zu strafen. »Welchen Segen kannst du geben, wenn du meine Herde erschreckst?« schrie er außer sich. Als es ihm am Ende gelungen war, seine Tiere wieder einzusammeln, rezitierte er das folgende Gedicht, in dem er seinem Gott erklärte, daß er ihn ab sofort entlasse und aus welchen Gründen dieser nicht mehr auf seine Treue zählen könne:

»Wir sind zu *Sa'd* gekommen, damit ich und meine Herde vereint seien. Und siehe da, *Sa'd* ruft unsere Trennung hervor.

Was ist *Sa'd* in Wirklichkeit anderes als ein verlorener Felsen in einer öden Wüste?«[1]

Ibn-al-Kalbī beschreibt in einer anderen Passage das Mißgeschick eines anderen, noch zauberkräftigeren Gottes, *Dū 'l-Ḫalaṣa*, der von einem seiner Anhänger, dem berühmten Dichter der *ǧāhilīya*, *Imru'al-Qais*, sehr boshaft bestraft wurde.[2] Bevor er den Stamm der *Banū Asad* angriff, um den Mord an seinem Vater zu rächen, machte *Imru'al-Qais* bei seinem Lieblingsgott halt, um das Orakel zu befragen. Die Expedition würde ziemlich gefährlich werden, und er hatte das Bedürfnis, den Segen eines Gottes zu erflehen. Als die Orakel ihm nicht die gewünschte Antwort gaben und davon abrieten, sich zu rächen, wurde *Imru'al-Qais* von einem solchen Zorn ergriffen, daß er nicht zögerte, seinen Gott zu beleidigen. »Friß den Penis deines Vaters! Wenn dein Vater ermordet worden wäre, hättest du mir das nicht geraten!«[3]

Diese beiden Anekdoten geben uns eine Vorstellung von der Arroganz und dem Individualismus bei den Arabern, die sich darin äußerte, daß sie die Götter und ihre Macht ständig in Frage stellten. Man lebte damals in einer Situation, in der das Verhältnis zur Macht genau umgekehrt zu dem war, was der Islam als Ideal vorschlug: Die Götter waren die Geisel des guten Willens und der kritischen Vernunft der Menschen. Das Individuum war der absolute Souverän, der Gott kritisierte und ihn ständig nach seinen eigenen Kriterien bewertete. Diese Souveränität des von seiner eigenen Macht eingenommenen Individuums, diese Arroganz des Menschen, der sich erlaubt, die Götter zu verurteilen, und sie sich als Gleichgestellte vorstellt, gilt als Charakteristikum der *ṭāġiya*, die zu gleichen Teilen vom Kult der eigenen

Person und von den despotischen Neigungen jener Menschen, die auf Erden Macht haben – der Stammeschefs, Könige und Aristokraten –, bestimmt ist.

Moses und der Pharao

Der Koran-Begriff *ṭāġiya* ist ein Synonym für den Tyrannen, der über eine unbegrenzte Machtfülle verfügt. Er hat mehrere Bedeutungen, aber alle sind gleichermaßen negativ; manchmal bezieht er sich auf Rebellion aus maßlosem Stolz, der einer Unterwerfung im Wege steht,[4] manchmal auf die despotische Megalomanie der Pharaonen.[5] Der *ṭāġiya* ist der Führer, der eine verächtliche Haltung gegenüber der ganzen Welt einnimmt, einschließlich der göttlichen. Dem *ṭāġiya* zufolge können nur Blöde, Geisteskranke *(as-sufahā')*, sich einem Gott unterwerfen:

»Und wenn ihnen gesagt wird: ›Glaubet, wie andere geglaubt haben‹, so sprechen sie: ›Sollen wir glauben, wie die Toren *(sufahā')* glaubten?‹«[6]

Diese Souveränität des durchaus unbeugsamen Individuums sollte für die Verbreitung der muslimischen Philosophie unter den Zeitgenossen des Propheten das größte Hindernis darstellen. Ein herausragender Vertreter dieser Arroganz, die das Göttliche daran hinderte, den ihm zustehenden Platz einzunehmen, ist der *Fir'aun* (Pharao), von dessen Ungehorsam gegenüber Moses in mehreren Suren die Rede ist. Der *Fir'aun*, der sich für Gott hält, erleidet im Koran eine vernichtende Niederlage, und diese Geschichte wird denen vorgehalten, denen es an Demut mangelt. *Ṭāġiya* steht in der Sprache der modernen islamistischen Opposition an erster Stelle als Beleidigung, die man den gegenwärtigen muslimischen Staatschefs am liebsten an den Kopf wirft.[7]

Präsident Bush wird in arabischen Karikaturen oft mit den Zügen eines Pharaos dargestellt, wobei er wie der Gott der Bibel deklamiert: »Ich, George Bush, bin euer höchster Gott.« Laut Koran hatte Moses dem Pharao vorgeschlagen, an Gott zu glauben und sich nicht länger selbst für Gott zu halten, woraufhin jener seine Truppen zusammenzog und erklärte: »Ich bin euer höchster Herr.«[8] Und natürlich brachte Allah ihm eine totale Niederlage bei, von der er sich nie wieder erholte.

Niemals hat die Erinnerung an den Koran und seine heilige Symbolik derart ihre Kraft und ihre untergründige Wirkung gezeigt wie während des Golfkrieges, als das gesamte Vokabular der Presse und die Schlagworte des Volkes nur aus diesem Schatz stammten. Schlagworte wie: »Mit dem Koran und dem Glauben wird Amerika eine Niederlage beigebracht«,[9] waren gängig. Da sich Koran auf »American« reimt, war es leicht, zu improvisieren und zahlreiche Wortkombinationen herzustellen. Auch auf den Sozialismus und die Demokratie wurde häufig Bezug genommen, aber die Begriffe *mas'ūlīya* (Verantwortung), *qarār* (Entscheidung) und *ṭabīʿīya* (Natürlichkeit, Regelmäßigkeit) sind nicht so emotionsgeladen und lösen keine tieferen Schwingungen aus. Wenn Mr. Bush immerhin das Privileg hatte, mit einem Pharao verglichen zu werden, so mußten sich die arabischen Staatschefs – da sie keine wirkliche Macht haben – mit weniger schmeichelhaften Vergleichen begnügen wie zum Beispiel *ḥimār* (Esel), was sich auf Dollar reimt:

»*Fahd yā 'l-ḥmār, bēʿti Mekka be-dollār* (Fahd, du Esel, du hast Mekka für Dollar verkauft).«

»*Mubārak yā ḏlīl, bēʿti Mekka w-Nīl* (Mubarak, Elender, du hast Mekka und den Nil verkauft).«

Dieser Archetyp vom Pharao-*ṭāġiya* würde allein schon die dem muslimischen politischen System inhärente Instabilität erklären, wie er auch verdeutlicht, warum es so leicht war und ist gegen seine Führer, von den alten Kalifen bis zu den gegenwärtigen Präsidenten der Republik, zu opponieren. Die Mobilisierung der Volksmassen wird – wie stets – so lange in bezug zum Koran-Begriff der *ṭāġiya* stehen, bis die Demokratie per Erziehung und alltäglicher Praxis die Orte volkstümlicher Kultur, insbesondere die Moscheen und die *Sūqs*, erfaßt hat. Die modernen muslimischen Regime, die sich gewaltsam bemühten, aus der heiligen Symbolik all das zu schöpfen, was die Bande der Unterwerfung verstärken könnte, konnten die Volksmassen kurzfristig bändigen, aber langfristig haben sie nur die *ṭāġiya* wieder zum Leben erweckt, auch wenn ihre Fernsehpropaganda dieses Thema sorgfältig umging. Der Islam ist eine Gleichung aus Kodewörtern, mit einer positiven *(ṭā'a* und *salām*, Unterwerfung und Friede) und einer negativen Seite *(ṭāġiya* und *fitna*, Tyrannei und Unordnung). Auch wenn das Fernsehen nur von der einen Seite spricht, reaktiviert die Symbolik die andere Seite, den Schatten des Tyrannen. Mehrere Jahrhunderte nach Entstehen des Islam haben viele muslimische Staatschefs die unangenehme Angewohnheit angenommen, sich für Pharaonen zu halten, sei es, daß sie verkündeten, sie seien Propheten, obwohl Allah Mohammed zu seinem letzten Propheten erklärt hat, sei es, daß sie sich entschlossen, Riesenschritte ins Leere zu tun mit der Behauptung, Gott persönlich zu sein *(yata'allahūna)*. Selbst wenn diese pharaonische Versuchung sie im allgemeinen das Leben kostete, bleibt sie stets lebendig. Der Personenkult blüht schließlich in mehreren zeitgenössischen Hauptstädten.

Man kann sagen, daß die Arroganz der *ǧāhilīya* auch nach dem Entstehen des Islam nie wirklich verschwunden ist. Die Araber fuhren fort, sich für Propheten zu halten, und manche erhoben sogar Anspruch auf Göttlichkeit, wie der Fatimiden-Kalif *al-Ḥākim bi-Amri'llāh*, der in Kairo herrschte (386–411/996–1020), oder der falsche Prophet *Musailima, al-Kaḏḏāb* (Der Lügner) genannt, der zu Lebzeiten von Mohammed im Jemen erschien und viele Nachbeter hatte.[10] Viele der Rebellen und Opponenten, die sich gegen die Kalifen erhoben, hielten sich für Propheten. Das war der Fall mit *al-Muḫtār aṯ-Ṯaqafī* (gestorben 68/687), der gegen die Omaijaden revoltierte: »Es verbreitete sich das Gerücht, daß er ein Prophet sei und vom Himmel Offenbarungen erhielte.« Er hinterließ der Nachwelt rhythmische Abhandlungen *(asǧa')* in einer musikalischen Sprache, mit der er versuchte, die poetische Wirkung des Koran zu erzielen.[11] Viele Führer der Quarmaten (*quarāmiṭa)*, einer extremistischen schiitischen Sekte, von der sich der offizielle Schiismus wegen ihrer Grausamkeiten und Terrorakte distanzierte, hielten sich für Götter und Propheten. *Zikrawaih al-Qarmaṭī* (gestorben 293/906) verlangte von den Menschen, sich vor ihm niederzuwerfen. Zu seinen Akten notorischen Terrors gehörte der Angriff auf eine Pilgerkarawane von 20 000 Personen, die auf dem Weg von Chorasan nach Mekka war und die er beinahe bis auf den letzten Mann niedermachte.[12]

Die Propheten, die bei den Kalifen um Audienz ersuchten, waren Legion; der Historiker *al-Masʿūdī* beschreibt eine dieser surrealistischen Begegnungen mit dem Abassiden-Kalifen *al-Ma'mūn*, die die Vorstellungskraft besonders beschäftigte und zahlreiche Legenden hervorrief, weil der Kalif die Türe offenließ, um die Reaktion seiner Untertanen zu erfahren. Die Szene wird vom Kalifen selbst erzählt, der sich so erinnert:

»Man führte einen Mann zu mir, der sich für einen Propheten ausgab. ›Wer bist du?‹ fragte ich ihn. ›Moses, Sohn Adams.‹ – ›Nimm dich in acht!‹ fuhr ich fort. ›Wirf deinen Stab hin, stecke deine Hand in deinen Busen; sie wird weiß hervorkommen ohne Übel und ziehe deinen Arm ohne Furcht an dich.‹[13] Und ich zählte ihm alle Prüfungen auf, die Moses auferlegt worden waren, um seine Eigenschaft als Prophet zu bestätigen. ›Also gut‹, sagte ich zu ihm, ›wenn du mir eines der Zeichen gibst, nur eines der Wunder vollbringst, die er vollbrachte, werde ich der erste sein, der an deine Mission glaubt; wenn nicht, mußt du sterben.‹

›Du hast recht‹, antwortete mir dieser Mann, ›ich habe aber nur so lange die Wunder meiner Mission vollbracht, bis der Pharao zu mir sagte: ›Ich bin euer höchster Gebieter.‹ Wenn du das auch zu mir sagst, bin ich bereit, dir die Wunder zu zeigen, die ich vor ihm vollbracht habe.‹«[14]

Der Vers, den zu sprechen er ihn aufforderte, war jener, den der Karikaturist auch Mr. Bush in den Mund gelegt hat: »Ich bin euer höchster Gott (*anā rabbukum al-aʿlā*).« Als muslimischer Kalif mußte sich *al-Maʾmun*, so mächtig er auch sein mochte, stets vor der Arroganz eines Pharaos hüten und seine Demut vor Gott, dem einzigen, dem die Oberhoheit gebührt, unter Beweis stellen. Er konnte den Satz also nicht aussprechen, wie der falsche Prophet verlangte, dem es dadurch gelang, den Palast lebend zu verlassen.

Zu den stärksten Botschaften des Korans gehören die absolute Trennung zwischen dem Göttlichen und dem Menschlichen und die Gleichheit aller Männer und Frauen sowie aller Rassen vor Gott, welches auch immer sonst ihre Stellung sei. Nur ihr Glaube kann sie voneinander unterscheiden. Aber die Suprematie, die Größe, die Kraft und die reine Macht gehören nur Gott allein, und jeder Mensch, der sie für sich beansprucht, hat unrecht. Einer der Punkte, der Sunniten und Schiiten voneinander trennt, ist der, daß erstere – anders als letztere – schwerlich glauben, daß ein Imam unfehlbar sein könne, denn die Unfehlbarkeit ist eine Eigenschaft, die nur Gott allein besitzt. Für die Sunniten darf kein menschliches Wesen, sei es ein Imam oder ein Kalif, die Unfehlbarkeit für sich beanspruchen. Es ist das Privileg des Menschen, Fehler zu machen, und dies ermöglicht ihnen auch, diejenigen, die an der Macht sind, zu kritisieren. Diese grundlegende Gleichheit zwischen Mächtigen und Schwachen, zwischen Führern und Geführten, die zum Wesen des orthodoxen Islam gehört, ist sicherlich eine der Scheidepunkte zur *ǧāhilīya*. Damit tauchte eine neue und revolutionäre Idee auf, die bis dahin unbekannt war, die von der *musāwāh*, der Gleichheit.

Die Umma der Gleichen

In jenem Mekka, wo der Handel Modell und Brennpunkt für alles war, war die Sicherheit der Götter sehr prekär, wenn nicht zufällig. Der übliche erpresserische Umgang mit den Göttern nach der Art »Gibst du mir Vieh, werde ich dir treu sein«, hinderte bis zur Ankunft des Islam jede monotheistische Ideologie daran, wirklich Wurzeln zu fassen und sich zu bewähren.[15]

Der Islam ist in diesem Sinn ein anhaltender Schrei gegen den Individualismus und seine Arroganz, gegen dieses maßlose Vertrauen in sich selbst, das zu opfern der Prophet von den Arabern, die unerbittliche Aristokraten waren, verlangte, indem er sie aufforderte, ihr Schicksal in Allahs Hände zu legen. Dies war die totale und unteilbare Unterwerfung, die es erlauben würde, die Gemeinschaft der Gleichen zu schaffen. Die Auslöschung des Individuums vor Allah, Herr der Welten, würde es ermöglichen, die zweite Säule der muslimischen Ordnung herzustellen: die Gleichheit. Die absolute Gleichheit aller, Männer und Frauen, Herren und Sklaven, Araber und Nichtaraber, war das, was der Islam ebenso garantierte wie den – schon erwähnten – Frieden im Tausch gegen den Individualismus. Einer der symbolkräftigsten Verse in dieser Hinsicht ist der 14. Vers der 49. Sure, den der Prophet bei einer seiner Reden vor der Kaaba rezitierte, nachdem sie von den Idolen gesäubert worden war, und der regelmäßig bei der Eröffnung interislamischer Konferenzen aufgesagt wird:

»O ihr Menschen, Wir haben euch von Mann und Weib erschaffen und euch zu Völkern und Stämmen gemacht, daß ihr einander kennen möchtet.«[16]

Dieser Vers wird bis heute viel benutzt, weil er zwei Botschaften zum Ausdruck bringt: erstens die der Umma und zweitens die der Gleichheit. Die Umma der Gleichen, deren Solidarität Grenzen und Kulturen überschreitet, gibt den Muslimen dieses schöne Gefühl der Zugehörigkeit, der universalen Gemeinschaft, die besonders auf Reisen immer wieder überrascht.

Von Dakar bis Malaysia leuchten die Gesichter gleichgültiger Händler plötzlich auf, wenn mir im Verlauf der unumgänglichen Feilscherei ein arabisches Wort rausrutscht oder wenn man mich fragt, woher ich käme und ich »aus Marokko« antworte. »Oh! *al-Maġrib al-Aqṣā!* (Der extreme Westen), *lā ilāha illā 'llāh*!« Plötzlich werde ich mit größter Aufmerksamkeit behandelt, wird mir ein Sitz angeboten, eine kalte Coca-Cola, die am Kiosk um die Ecke geholt wird, und die Preise der Armreifen aus Horn oder Glas, die mir so sehr gefallen, fallen schwindelerregend. Die rasche Ausbreitung des Islam läßt sich gewiß nicht allein durch die Schlagkraft der frommen Araber erklären. Dabei würde man einen bedeutenden Faktor übersehen: Das Beharren des Korans auf der Gleichheit aller, welcher Rasse und welchen sozialen Ursprung auch immer, machte den Islam zu einem zurückhaltenden und geruhsamen Reisenden, der in aller Schlichtheit, ohne Armeen und ohne Säbel, auf den Handelsrouten daherkam. Der Islam durchquerte Asien und Afrika, wo die Hierarchien oft zu Kasten erstarrt waren; er folgte den Handelswegen bis nach Indonesien und China, wo der Buddhismus zweifellos zu einer der am stärksten bedrohten Religionen wurde:

»Der Islam gelangte an Orte, wohin das Christentum nicht gekommen war. Im Spätmittelalter war er fest auf den ostafrikanischen Inseln wie Sansibar und den Komoren verankert und in allen Handelsorten entlang der Küste. Hier hatte er keine größere städtische Religion als Rivalen. Aber östlich von Gujarât wurden die Gesellschaften von hinduistischen und hindu-buddhistischen Traditionen beherrscht. In allen Häfen dieser Länder jedoch wurde der Islam vorherrschend; im 14. Jahrhundert drang er sogar (hauptsächlich mit den südindischen Händlergruppen) entlang der malaysischen Halbinsel und der nördlichen Sumatra-Küste vor, wo der Handel zwischen dem Golf von Bengalen und dem Südchinesischen Meer verlief. Höhere Kultur in Südostasien war stets von indischen Händlern abhängig gewesen, und jahrhundertelang hatte dies Hinduismus bedeutet; jetzt bedeutete es immer häufiger Islam, und mit ihm persisch-arabische Kultur. Etwa um 1500 war der Islam zu einer starken Kraft im malaysischen Archipel und entlang der Küste von Indochina geworden.«[17]

1987, als ich noch halb verschlafen um vier Uhr früh in Karachi aus dem Flugzeug stieg, schlug mir der Zöllner galanterweise vor, mir die Stadt zu zeigen. Als ich seinen Vorschlag ablehnte, überraschte er mich damit, daß er in reinem Arabisch aus dem Koran rezitierte:

»O ihr Menschen, Wir haben euch von Mann und Weib erschaffen, und euch zu Völkern und Stämmen gemacht, daß ihr einander kennen möchtet.«[18]

Denselben Vers sagte mir, aber diesmal in verhunztem Arabisch mit stark amerikanischem Akzent ein Jazzmusiker auf, dem ich in Roxbury, dem Schwarzenviertel von Boston, zugehört hatte. Das war in den 70er Jahren und ich war noch Studentin, und damals traten im Fahrwasser von Malcolm X viele Schwarze zum Islam über. Während jenes studentischen Aufenthaltes in Amerika entdeckte ich auch – aus einem gewissen Abstand heraus – die Anziehungskraft, die der Islam auf die unterdrückten Minoritäten ausübt, ein Phänomen, das mir zu Hause, wo die Ungleichheiten und der Mangel an Solidarität alltäglich sind, niemals aufgefallen war.

Die Sympathie der Volksmassen, derer sich der Irak während des Golfkrieges erfreute, hat nichts mit der Person von Saddam Hussein zu tun, der niemals Gegentand eines Personenkultes gewesen ist wie etwa Nasser. Sein Krieg gegen den Iran, bei dem Tausende Muslime getötet wurden, hatte die Volksmassen verwirrt und ratlos gemacht. Die arabischen Massen geizen mit Führern; Nasser, der zu einem gewissen Zeitpunkt des kalten Krieges die Idee der Souveränität und der Autonomie verteidigte, bevor er anfing, die Intellektuellen einzusperren, fand keinen Nachfolger. Das Grüne Buch von Präsident Gaddhafi wurde nur von jenen ernstgenommen und kommentiert, denen die Lektüre ein Gehalt garantierte oder eine Rente sicherte. Manch andere, die ebenfalls

Führungsansprüche stellten, waren zumindest so klug, nicht allzusehr darauf zu insistieren. Bei diesem Golfkrieg war es gewiß nicht die Persönlichkeit der Führer, die die Entscheidung bestimmte, sich auf die eine oder andere Seite zu schlagen, als vielmehr das Schema *ṭāġiya*, das die Massen dazu brachte, sich an die Seite des Irak zu stellen. Der Emir von Kuweit und der König von Saudi-Arabien, die auf großen Erdölvorkommen sitzen, hätten das Kräfteverhältnis ändern können, wenn dieser Reichtum in den Dienst der Umma gestellt worden wäre. Aber sie paßten wunderbar in die Pantoffeln des *ṭāġiya*, da sie allein ihren persönlichen Interessen folgten. So jedenfalls zeichneten sie die arabische Presse und die Schlagworte: Pharaonen, die jenes *raḥma* vergessen hatten, das Mohammed der Welt versprochen hatte. Mr. Bush, der darauf gedrungen hatte, die ganze Welt an den Kriegsanstrengungen zu beteiligen, zwang die Kuweitis und die Saudis, erstmals im Fernsehen offenzulegen, wieviel sie den verschiedenen westlichen Staaten zahlten. Die Gelder, die die Emire von Kuweit an Mitterrand zahlten, eröffneten in gewisser Weise unbeabsichtigt das erste Gestammel einer demokratischen Debatte im gesamten arabischen Bereich; dies geschah in dem Maße, wie die finanziellen Details über die Budgets der Prinzen enthüllt und die Ströme der Petrodollars, die in Rüstung und militärisches Material investiert wurden, vom CNN ans Licht gebracht wurden. Den Leuten wurde bewußt, was ein Flugzeug oder Panzer kostet, und jedesmal, wenn ein Flugzeug auf dem Bildschirm abstürzte, berechneten die jungen Leute im Geiste die Geldsummen, die da in Rauch aufgingen, und verglichen sie mit ihrem miserablen Tagelohn: »*Āqibat Fir'aun*! (Bestrafung des Pharaos!)« In der Medina wurde um so mehr mit heiligen Begriffen um sich geworfen, je größer das ökonomische Elend war, was schließlich nur in der Verurteilung des Tyrannen münden konnte.

Was die soziale Solidarität angeht, gibt der Islam den Gläubigen enorme Hoffnungen, und er hat sich heute als die am besten geeignete Kultur erwiesen, um Frustrationen aufzufangen und auszudrücken. Das Heilige, lange benutzt, um die Volksmassen zu beruhigen und einzuschläfern, rächt sich heute an jenen, die es mißbraucht haben, und ist, wie in den Anfängen, eine Kraft der Destabilisierung der Privilegierten geworden, sowohl auf lokaler als auch auf weltweiter Ebene. Die modernen Linken laizistischer Prägung konnten, da sie mundtot gemacht und verfolgt wurden, ebensowenig wie alle Bewegungen, die sich auf den Sozialismus und Marxismus berufen, wirkliche Tiefenarbeit leisten und andere Schemata oder Orientierungspunkte im Volk verankern. Der kalte Krieg war nach dem Scheitern der demokratischen Bewegungen für viele nichts anderes als der Kampf Amerikas gegen die sozialistische Linke, und die Niederlage Mossadeghs durch das CIA-Komplott war ein repräsentatives Beispiel.[19] Sie wendete das Blatt in der kulturellen Entwicklung dieser Länder, und es tauchten, wie im Fall des Iran, die Imame auf, die entstellenden Spiegel erstickter Hoffnungen. »Was heute durch die Fundamentalisten jeder Couleur passiert, erneuert nicht nur den Geist des Islam, sondern macht daraus einen Trauerzug versteinerter Träume, der sich im Sand der Wüste verlieren wird. Der Fundamentalismus senkt die Intelligenz auf das Niveau emotionaler und tierischer Reflexe. Und jedes Absinken der Intelligenz trägt in sich den Keim der Altersschwäche.«[20]

Diese verstümmelte Moderne, der großen demokratischen Errungenschaften entleert, ihrer kulturellen und wissenschaftlichen Einsichten beraubt, eröffnete den Händlern in Sachen Hoffnung, die wir nur allzu gut kennen, ihre

Chance. Mangels einer Vision, die in der Gegenwart oder gar in der Zukunft verwurzelt ist, werden sie uns alle dorthin schleppen, wo Phantasmen blühen können, in die Vergangenheit. Und die wird ständig angerufen, man manipuliert ohne Skrupel ihre reiche Sprache, voller Symbole und Bilder, die Emotionen und Hoffnungen ausdrücken, die jene Leute aber mit den unterirdischen Mäandern urzeitlicher Ängste verknüpfen. Und tief verborgen in jenen Zonen findet man natürlich auch die Angst vor der Frau. Eine Angst, die stark verknüpft ist mit dem Chaos der *ǧāhilīya*, die kühl zu analysieren die Araber sich niemals die Mühe gemacht haben, um sie zu überwinden. Der ursprüngliche Islam versuchte den Bruch mit den Ängsten und dem Aberglauben bezüglich der Frauen, die das heidnische Arabien prägten, doch sehr schnell verschwand das Beispiel des Propheten, der auf der Notwendigkeit einer Veränderung bestand, aus dem Bewußtsein. Die Kalifen glitten wieder in die *ǧāhilīya* zurück, sperrten die Frauen ein und schlossen sie aus den Moscheen aus. Und diese versanken in Kulturlosigkeit und Schweigen.[21]

Die Angst vor der Vergangenheit

Wie kann man behaupten, daß die Araber Angst vor ihrer Vergangenheit hätten, sie, deren Führer täglich hinausposaunen, daß diese gerade der Quell der Identität und keine Gegenwart und keine Zukunft ohne sie denkbar sei? Unsere vorislamische Vergangenheit wird *ǧāhilīya*, Unwissenheit, genannt und ist folglich mit dem gleichen Hijab verschleiert wie die Frauen. Aber wer kennt besser als die Araber die zwingende Macht dessen, was verschleiert ist, dessen, was der Hijab zu verbergen sucht? Die Araber wagten zwei Dinge, die keine große Zivilisation gewagt hat: die vorislamische Vergangenheit zu leugnen und das Weibliche zu verbergen. Und sowohl die Vergangenheit als auch die Frauen sind die Quelle aller Ängste, über die nachzudenken sich lohnt.

Denn wie soll man das Neue erkennen, wenn es verboten ist, das Alte zu »sehen«, wenn die *ǧāhilīya* ein schwarzes Loch ist, die existentielle Finsternis?

Und wie soll man in aller Welt das Männliche unterscheiden, wenn es verboten ist, das Weibliche zu »sehen«, wenn die Weiblichkeit ein schwarzes Loch ist, Leere und Schweigen und Gesicht-Abwesenheit?

Könnte es sein, daß diese *ǧāhilīya*, dieser Schleier der Ignoranz, nur ein Amulett wäre gegen das, was wir nur so schwer zulassen können, die rohe und nackte Gewalt in der Stadt, die in jener schlecht vergrabenen Vergangenheit mit einer Weiblichkeit verknüpft ist, deren Anblick noch schwerer zu ertragen ist: die der Göttinnen, die in der Kaaba herrschten? Denn diese arabischen Göttinnen hatten nichts Mütterliches an sich, ihr Schoß war nur eine Blutlache und ihre heilige Stadt nur ein weites Feld von Morden und Ungerechtigkeiten, die weder durch Rituale noch durch Opfer eingedämmt werden konnten.

Diese *ǧāhilīya*, die wir zu einem mythischen Nichts gerinnen ließen, in der die Gewalt auf übernatürliche Weise umging, rächt sich heute, indem sie monströser als je zuvor im von amerikanischen Raketen »verteidigten« Mekka wiederaufersteht, wobei die Raketen zuweilen von Frauen mit Engelsgesichtern unter ihren Stahlhelmen bedient werden. Können diese jungen Fremden, die in Kampfanzügen und an Fallschirmen vom Himmel zu den heiligen Stätten herabgestiegen sind, wissen, daß vor ihnen nur Göttinnen Waffen gehandhabt und Blut vergossen haben – in einem Arabien, wo das Weibliche wie die Dämonen und die Träume auf die Nacht beschränkt war? Wissen diese jungen Amerikanerinnen, die zu den Waffen griffen, als sie im Golfkonflikt arabischen Boden betraten (was für sie vielleicht nur eine unverhoffte Gelegenheit war, ein Land zu befreien), daß sie die gewaltigen Schatten dieser Göttinnen des Todes erweckten, die in den 15 Jahrhunderten des Vergessens nur noch größer geworden sind? Wissen diese unschuldigen Blondinen am Steuer der Panzer, deren Funktion so archaisch ist wie die der göttlichen Waffen, nämlich den Tod zu besorgen und auf die Einhaltung der Opfer zu achten, daß sie eine Moderne enthüllen, die jener verpönten *ǧāhilīya* zum Verwechseln ähnlich sieht?

Ach, ihr jungen Amerikanerinnen, die ihr eure Demokratie ausübt, indem ihr den Tod handhabt, laßt mich euch eines der Geheimnisse dieses Arabien erzählen, laßt mich erzählen, was meine Vorfahren hinter dem Schleier verborgen haben.

Normalerweise verschleiert man nur das, was sowohl mächtig als auch gefährlich ist. Und in unserer arabischen

Zivilisation ist der berühmteste Hijab der, den manche Kalifen trugen. *Ḥiǧāb al-ḫalīfa* (der Schleier der Kalifen) ist eine wahre Institution des politischen Islam mit seinem Protokoll und seinen Ritualen. Es wurden zahlreiche Abhandlungen darüber verfaßt, wobei die Amüsanteste von *al-Ǧaḥiẓ* stammt.[1] Der Kalif verschleiert sich, weil er eine gefährliche Konzentration der Macht darstellt, nämlich der Macht zu töten. Kann es sein, daß der weibliche Anteil an der Macht in unserer kollektiven Erinnerung mit Gewalt und Mord verbunden ist?

Die Antwort muß man in jenem Jahr Null der *ǧāhilīya* und der Finsternis suchen. In jenem Jahr waren es die Göttinnen, die inmitten der Vielzahl der Götter in Mekka herrschten, im Himmel wie auf Erden, und sie nährten sich von Blut. Die Göttinnen des Krieges und des Todes spiegelten in ihren blutigen Ritualen und ihren schrecklichen Forderungen die elende Existenzweise des arabischen Volkes wider, das durch eigene Gewalt dezimiert war. Und um jener Gewalt, jener *safk ad-dimā'* ein Ende zu setzen, dem Blutvergießen im Sinne von Vergeudung, hat Allah seine Botschaft einem arabischen Propheten geschickt.

Der Koran nennt in der 53. Sure drei der wichtigsten Göttinnen des arabischen Himmels. Es handelt sich um *al-ʿUzza*, deren Name Macht im militärischen Sinne bedeutet, um Manat *(Manāh)*, mit derselben Wurzel wie *manīya* (Tod), und schließlich *al-Lāt*, was der zusammengezogene Plural von *ilāhāt*, Göttinnen, ist. Unter den anderen Göttern, die der Koran kennt, gibt es *Wadd*, *Suwāʿ*, *Yaġūt*, *Yaʿūq* und *Naṣr*,[2] sie werden im 24. Vers der 71. Sure genannt. Aber diese letzteren können es nach arabischen und anderen Quellen an Bedeutung nicht mit den weiblichen Göttinnen aufnehmen.[3] Lesen wir zuerst die Verse der 53. Sure, die sich mit den Göttinnen befassen:

»Ihr aber, habt ihr *Lāt* und *Uzza* betrachtet?
Und Manat, die dritte, die eine andere ist? …
Es sind nur Namen, die ihr euch ausgedacht habt – ihr und eure Väter – für die Allah keinerlei Ermächtigung hinabgesandt hat. Sie folgen einem bloßen Wahn und dem Wunsche (ihres) Ichs, obwohl doch Weisung von ihrem Herrn zu ihnen kam.«[4]

Wenn diese Göttinnen namentlich genannt sind, dann deshalb, weil nur sie allein unangefochten unter den vielen Göttern, die in der Kaaba sich tummelten und gleichermaßen die Köpfe und den Himmel verdunkelten, in den beiden Städten Mekka und Medina herrschten, die zur Wiege des Islam wurden.

Die Stadt der Göttinnen

Wie *Ibn-Hišam* in *as-Sīra* (»Biographie des Propheten«) erzählt, war Allat *(al-Lāt)* die Göttin der *Banū Ṯaqīf* und herrschte über *Ṭā'if*, ihre Stadt; Manat *(Manāh)* wurde von den *Aus* und den *Ḫazraǧ* angebetet, die in Medina die Mehrheit darstellten, und diese beiden Stämme luden auch 622 den Propheten ein: »Manat … war ihre Göttin und die Göttin all jener, die ihrer Religion in *Yaṯrib* (alter Name von Medina) folgten; ihr Tempel befand sich am Meeresufer.«[5] *al-ʿUzza* war die Göttin der *Quraiš* und beherrschte deren Stadt Mekka.[6] *Ibn-al-Kalbī* gibt in seinem Buch *Kitāb al-aṣnām* (»Buch der Idole«) weitere Details: »Manat war die älteste Göttin; die Araber benannten ihre Kinder nach ihr, wie etwa *ʿAbd-Maṇat* (Sklave von Manat). Ihre Statue erhob sich an der Küste, mit dem Gesicht zum Meer, neben dem Berg *al-Mušallal* bei *Qudaid* zwischen Mekka und Medina. Die *Aus* und die *Ḫazraǧ* und alle, die jene beiden

Städte oder ihre Umgebung besuchten, widmeten sich ihrem Kult, brachten ihre Opfergaben und schlachteten Opfertiere.«[7] Die *Aus* und *Ḫazraǧ* sahen ihre Pilgerreise nach Mekka nur als vollständig an, wenn sie auch Manat besucht hatten. »Sie brachten mit allen anderen Arabern alle rituellen Etappen der *ḥaǧǧ* (Pilgerreise) hinter sich, aber sie rasierten sich nicht die Schädel.«[8] Erst vor der Göttin Manat beschlossen sie ihr Ritual, indem sie sich zu ihren Füßen den Schädel rasierten und »erst in diesem Moment betrachteten sie ihre *ḥaǧǧ* als vollständig«.[9] Das Wort für Manat, jene Göttin, die sich u. a. in Form eines *ṣaḫra* (Felsens) manifestierte, hat seine Wurzel in den alten semitischen Sprachen und bedeutete anfangs »die Tage des Lebens zählen«, erst später dann wird es mit dem Schicksal dessen identifiziert, der »jedem seinen Teil gibt«, und am Ende nimmt es den uns heute sehr vertrauten Sinn von *manīya* (Tod) an.[10] Manat teilt mit den beiden anderen Göttinnen *al-Lāt* und *al-ʿUzza* den aufschlußreichen Titel *ṭāġiya*, Tyrann.[11] Ein Detail ist wichtig, denn in der Welt der Symbole liegt alles im Detail; einer der Säbel, der im Tempel von Manat gefunden wurde, machte unter dem Banner des Islam eine zweite Karriere, denn er wurde zu dem berühmten *Ḏūʾl-Faqār*, dem Säbel Alis, des Cousins und Schwiegersohns des Propheten, der später zum 4. Kalifen wurde. Nach der Zerstörung des Tempels der Manat »hat der Prophet Ali die beiden Säbel überreicht, und man sagt, daß *Ḏū ʾl-Faqār*, Alis Säbel, einer von beiden war.«[12]

al-Lāt, die in *Ṭāʾif* verehrt wurde, war, wie *Ibn-al-Kalbī* erzählt, jüngeren Ursprungs als Manat. »Sie war ein viereckiger Felsen…, und die *Banū Ṯaqīf* hatte darum herum ein Gebäude errichtet. Die *Quraiš* und alle Araber maßen ihr eine große Bedeutung bei *(yuʾaẓẓimūnahā)* … Ihr zu Ehren gaben die Araber ihren Kinder Namen wie *Zaid-al-*

Lāt.«[13] Die martialische Bedeutung von *al-Lāt* wurde weitgehend bestätigt durch wissenschaftlichen Expeditionen und neueste Forschungen: »Auf dem Altar von Hébran, auf dem man Dusarès zu erkennen glaubt, ist dieser in Begleitung einer Kriegsgöttin, die die charakteristischen Attribute von Athene besitzt. Diese Athene ist keine andere als die große arabische Göttin Allat, die vom südlichen Arabien bis Palmyra verehrt wurde, und ihre Identität, die man seit langem ahnte, ist durch die jüngste Entdeckung einer Inschrift bestätigt worden.«[14] Bewaffnet und behelmt wurde sie von Archäologen auf dem Altar von Hébran und dem Türsturz von Souweida gefunden. »Es war eine kriegerische Göttin, bewaffnet mit einer Lanze und von den Soldaten verehrt; auf einem Altar, der von einem Kriegsveteranen gestiftet worden war, war sie in eine Rüstung gekleidet dargestellt und mit einem Helm mit hohem Helmstutz.«[15] Obwohl *al-Lāt* anfangs Göttin des Krieges und der Fruchtbarkeit war, wurde schließlich ihre martialische Dimension vorherrschend.[16]

Die blutrünstige Göttin

Aber es ist mit Sicherheit die Göttin *al-ʿUzza*, die vor allen anderen diese kriegerische Dimension des Göttlichen am gewalttätigsten darstellt. Sie verknüpft die Herrschaft des Weiblichen in der kollektiven Erinnerung mit dem Zeitalter der Finsternis, wo die Göttinnen unersättlich in dem Blut zahlloser Opfer badeten; und es handelte sich dabei nicht nur um Tiere. Manche Quellen verbinden das rätselhafte *wa'd al-banāt*, die Beerdigung von neugeborenen Mädchen, ein Brauch, der noch zu Zeiten des Propheten praktiziert wurde, mit den von manchen Gottheiten geforderten

Menschenopfern. *al-ʿUzza* soll eine dieser Gottheiten gewesen sein. Ihr Name kommt von *ʿizz* (Macht) und *quwwa* (Kraft) im physischen Sinn des Wortes. Sie wurde in Gestalt eines Baumes verehrt, und es gab für sie sowohl in der Kaaba in der Mitte des Tempels, wo sie durch eine Statue dargestellt war, einen Kult, als auch außerhalb in einem daneben gelegenen Tempel, der ihr allein gewidmet war. Nach anderen Quellen soll sie Venus gewesen sein, die in Gestalt eines Gestirns verehrt wurde. Beginnen wir mit dem, was faßbar und greifbar ist, ihren Manifestationen auf Erden, die nach der Eroberung Mekkas im Jahr 630 zerstört worden sind, und betrachten dann ihre astrale Dimension, die überlebt zu haben scheint, vor allem im Süden, im Jemen.

In seiner *Sīra* erzählt *Ibn-Hišām*, daß die *Quraiš*, der Stamm des Propheten, dessen Einfluß von Mekka aus über die ganze Halbinsel ausstrahlte, *al-ʿUzza* in *Naḫla* verehrten. Dieses *an-Naḫla aš-šāmīya* war ein Ort in einem Tal (unweit von Mekka) an der Straße, die in den Irak führt. Nach *Ibn-al-Kalbī* »war *al-ʿUzza* das bedeutendste Idol der *Quraiš (aʿẓam al-aṣnām)*«. Sie wurde durch einen Baum repräsentiert, sagen die einen, andere meinen, durch drei Akazien. Die Tatsache, daß ihr Tempel mit einem *ġabġab* ausgestattet war, einer speziellen Stelle für Opfer, und mit einem Orakel, das von aller Welt um Rat gefragt wurde, »wohin man sich begab, um die Stimmen zu hören«, zeugt von seiner Bedeutung.[17] Sie war »das bedeutendste Idol der *Quraiš*, sie machten die Pilgerreise zu ihr, brachten ihr Opfergaben und opferten ihr, um ihr nahe zu sein.«[18] Ihr *ġabġab* war ein *manḥar*, buchstäblich ein Ort, an dem erwürgt wird: »Es war ein Opferaltar, am Rand eines Grabens oder eines trockenen Brunnens, in den das Blut der dem Idol dargebotenen Opfer floß.«[19] *al-ʿUzza* soll auch der berühmte *al-Munḏir Ibn-'Mā' as-Samā'*, König von Hira (505–554), dem byzantinischen Historiker Prokop von Caesarea zufolge 400 Menschenopfer dargebracht haben, lauter Gefangene aus den Sassaniden-Kriegen.[20]

Haben die Araber auch noch zu Zeiten des Propheten ihren Göttern Menschenopfer gebracht? Sind diese Menschenopfer speziell mit dem Kult der Göttinnen verbunden gewesen? Wäre dann nicht die Herrschaft des Weiblichen in der präislamischen Erinnerung, die man beschlossen hat zu vergessen, indem man sie mit dem Zeichen Null gleichsetzte, mit einer von oben gelenkten Gewalt verknüpft? Ließe sich in diesem Fall nicht das Rätsel des Hijab lösen, der das Weibliche verbirgt und seinen Willen beseitigt mit dem Risiko, seine Existenz zu leugnen? Geht nicht das Aushandeln einer neuen Beziehung zwischen den Geschlechtern über eine unvermeidliche Aussöhnung mit der *ǧāhilī*-Vergangenheit und ihrer Reintegration in unseren Wissensstand einher? So viele Fragen, die dazu verurteilt sind, noch lange unbeantwortet zu bleiben; sie stellen aber genau die Herausforderungen dar, denen sich die Araber stellen müssen, um sich eine dauerhafte Identität zu schaffen, die ihr gesamtes Erbe in Rechnung stellt. Aber versuchen wir wenigstens, die wenigen Indizien, über die wir verfügen, einstweilen einzuordnen.

War wa'd ein Menschenopfer?

Obwohl manche Verse *wa'd* direkt mit den anspruchsvollen Forderungen der Gottheiten verknüpfen, was auf ein Menschenopfer hindeuten könnte, weigern sich viele muslimische Historiker, daran zu glauben, und verbinden sie mit anderen, weniger schrecklichen Begriffen wie Armut oder

Schande. Danach opferten Eltern ihre Töchter, um zu vermeiden, daß sie Hungers stürben, oder um zu vermeiden, daß sie bei Angriffen dem Feind in die Hände fielen, was wohl häufiger geschah. Der Koran[21] erkennt an, daß *wa'd* durch diese fürchterlichen Gottheiten inspiriert ist, die von den Menschen immer noch mit Allah in Verbindung gebracht würden, trotz der Klarheit seiner Offenbarung:

»Und ebenso haben ihre Götter vielen der Götzenanbeter das Töten ihrer Kinder als wohlgefällig erscheinen lassen, damit sie sie verderben und ihnen ihren Glauben verwirren möchten.«[22]

aṭ-Ṭabarī, einer der Historiker, die die ganze Vorstellung eines möglichen Menschenopfers ausdrücklich ablehnen und eher davon ausgehen, daß die Armut der Eltern die Triebfeder von *wa'd* sei, muß nach eingehender Untersuchung dieses Verses dennoch zugeben, daß die Idole wohl die Ermordung der Mädchen forderten. Diese furchtbaren Gottheiten nennt er *šayāṭīn* (Dämonen). »Die *šayāṭīn* gaben ihnen den Befehl, die Mädchen zu töten.«[23] In einem anderen Vers wird der Mord an Kindern als Irrsinn verurteilt, als Abwesenheit von *'ilm* (Wissen), als verheerender Einfluß der Gottheiten, die immer noch die Köpfe verwirrten und die Menschen hinderten, der Stimme Allahs zu gehorchen:

»Verloren fürwahr sind jene, die ihre Kinder töricht (*safahan*) töten, aus Unwissenheit, und das für unerlaubt erklären, was Allah ihnen gegeben hat, Lüge wider Allah erfindend. Sie sind wahrlich irregegangen und sind nicht rechtgeleitet.«[24]

Die Idee von einer Gottheit, die den Mord eines Kindes fordert, war unfaßbar, und diese *phobische* Einstellung erklärt meiner Meinung nach, daß bis auf den heutigen Tag der Schrecken vor der *ǧāhilīya* derart groß ist, daß jede wissenschaftliche Erforschung dieser Periode vermieden wird. Vor dem Jahr eins der Hedschra (622 nach dem christlichen Kalender) hatte die Menschheit keine Geschichte. Da gab es nur die Finsternis. Die Null. Diese Angst, die die *ǧāhilīya* einflößt, würde allein schon erklären, warum alles, was nur entfernt daran erinnert, uns den Verstand vernebelt und unbewußte Ängste mobilisiert, die auszulöschen niemals gelingt.

Die Null-Zeit erschreckt wie im übrigen auch die Zukunft, die ihr durch die Gewalt, die von überallher, von innen und außen, über die Araber hereinbrechen wird, zu gleichen scheint. Diese Gewalt kommt nun in Form von Bomben, abgeworfen von dämonischen, feindlichen, den Gottheiten der *ǧāhilīya* in ihrem Wahnsinn durchaus ähnlichen Kräften, vom Himmel herab. Die Araber haben weder während des Golfkrieges noch davor begriffen, weshalb Amerika sie so hartnäckig mit Feindschaft verfolgt. Warum mobilisieren nicht die Palästinenser, die tagtäglich, gejagt und zu Flüchtlingen gemacht, in den Straßen sterben, den guten Willen und die Kräfte dieser Welt, dem Konflikt Einhalt zu gebieten? Liegt die *ǧāhilīya* vor oder hinter uns, das war eine der ständig wiederkehrenden Fragen in der Presse. Was haben die Araber Allah Schreckliches angetan, um derart innerlich zerrissen und von außen verhöhnt, verachtet zu sein und bombardiert zu werden? Das Wort *ǧahilīya* geisterte während des Golfkrieges durch die gesamte Presse; es war das Wort, das das Problem kennzeichnete und kondensierte, das zu lösen der Islam angetreten war: das der Gewalt.

In dieser Dynamik der Urängste müßte diese Verdrängung der *ǧāhilīya* neu bestimmt werden, um die Verbindung zwischen Weiblichkeit und Macht zu verstehen, die so viele untergründige Ängste hervorruft. Die *ǧāhilīya*, die Zeit, die dem Bewußtsein verschlossen ist, ist erschreckend, weil man riskiert, dort all den Gesichtern der unterdrückten

Gewalten zu begegnen. Eines weiß man zumindest genau: Beim *wa'd*-Ritual waren es die Frauen, die die kleinen Mädchen beerdigten, obgleich die Entscheidung, sie zu opfern, dem Vater zufiel, wie *aṭ-Ṭabarī* schreibt: »Im Stamm der *Rabīʿa* und *Muḍar* stellt der Mann seiner Frau die Bedingung, daß sie das erste Mädchen behalten darf, aber unbedingt das zweite töten muß. Wenn das zweite geboren ist, verläßt der Mann das Haus und droht der Frau, sie nie mehr anzurühren, falls bei seiner Rückkehr das Mädchen nicht lebendig begraben worden sei. Die Frau gräbt ein Loch in die Erde und schickt nach den anderen, die sich bei ihr versammeln und ihr helfen, und sobald die Frau den Mann sich aus der Ferne nähern sieht, legt sie das Kind in das Loch und bewirft es mit Erde, bis es vollständig bedeckt ist.«[25]

Zu Lebzeiten des Propheten wurden laut Koran nur kleine Mädchen begraben, aber wir wissen, daß noch eine Generation vorher die Götter auch Jungen verlangen konnten, und der berühmteste Fall war der Vater des Propheten, der beinahe geopfert worden wäre. *ʿAbdallāh Ibn-ʿAbd-al-Muṭṭalib* sollte dem Gott *Hubal* geopfert werden, denn sein Vater hatte ihm geschworen, das letzte seiner Kinder zu opfern, falls er zehn bekommen sollte, die gesund wären und überleben würden. *ʿAbdallāh* war das zehnte, und sein Vater wollte schweren Herzens sein Wort einlösen, als die *Quraiš* ihn davon abbrachten und dazu überredeten, mit dem Gott eine andere Lösung auszuhandeln. Unter Vermittlung der Orakel akzeptierte der Gott das Opfer von hundert Kamelen anstelle von *ʿAbdallāh*.[26] Man könnte einwerfen, daß diese Version der Phantasie der Historiker entspringe, die so die Existenz des Propheten ins Wunderbare zu heben versuchten. Wäre sein Vater geopfert worden, wäre der Prophet nicht geboren worden. Und da der Prophet jede Verbindung mit Wundern verabscheute, waren die Historiker, besessen von ihrem Wunsch, das Leben des Propheten auszuschmücken und ihm eine übernatürliche Seite zu verleihen, gezwungen, es diskret zu tun. Indem man die Legende vom Opfer des Vaters schuf, verschleierte man den Aspekt der *ibdā'* (Schöpfung) und stellte sich in den Zusammenhang der Epoche. Wenn wir zugeben, daß die Verfechter dieser Theorie recht haben, daß die Geschichte von *'Abdallāh* also eine Erfindung der Historiker ist, so ist die Tatsache, daß gerade das Menschenopfer für die Götter als Legende gewählt wurde, ebenso bedeutsam. Man sagt nicht eine beliebige Lüge, und man hat nicht eine beliebige Wahnvorstellung. Nichts ist besser programmiert und besser kodiert als das Register, aus dem wir unsere Lügen und Wahnvorstellungen schöpfen.

Auf jeden Fall ist es sicher, daß wir sehr wenig über die *ǧāhilīya* wissen, die für unsere Identität so wichtig ist. Es ist notwendig, alles zu kennen und zu erforschen, was dazu beigetragen hat, uns als Zivilisation zu konstituieren, und wir brauchen die ganze Vergangenheit mit allen ihren historischen und mystischen Aspekten, mit ihren »Wahrheiten« und »Lügen«, mit ihren Ecken und Kanten, um uns eine dynamische und umfassende Identität zu verschaffen. Es muß vor allem das untersucht werden, was man verschweigt, was still sein muß, denn dort können wir jenen Teil unseres unbewußten Erbes gewinnen, der unsere modernen Ängste knetet und modelliert; dazu gehören wahrscheinlich dieses *wa'd* und die Rachegöttinnen.

Wir müssen unsere Geschichte einer kritischen Überprüfung unterziehen, müssen unsere Archäologen mobilisieren, die arbeitslos sind oder im Exil leben, um uns über jene Götter, ihre Wünsche und Launen Klarheit zu verschaffen, auch über jene, die sich nicht damit begnügten, auf Erden zu leben, sondern die Gestirne besetzten. Venus (*az-Zahrā'*), nach der wir so gern unsere Kinder benennen und die uns andererseits in unseren mediterranen Nächten am Himmel so beunruhigt, ist keine andere als *al-'Uzza*. Man hätte uns zumindest darauf aufmerksam machen sollen.

Die arabische Venus

Wenn man auf die alten Religionen Mesopotamiens zurückgeht, dann ist *al-'Uzza* mit der Venus identisch, und beide haben denselben Namen syrischen Ursprungs: *kaukabta*.[27] Eines der gebräuchlichsten Wörter im heutigen Arabisch zur Bezeichnung eines Sterns ist *kaukab*, männlichen Geschlechts; es kommt auch mehrfach im Koran vor.[28] *Ibn-Manẓūr*, Autor des Wörterbuches *Lisān al-'arab*, schreibt, daß man zu seiner Zeit (er wurde 630/1232 in Kairo geboren) neben *kaukab* auch *kaukabatun* sagte, und, wie er irritiert bemerkt, »... mehr als ein [Wissenschaftler] behauptet, daß von allen Gestirnen *az-Zahrā'* (Venus) *kaukabatun* genannt wird, d. h. man benutzt die weibliche Form, während alle anderen Sterne männlich sind, d. h. *kaukab*.«

al-Mas'ūdī, ein Historiker des 10. Jahrhunderts (gestorben 345/956), dem viele »ernsthafte« arabische Historiker vorwerfen, zu anekdotenhaft zu sein und sich in Details zu verlieren, scheint vom Sternenkult fasziniert gewesen zu sein und hat darüber ungeheuer viele Informationen gesammelt. Er hat vor allem versucht, die Kulte geographisch einzuordnen und ihren kulturellen Umkreis zu identifizieren, wobei er insbesondere der Frage nachging, wie sie über Griechenland und vor allem Indien nach Arabien gekommen sind. Der Jemen war für das Wissen der gesamten damaligen Welt ganz besonders empfänglich. *al-Mas'ūdī* beschreibt seinen Besuch 336/947 in einem der Venus geweihten Tempel, dem *ġumdān* in *Ṣanʿā'*, der von *ʿUṯmān Ibn-ʿAffān* (dem späteren 3. Kalifen) zerstört worden war: »Heute... ist er nur noch ein Haufen von Trümmern, die einen ansehnlichen Hügel bilden... Man erzählt, daß die Leute die Könige von Jemen, wenn sie in der Nacht zur Spitze des Hügels mit angezündeten Fackeln hinaufstiegen, auf eine Entfernung von drei Tagesreisen sehen konnten.«[29] Ebenfalls *al-Masʿūdī* zufolge finden wir Venus bei den Sabäern in den »Tempeln, die den intellektuellen Substanzen und den Gestirnen geweiht sind«, wo sie von einem Dreieck in einem Quadrat symbolisiert wird. Dies Motiv ist in der muslimischen Kunst so gebräuchlich geworden, daß man es überall auf den geometrischen Fayencen findet, die die Kalifenpaläste und die Moscheen von Lahore bis Marrakesch bedecken.

»Bei den Sabäern gab es auch den Tempel der Regierung (*Siyāsa*), den der Notwendigkeit und der Seele; diese drei Gebäude waren von kreisrunder Form. Der Tempel des Saturn (*Zuḥal*) beschrieb ein Hexagon; der Tempel des Jupiter (*al-Muštarī*) ein Dreieck; der Tempel des Mars (*al-Mirrīḫ*) ein Rechteck, der der Sonne ein Quadrat; der des Merkur (*ʿUṭārid*) ein Dreieck in einem Viereck, der der Venus (*az-Zahrā'*) ein Dreieck in einem Quadrat; der Tempel des Mondes war ein Achteck. Diese Tempel enthielten für die Sabäer Symbole und Mysterien, die sie niemals preisgaben.«[30]

Es ist an der Zeit, daß wir diese Geheimnisse ausgraben, denn unsere ruhmreiche Moderne wird von einer wissenschaftlichen Neueinschätzung all dieser Informationen abhängen, die in unserem Unterbewußtsein am Werk sind. Die archäologischen Studien über den Jemen und seine Kulte haben es möglich gemacht, eine wichtige Information über das Heilige in jener Gegend zu gewinnen, insbesondere über den Venuskult.[31]

Dafür, daß der Sternenkult im vorislamischen Arabien existierte, findet man im Koran die überzeugendsten Beschreibungen. Niemand anderes als unser gemeinsamer Vorfahr Abraham, der damals in Mesopotamien zu Hause war und von Allah gerettet wurde, praktizierte ihn:

»Also zeigten wir Abraham das Reich der Himmel und der Erde, (auf daß er rechtgeleitet sei) und er zu den Festen im Glauben zählen möchte.

Als nun die Nacht ihn überschattete, da erblickte er einen Stern. Er sprach: ›Ist das mein Herr?‹ Doch da er unterging, sprach er: ›Ich liebe nicht die Untergehenden.‹

Als er den Mond (*qamar*) sah, sein Licht ausbreitend, da sprach er: ›Ist das mein Herr?‹ Doch da er unterging, sprach er: ›Hätte nicht mein Herr mich recht geleitet, wäre ich gewiß unter den Verirrten gewesen.‹

Als er die Sonne (*šams*) sah, ihr Licht ausbreitend, da sprach er: ›Ist das mein Herr, das ist das Größte?‹ Da sie aber unterging, sprach er: ›O mein Volk, ich habe nichts zu tun mit dem, was ihr anbetet.

Siehe, ich habe mein Angesicht in Aufrichtigkeit zu Dem gewandt, Der die Himmel und die Erde schuf, und ich gehöre nicht zu den Götzendienern.‹«[32]

Derart hat sich der Montheismus erstmals in Arabien festgesetzt, als Abraham die Wahrheit geoffenbart wurde und er dem Sternenkult, in erster Linie Sonne und Mond, abschwor. Danach vergaßen die Menschen die Abraham geoffenbarte Wahrheit, und Allah schickte weitere Propheten nach ihm, um die Verirrten, die diese Offenbarung ständig vergaßen, daran zu erinnern, nämlich Isaak, Jakob, Noah, David, Salomo, Hiob, Joseph, Mose, Aaron, Zacharias, Johannes, Jesus und Elias, Ismael, Elisa, Jonas und Lot. Und schließlich ehrte Allah die Araber, indem er zu Beginn des 7. Jahrhunderts u. Z. Mohammed einen Koran auf arabisch offenbarte, denn die anderen Offenbarungen erfolgten in anderen Sprachen.

Während die anderen Völker der Schrift dem Monotheismus schon seit Abraham anhingen und dem Sternenkult abgeschworen hatten, hatten die Araber noch keinen Schritt in diese Richtung getan; Mohammed fand sie immer noch von den Sternen fasziniert vor und zudem ohne die geringste Absicht, von ihnen abzufallen. Der Koran beschreibt die Araber als ihrem Kult rückhaltlos ergeben. Allah befiehlt, damit aufzuhören, sich jedesmal niederzuwerfen, wenn der Mond oder die Sonne eine »kleine« ungewöhnliche Erscheinung bieten: »Werfet euch nicht vor der Sonne anbetend nieder und auch nicht vor dem Mond, sondern werfet euch anbetend nieder vor Allah, Der sie erschuf.«[33] *aṭ-Ṭabarī* hat im Kommentar zu diesem Vers ausgeführt, daß Allah den Verirrten die richtige Perspektive durch die Lehre wies, daß die Gestirne sich nur deshalb regelmäßig bewegten, weil sie dem göttlichen Willen gehorchten. Sie seien der Beweis der Einzigartigkeit (*waḥdaniyatihi*) und der Herrschergewalt (*'aẓīmi sulṭānihi*) von Allah: »Die Sonne und der Mond ... dürfen nicht selbst angebetet werden«, erklärt *aṭ-Ṭabarī*, weil sie nicht von allein ihren Kurs halten und ihrer auf dem Himmel festgelegten Bahn so regelmäßig folgen könnten. »Gott selbst ist es, der ihre Bahn festlegt, und sie sind nur Zeichen seiner Macht.«[34] Und zum besseren Verständnis fügt er hinzu: »Wenn Allah es wollte, hätte er euch ihr Licht verborgen und euch in das Dunkel gestürzt, unfähig, euren Weg zu finden, unfähig, nur irgend etwas sehen zu können.«[35] Wir wissen im übrigen, daß der Koran auch den Sonnenkult erwähnt, wie er im Jemen, im Süden der arabischen Halbinsel, praktiziert wurde, wo eine Frau herrschte, die berühmte Königin von Saba, deren arabischer Name *Bilqīs* ist: »Ich fand sie und ihr Volk die Sonne anbeten statt Allah.«[36] Und schließlich das Heiligtum der *Banū Tamīm*, das dem Kult der Göttin *Šams* geweiht war, das mitsamt seinen Figuren zerstört wurde.[37] Und nicht zuletzt muß man sich erinnern, daß *Šams* (Sonne) bis heute in unserer schönen arabischen Sprache weiblich ist. Der Koran spricht auch vom Kult eines Gestirns mit Namen *aš-Ši'ra*, dem Sirius. *aṭ-Ṭabarī* erklärt in seinem Kommentar, »daß *aš-Ši'ra* der Name eines Sterns ist, der von gewissen Leuten der *ǧāhilīya* angebetet wird«.[38] Sirius, Jupiter, Mars und Venus, dieses ganze himmlische Schauspiel, das sich jeden Abend vor unseren Augen entfaltet, waren wichtige Eroberungen des Islam, der zu seiner Durchsetzung gezwungen war, seine Strategie nicht nur auf Erden, sondern vor allem im Bereich der Gestirne zu entfalten. Der Triumph des Islam verlief unvermeidlicherweise über die Zähmung all dessen, was sich am Himmel bewegt, Venus an der Spitze.

al-'Uzza verdient es unbedingt, daß unsere Archäologen ihre tief in der Erde vergrabenen, im Blut der *ġabġab* gebadeten Wurzeln freilegen. Man muß diese Finsternis mit Licht durchleuchten, wenn man die archaischen Ängste verstehen und rational begreifen will. Die vorislamische Gewalt war so groß, daß viele Stämme nicht einmal mehr die *Ḥarām*-Monate respektierten, jene Monate, in denen es verboten war, zu töten und zu jagen. *al-'Uzza* wird auf immer mit der Erinnerung an die Unordnung und die Morde in der Stadt verbunden bleiben.[39] Und die Finsternis glich der heutigen, als Kreislauf von Armut, Gewalt und Unordnung. Der Islam wird diesen Kreislauf durchbrechen und den Arabern zeigen, wie sie die Sterne und die Zeit in den Griff bekommen und sich eine echte Gegenwart schaffen können. Aber um das zu erreichen, muß erst *al-'Uzza* nicht nur physisch vernichtet, sondern aus dem Gedächtnis gelöscht werden: Das Weibliche darf niemals mehr Macht erhalten. Die Zeit der weiblichen Macht wird die Zeit des Todes sein, die »Stunde Null«.

Die Stunde Null – Tödliche Weiblichkeit

al-'Uzza wird zerstört und, im Gegensatz zu *al-Lāt*, kaum von ihren früheren Anhängern verteidigt. Die Zerstörung ihres Tempels, die gleich nach der Eroberung Mekkas stattfindet, im Jahr 8/630, wird zu einem spektakulären Ereignis. *Ḫālid Ibn-al-Walīd*, einer der tapfersten unter den großen Kriegsleuten, ist damit beauftragt. Die Ordnung des Einen verlangt die Verschleierung jenes weiblichen Machtbereichs, der mit dem Heiligen zusammenfällt und sich mit ihm vermengt. Die Frau wird zwar in allen Angelegenheiten des Islam dem Mann gleichgestellt, sie ist eine Gläubige, ausgestattet mit Vernunft und Willen, aber auf politischem Gebiet ist sie unsichtbar. Im Kalifenpalast hat sie ihren Platz hinter dem Hijab, im Haremsbereich, dem Bereich des Verbotenen, in einem Raum, der von dem der Gewalt getrennt ist. Die Frau darf nicht mehr Zugang haben zu dem, was tötet und Unordnung schafft: der Macht, jene Stadt zu regieren, die unter der Herrschaft von *al-'Uzza*, Manat und *al-Lāt* in Blut badete. Der Kalifenpalast wird in zwei Teile geteilt, genau wie die Welt, in einen männlichen Teil, wo der Herrscher die Macht ausübt und die Gewalt in Händen hält, und in einen weiblichen Teil, den Harem, wo die Frau von allem ferngehalten wird, was nur annähernd mit Macht zu tun hat. Und heutigentags ähneln die modernen Parlamente zum Verwechseln den Kalifenpalästen der alten Zeit: Es gibt dort nur Männer, die über das Schicksal der Welt und ihrer Bewohner diskutieren, während die Frauen zu Hause warten, verschleiert und schweigend. Die Macht des Weiblichen wird von nun an und notwendigerweise mit der *ǧāhilīya* gleichgesetzt, der Stunde Null des Islam. Die Araber wissen sehr wohl, daß Null nicht Nichts ist, denn sie hatten den genialen Einfall, diese Zahl zu rehabilitieren (sie übernahmen sie von den Indern, die sie schon vorher kannten), und ermöglichten es so der Menschheit, intellektuell einen gewaltigen Schritt nach vorn zu tun und den Weg zur modernen Mathematik zu beschreiten. In Wirklichkeit ist die Verschleierung der Frau ideal, nicht nur, weil ihre Abwesenheit den Unterschied vergessen macht und die Fiktion einer Umma erzeugt, die einig ist, da sie homogen ist, sondern vor allem, weil damit in Vergessenheit gerät, was die Araber der *ǧāhilīya* nur zu gut kannten: Die unbezwingbare Festung der souveränen Individualität bleibt der Körper und seine unbezähmbare Sexualität. Die Araber der *ǧāhilīya* konnten sich erlauben, ihre Götter zu schmähen, stolz und hochmütig zu sein, weil sie wußten, daß sie unwiderruflich sterblich waren. Sie glaubten nicht an die Existenz einer anderen Welt, und sie fanden die Idee der Auferstehung (*al-ba'ṯ*), die der Prophet ihnen predigte, äußerst phantastisch.

al-Ba'ṯ, die Auferstehung nach dem Tode, schenkt dem Muslim Unsterblichkeit, indem er zwei Wunder in einem bewirkt: einerseits den Abschuß in die Umlaufbahn, die Verankerung des individuellen Lebens in der Bahn der Gestirne, und andererseits die Ausradierung des Uterus. Ein durch den Uterus einer Frau geborener Mensch ist notwendigerweise sterblich. Die Araber der *ǧāhilīya* kannten nicht die Vaterschaftsgesetze; sie fanden sie auch unwesentlich, weil sie sich für sterblich hielten und sich gar nicht vorstellen konnten, wie Gott sie aus einem Haufen Knochen wieder zusammensetzen wollte:

»Und sie sagen: ›Sollen wir etwa, wenn wir vermoderte

Knochen sind, in einer neuen Schöpfung auferweckt werden?‹

Sag: Ihr mögt Steine sein oder Eisen oder irgendein Stoff, etwas, was nach eurer Vorstellung schwer (zu erschaffen) ist. Sie werden dann sagen: ›Wer wird uns (ins Leben) zurückbringen?‹ Sag: Der, der euch erstmals geschaffen hat. Dann werden sie den Kopf vor dir schütteln und sagen: ›Wann wird das sein?‹ Sag: Vielleicht steht es nahe bevor.«[40]

Unsterblich zu sein war für einen Araber der vorislamischen Zeit undenkbar; er war mißtrauisch gegen alles und glaubte nur an das, was er sah: Die Kinder werden von einer Frau geboren, sie sterben und werden zu Staub. Die Vaterschaft hat nur Sinn für einen Mann, der sich für unsterblich hält, der sich als Glied einer Abfolge von Generationen begreift, als Teil eines Planes, der über die kurze und flüchtige individuelle Erfahrung hinausgeht. Für die *Ǧāhiliten*, die »Unwissenden«, war die Rückkehr ins Leben nach dem Tod reine Zauberei, *siḥrmubīn*, und der Islam hatte schwer daran zu schaffen, diese rauhen Beduinen dazu zu bringen, sich mit den Gestirnen anzufreunden und sie einzusetzen.[41] Die Toten werden im Jenseits auferstehen; der Muslim wird den Vorzug der *baʿṯ* genießen. Er wird wiedergeboren. Die Unsichtbarkeit wird zum Gesetz für die Frauen, die die Endlichkeit, den dummen und sinnlosen Tod, auf den Leib gezeichnet tragen. Zufällig ist dieser Begriff *baʿṯ* derselbe, den die Gründer der Baath-Partei Saddam Husseins entliehen haben, um ihrem Glauben an eine Wiedergeburt der modernen arabischen Welt Ausdruck zu verleihen. In der Tat haben alle Bewegungen zur Reform (*iṣlāḥ*) und Erneuerung der vergangenen beiden Jahrhunderte mehr oder weniger die *inbiʿāṯ*, die Re-Naissance, in Anspruch genommen. Der Islam hat also, wie die anderen monotheistischen Religionen auch, die Beziehung des Gläubigen zur Zeit vollständig verändert und bereichert, indem er dessen Leben direkt mit den Bahnen der Gestirne verknüpfte.

Der Islam wird den Arabern also im Tausch gegen ihre Unterwerfung die Unsterblichkeit geben. Das Jenseits wird ihnen den Königsweg zur Eroberung der Zeit weisen. Sie werden niemals sterben, das Paradies erwartet sie. Da aber die vom Uterus einer Frau geborenen Kinder sterblich geboren werden, wird das Gesetz der Vaterschaft eingeführt, das den Uterus wie den Willen der Frauen auf sexuellem Gebiet verschleiert. Der Islam machte den Arabern zwei Geschenke: das Recht auf Vaterschaft und einen Kalender, und es war der Körper der Frau, auf dem er den neuen Kode der Unsterblichkeit einbrannte. Die beiden Geschenke sind nur zwei Seiten ein und derselben Sache: des Vorrechts auf Ewigkeit. Von nun an gehörten die vom Uterus einer Frau geborenen Kinder ihrem Vater, und dieser ist sicher, ins Paradies einzugehen, wenn er sich dem göttlichen Willen unterwirft. Die Araber betreten die Geschichte durch das Haupttor der Beherrschung der Zeit, indem sie die Welt dem arabischen Kalender unterwerfen. Die Römer und Perser werden gezwungen, in ihren Verhandlungen mit ihnen nach dem Kalender der Hedschra zu rechnen. Ein Kalender, dessen Zahl Eins 622 Jahre des christlichen Kalenders auslöscht und Tausende Jahre des jüdischen Kalenders. Als Herren der Zeit und Herren der Frauen stürzen sich die Muslime in die Eroberung der Welt, den Koran in der einen, den Kalender in der anderen Hand, und sie haben mit der Schnelligkeit eines Blitzes einige Jahrhunderte lang Erfolg. Heute rechnen sie Soll und Haben nach dem christlichen Kalender. Und was die Frauen angeht, die Universitätsdiplome und die Anti-Baby-Pille unter dem aufgezwungenen Schleier bei sich tragen, sie protestieren und bedrohen die Stadt.

Die Angst vor der Gegenwart

Um seine politischen Probleme zu lösen, gab der mächtige Fatimiden-Kalif *al-Ḥakim* im 11. Jahrhundert dem Astronomen, Optiker und Mathematiker *Ibn-al-Haiṯam* (gestorben 431/1039) den Befehl, seine wissenschaftlichen Kenntnisse einzusetzen, um die Wasser des Nil zu regulieren und auf diese Weise die katastrophalen Schwankungen des Wasserstandes mit Überschwemmungen und Trockenheit zu beseitigen, die Teuerungen und folglich Revolten und politische Instabilität hervorrufen. *Ibn-al-Haiṯam* machte sich an die Arbeit, scheiterte aber. Seine mathematischen Kenntnisse erwiesen sich als unzureichend, um das Problem zu lösen. *al-Ḥakim* entließ ihn ungnädig, und *Ibn-al-Haiṯam* beendete sein Leben als Kopist. Dennoch wurde seine Abhandlung über die Optik ein klassischer Text, der im Westen in seiner lateinischen Fassung bis in Keplers Zeiten benutzt wurde.[1] Heutzutage würden arabische Staatschefs wohl kaum an eine ökologische Lösung dieses Ausmaßes denken, um Arbeitslosigkeit und Instabilität zu überwinden; sie würden eher daran denken, die Armee auf die Straße zu schicken und die Unruhestifter ins Gefängnis zu stecken. Und wenn es ein ökologisches Problem zu lösen gäbe, würden sie sich niemals an eine Gruppe arabischer Wissenschaftler wenden, sondern an eine amerikanische Firma. Genau das hat der Emir von Kuweit getan, um die Erdölquellen wieder in Gang zu bringen. Und dabei wäre es gar nicht so schwierig gewesen, Araber zu engagieren, denn »man schätzt die Zahl der aus muslimischen Ländern in die USA oder nach Europa abgewanderten Ingenieure mit akademischem Abschluß auf 30 000. Etliche arbeiten an verantwortlicher Stelle in

Forschung und Entwicklung. Unter den etwa 754 Spezialisten, deren Biographie in der neuesten Ausgabe der ›American men and women of science‹ abgedruckt ist, ... finden sich 225 Physiker und Mathematiker.«[2] Warum also hat, anders als ein Kalif des 11. Jahrhundert u. Z., weder der Emir von Kuweit noch sonst ein arabischer Staatschef daran gedacht, sich an diese Armee arabischer Wissenschaftler zu wenden und ihnen einen Forschungsauftrag zur Lösung der politischen Instabilität und Schlamperei zu erteilen?

al-Ḥākim koppelte die Souveränität, die er innehatte, mit einem muslimischen Kalender, der die politische Entscheidung an die Bewegung der Sterne und die Beherrschung der Zeit knüpfte. Heute sind die Muslime Exilierte bezüglich der Zeit, und dieses Exil wird durch die Einengung der Bereiche symbolisiert, die durch den muslimischen Kalender reguliert werden. Alles, was wichtig ist, vom Zeitplan der Flughäfen bis zur Bezahlung der Schulden und den Bankauszügen wird in westlicher Zeit angegeben. Für *al-Ḥākim*, den muslimischen Herrscher, waren die Zeit und der Lauf der Gestirne wechselseitig voneinander ableitbar. Kairo wurde unter seiner Herrschaft zum Treffpunkt der größten Astrologen der Welt. Als schiitischer Muslim wußte er besser als jeder andere, wie wichtig das Licht und die enge Verbindung mit den Sternen ist, um dem Leben einen Sinn zu verleihen. Die Fatimiden machten aus dem Licht ihre prinzlichen Gewänder; weiß und golden waren ihre Kleider und Turbane, die Astronomie war ihr Zeitvertreib und das Feld ihrer politischen Entscheidungen. *al-Ḥākim* hatte als Kind schon, wie wir alle in der Volksschule, die folgenden Koranverse aufgesagt:

»Und Er hat euch die Schiffe dienstbar gemacht,
daß sie das Meer durchsegeln nach Seinem Gebot,

und Er hat euch die Flüsse dienstbar gemacht.
Und dienstbar machte Er euch die Sonne und den Mond,
die unablässig ihren Lauf Vollziehenden.
Und dienstbar machte Er euch die Nacht und den Tag.«[3]

al-Ḥākim war im übrigen derart fasziniert von den Bahnen des Mondes und der Sterne, daß er ganze Nächte mit ihrer Beobachtung verbrachte, den Schlaf und schließlich die Welt vergaß und im Wahnsinn endete, der auf all jene lauert, die zu viel an den Tod denken. Denn was ist unsere Liebe zu den Sternen anderes als unsere Angst vor dem Tod? Wir gehen fort und sie bleiben, das ist die ständige Botschaft ihres mysteriösen und regelmäßigen Aufleuchtens.[4] Aber dies ist eine andere Geschichte. Jetzt möchte ich von unserer Zeit-Enteignung sprechen: Wenn dieser Golfkrieg psychologisch derart traumatisch war, dann deshalb, weil er deutlich machte, daß der Himmel und die Gestirne im Dienst Amerikas stehen. Und was ist der Islam anderes als die Dienstbarmachung der Zeit und der Gestirne, die unseren ganzen Kalender bestimmen, für die Muslime.

Kalender und Geschichte

Die Beherrschung der Zeit und die Verankerung des Lebens im Lauf der Gestirne ist eine Idee, die den Koran von Anfang bis Ende durchzieht:

»Er ist es, der die Sonne zu Helligkeit und den Mond zu Licht gemacht hat und Stationen für ihn bestimmt hat, damit ihr über die Zahl der Jahre und die Berechnung (der Zeit) Bescheid wißt. Gott hat dies wirklich geschaffen. Er setzt die Zeichen auseinander für Leute, die Bescheid wissen.«[5]

Als Muslim ist man Herr der Zeit und der Gestirne, die

Allah geschaffen hat, um uns die Einrichtung des *ta'rīḫ*, des Kalenders, zu ermöglichen. Es ist bezeichnend, daß wir das Wort *ta'rīḫ* sowohl für »Kalender« als auch für »Geschichte« benutzen: Der *ta'rīḫ* ist der Kalender, der es erlaubt, sich in der Gegenwart zu orientieren und die Daten für künftige Handlungen festzulegen, aber auch die zurückliegenden Tage und Jahre säuberlich zu ordnen. Ein Volk ohne *ta'rīḫ* hat weder Gegenwart noch Geschichte; es existiert einfach nicht. Im Arabischen gibt es mehrere Wörter für Zeit, u. a. *zaman, dahr, waqt*. Aber der Begriff *ta'rīḫ* verwebt die Zeit mit dem menschlichen Tun; es ist die Zeit, in der sich die Handlung entfaltet, in der die Ereignisse aufeinanderfolgen.

Mit dem Begriff *ta'rīḫ* nähern wir uns der geheimsten Dimension des Islam in dem Sinn, daß sie die am wenigsten »bewußte«, aber gewiß eine bedeutende ist: die Dimension der Vergänglichkeit, die zur Angst vor dem Tod führt. Wenn die Religionen mit solcher Kraft wieder aufleben, dann deshalb, weil alle bestehenden Wissenschaften in keiner Weise an der unerträglichen Kürze unserer Tage etwas ändern konnten.[6] Der *ta'rīḫ*, der muslimische Kalender, der im Jahr eins der Hedschra beginnt, löst diese Angst, indem er in ein und derselben begrifflichen Bewegung die *ba'ṯ*, die Wiedergeburt, schicksalhaft mit den Sternenbahnen, dem Entschwinden der Tage und Nächte, und mit den Frauen, dem Ausgangspunkt des Lebens, assoziiert. Könnte es sein, daß die Frauen, die mit dem Gebären die (Lebens-)Zeit des Individuums eröffnen, in irgendeiner Weise im geheimsten Innern unseres Unterbewußtseins mit jenem Tod verknüpft sind, den die Religion gerade leugnet? Könnte die Angst der Muslime vor der Vermischung, vor dem Eindringen der Frauen in die Straßen und öffentlichen Plätze, etwas mit der notwendigen Neueinschätzung unserer Beziehung zum

Tod, d. h. zur Zeit, zu tun haben? Könnte es sein, daß die sexuelle Krise, die in der besessenen Fixierung auf den Schleier so gut zum Ausdruck kommt, in Wirklichkeit eine Krise unserer Auffassung von der Zeit ist? Könnte es sein, daß die Frau, die die Geburt und damit notwendigerweise auch das Ende bedeutet, die Muslime zwingt, die Gegenwart neu zu überdenken, diese von ihnen so verachtete und vernachlässigte Zeit? Auf jeden Fall verdrängt der Traum von der Unsterblichkeit, den die Religion bietet, die Angst vor dem Tod in Richtung (Sonnen-)Untergang, aber um den Preis der Abwertung der Gegenwart. Und die gegenwärtige Zeit ist immer diejenige, die durch den regelmäßigen Lauf der Gestirne, der Sonne und des Mondes bestimmt wird, gestern wie heute. Bei jedem Sonnenuntergang sterben wir ein wenig, und dort, wo dieser besonders eindrucksvoll ist, wie an unserer atlantischen Küste, wird die ästhetische Begeisterung von der Angst überlagert, die uns beschleicht, wenn die Sonne im Meer versinkt, denn jedesmal wird uns ins Gedächtnis gerufen, daß uns wieder ein Tag weniger vom Ende trennt.

Die Gestirne und ihr Licht sind im Koran derart präsent, daß er in zahlreichen Versen geradezu davon vibriert. Das Aufblühen der Mathematik und der Astronomie ist also nur eine natürliche Folge. Den Kosmos kennen und die Bewegungen der Gestirne verstehen, heißt, die von Allah geschaffenen Wunder verstehen. Die Verfolgung eines Galilei ist im Islam undenkbar, weil dieser die Menschen, anders als das Christentum, nicht gezwungen hat, an einen »unbeweglichen« Himmel zu glauben: »Die orthodoxe Theorie war die des Ptolemäus, derzufolge die Erde im Zentrum des Universums unbeweglich stehe, während die Sonne, der Mond und die Planeten und alle Fixsterne sich um sie bewegten«, schreibt Bertrand Russell. Das ist ein großer Unterschied zum Islam.[7] Im Koran ist das gesamte Universum in Bewegung, was bedeutet, daß Mathematiker und Astronomen niemals die religiöse Autorität bedrohen können – ganz im Gegensatz zum Christentum. In Wirklichkeit, sagt Bertrand Russell, löst sich die Autorität der Kirche in Nichts auf, wenn sich die Erde um die Sonne dreht:

»Solange man dachte, daß die Sonne und der Mond, die Planeten und die Fixsterne sich einmal am Tag um die Erde drehten, war es leicht zu glauben, daß sie zu unserem Wohle existierten und daß wir in den Augen des Schöpfers von besonderem Interesse wären; doch als Kopernikus und seine Nachfolger die Welt überzeugt hatten, daß wir uns drehten, während die Sterne sich nicht um unsere Erde kümmerten; als außerdem offenbar wurde, daß unsere Erde verglichen mit mehreren Planeten sehr klein ist, ... wurde es immer schwieriger zu glauben, daß ein derart abgelegener und kleiner Ort so wichtig sein könnte, den Menschen zu beherbergen, wenn doch der Mensch die kosmische Bedeutung hätte, die ihm die traditionelle Theologie zumaß. Einfache Überlegungen zu den Größenverhältnissen ließen vermuten, daß wir vielleicht doch nicht das Ziel des Universums seien.«[8]

Der Islam wird niemals von der Astronomie oder von der Entdeckung neuer Galaxien bedroht werden, weil er eine Vorstellung von einem Kosmos in Bewegung hat. Was ihn bedroht, das liegt nicht außerhalb, sondern innerhalb des menschlichen Wesens. Es sind, wie wir gesehen haben, die Einzigartigkeit, die Einbildungskraft und die unverzichtbare Souveränität des Individuums, die für Ungleichgewichte und Spannungen sorgen. Der Galilei des Islam kann nur ein Essayist oder Romancier sein – wie der Fall Salman Rushdie gezeigt hat –, und die Psychoanalyse ist sicherlich ein Feld, auf dem es noch einmal zum Aufruhr kommen wird.[9] Es sind gewiß nicht die Sterne, die dem Islam Probleme machen, da ihre Bewegungen und ihre Macht ihn inspirieren und durchziehen.[10] Die Reichtümer der Erde und des Himmels gehören nach islamischer Vorstellung denen, die das irdische Handeln an den Lauf der Gestirne knüpfen, alles übrige folgt von alleine.

Heutzutage leben unsere Staatschefs völlig losgelöst von den Sternen und ihrer Bahn, sie begeistern sich kaum für die Astronomie, die der bevorzugte Zeitvertreib der Kalifen war. Der Himmel, die Sterne und die genaue Kenntnis davon sind das Monopol des christlichen Westens. Wir singen immer noch wie die Idioten *yā-lail, yā qamar* (O Nacht, o Mond), ein unumgänglicher Vers in jedem Liebeslied, und tun so, als wüßten wir nicht, daß sie den Herren der Satelliten gehören. Der *ta'rīḫ* (Kalender) war eine der Kostbarkeiten, die Gott den erbarmungswürdigen vorislamischen Arabern gab, die die Geschichte ignorierte und verachtete. Diese Verachtung kommt sehr gut in der Antwort des Königs von Persien auf den Brief zum Ausdruck, den der Prophet ihm im Jahr 6 seines eigenen Kalenders schrieb:

»Der Prophet entsandte acht Botschafter zu acht Prinzen, um sie zum Glauben an Gott aufzufordern ... Der König von Persien, *Kisrā Parwīz* zerriß den Brief des Propheten, nachdem er ihn gelesen hatte, und warf ihn dem Botschafter ins Gesicht, indem er sagte: ›Wie kann dieser Mensch, der mein Untertan ist, es wagen, mir einen derartigen Brief zu schreiben?‹ Er schrieb anschließend an *Bādān*, seinen Gouverneur im Jemen, mit folgenden Worten: ›Dieser Araber, der in Hedschas *(Ḥiğāz)* aufgetreten ist, hat mir einen unziemlichen Brief geschrieben. Schicke zwei kluge Leute, um ihn in Ketten vor mich zu führen, damit ich entscheide, wie ich mit ihm verfahre.‹«[11]

Wenn der Islam und sein Prophet an der Schwelle zum

21. Jahrhundert sinnvoll sind, dann deshalb, weil die *risāla* (der Koran als Botschaft) nichts anderes als eine Reihe von Rezepten darstellt, wie man der Verachtung der internationalen Mächte entgehen kann: indem man sich die Zeit aneignet, die Menschen und ihr Leben mit dem Lauf der Sterne in Einklang bringt. Von daher das Interesse, genau zu wissen, wer als erster die Idee des Kalenders hatte und weshalb gerade das Jahr 622 gewählt wurde.

Die Einführung des Kalenders

Wer hat als erster die Idee des Kalenders gehabt? Es gibt mehrere Versionen, aber zwei davon stimmen überein. Nach der einen sei der Prophet der erste gewesen, und zwar nach seiner Ankunft in Medina, also am Vorabend der Hedschra. Eine andere Version behauptet, daß sich erst zu Zeiten des Kalifen *'Umar* das Bedürfnis nach einem Kalender gezeigt habe.

»Als der Prophet, mögen die Gebete und der Friede Allahs mit ihm sein, in Medina ankam und der Monat des ersten *Rabī'* begann, gab er den Befehl, den *ta'rīḫ* einzuführen. Man hat uns gesagt, daß sie begannen, das Datum von seiner Ankunft an zu berechnen. Aber andere sagen, daß der erste, der den Befehl zur Einführung des *ta'rīḫ* gab, *'Umar Ibn-al-Ḫaṭṭāb* gewesen sei.«[12]

Mir scheint es logischer zu sein, daß der Prophet nach seiner Ankunft in der neuen Stadt den Kalender eingeführt hat, denn er hatte eine Vorstellung vom Kosmos, wie sie keiner seiner Schüler hatte. Man darf nicht vergessen, daß er auch die Richtung der *qibla* nach seiner Ankunft in Medina veränderte. Die Muslime beteten während mehrerer Monate in Richtung Jerusalem. Als aber die jüdische Gemeinde von Medina feindselig wurde, erhielt der Prophet den Befehl, die *qibla* nach Mekka auszurichten. Eine *'Umar* betreffende Anekdote gibt eine Vorstellung von einer Gesellschaft, die einen geistigen Umsturz erlebte, der einer komsischen Revolution glich.

»*aš-Šaʿbī* hat gesagt, daß *Abū Mūsa al-Ašʿarī* (der Gouverneur) an *'Umar* geschrieben habe: ›Ich habe von euch Briefe erhalten, die nicht mit einem Datum versehen sind.‹ *'Umar* hat seine Leute versammelt, um sich zu beraten. Manche meinten, man solle seine Datierung (*ta'rīḫ*) mit dem Zeitpunkt beginnen, als der Prophet seine Offenbarung erhielt. Andere sagten, es sei besser, das Datum der Hedschra zu nehmen. *'Umar* hat schließlich die *Hedschra* als Ausgangspunkt genommen, da er meinte: ›Erst zu jenem Zeitpunkt gab es wirklich einen Bruch zwischen *al-ḥaqq* (Wahrheit) und *bāṭil* (Irrtum).‹«[13]

'Umar war der 2. Kalif (er kam 13 Jahre nach dem Tod des Propheten an die Macht), und *Abū Mūsā al-Ašʿarī* war einer der ersten Gouverneure, die ins »Ausland« geschickt wurden, um die eroberten Länder zu verwalten. Die beiden als Symbol für den Bruch mit der Vergangenheit und den Beginn einer neuen Zeit vorgeschlagenen Zeitpunkte waren die Offenbarung (als Allah den Propheten über seine Mission aufklärte) und die Hedschra (als der Prophet 13 Jahre später mit 53 Jahren entschied, nach Medina zu gehen und mit Mekka zu brechen).

Das Problem des Kalenders hätte sich der zweiten Version zufolge erst gestellt, als die Muslime Zugang zur Verwaltung der Reichtümer der Welt bekommen hatten. In einer weiteren Fassung, die ich allerdings niederträchtig finde, heißt es, *'Umar* habe überhaupt nicht begriffen, was Datieren überhaupt bedeute:

»Laut *Ibn-Sīrīn* habe sich ein Mann erhoben und von

'Umar Ibn-al-Ḫaṭṭāb verlangt, mit dem Datieren (*ta'rīḫ*) zu beginnen. Dieser habe gefragt: ›Was bedeutet datieren?‹ Sie antworteten ihm: ›Das ist etwas, was die *a'āǧim* (Nichtaraber) machen, sie schreiben den Soundsovielten eines Monats eines soundsovielten Jahres.‹ *'Umar Ibn-al-Ḫaṭṭāb* sagte darauf: ›Sehr gut.‹ Sie beschlossen, mit dem Datieren zu beginnen. Einige sagten, daß der Beginn der Zeitpunkt sein sollte, als der Prophet die Offenbarung erhielt, während andere die Hedschra vorschlugen.«[14]

Bei dieser Version wohnt man der eigentlichen Geburt der Idee eines Kalenders in der Frage *'Umars* bei (Was heißt datieren?), sie ist aber mit Vorsicht zu genießen, denn *'Umar* war kein wilder Beduine, sondern ein Mitglied der Kaufmannsaristokratie der Stadt der Städte, Mekkas. Und wer Kaufmann sagt, der sagt auch datierte Dokumente und Register, und sei es nur, um die Schulden zu verwalten, worin die Araber Meister waren, denn Mekka lag an der großen internationalen Handelsroute. Daß *'Umar* nicht gewußt habe, was Datieren bedeute, ist also nur schwer vorstellbar. Plausibler ist, daß zu seiner Zeit beschlossen wurde, den Kalender systematisch und offiziell zu benutzen, um damit die Effizienz der rasch wachsenden Verwaltung zu steigern. Daß in der Ratssitzung, in der *'Umar* die Einführung des Kalenders erwog, eine Minderheit auch die Benutzung des persischen oder römischen Kalenders vorschlug, ist ein bedeutsames Detail, das zu unserer gegenwärtigen Verwirrung beigetragen hat. Im übrigen wurde »römisch« der ganze christliche Westen genannt, hier insbesondere Byzanz.

Diese Minderheit hatte bestimmt nichts von dem neuen Projekt Mohammeds begriffen, das eine Autonomie gegenüber den benachbarten Mächten darstellen sollte, und dies führt uns vor Augen, bis zu welchem Grad wir heute abhängig sind, da wir es inzwischen ganz natürlich finden, nach dem westlichen Kalender zu funktionieren.

Die Araber hatten keinen einheitlichen Kalender, sondern jeder Stamm, erzählt *aṭ-Ṭabarī*, hatte seinen eigenen *ta'rīḫ* nach einem Ereignis, das für ihn von besonderer Bedeutung war, eine Katastrophe, eine Hungersnot, ein Krieg usw.[15] Jede Gruppe schuf sich je nach Laune ihren *ta'rīḫ*, und es läßt sich leicht das Durcheinander vorstellen, das beim Tausch und bei der Kommunikation zwischen den Stämmen und zwischen den Städten herrschte. Die *Quraiš*, der Stamm des Propheten, der Mekka kontrollierte, hatten einen Kalender, der die Ereignisse nach dem Jahr des Elefanten datierte, als die Armee der Abessinier auf dem Rücken dieser eindrucksvollen Tiere in Mekka einmarschierte; das war etwa im Jahr 570 u. Z., das auch das Geburtsjahr des Propheten ist.[16] Man beschloß, den neuen Kalender damit beginnen zu lassen, denn Elefanten in Mekka sind nichts Alltägliches, und sie stellten einen unvergeßlichen Anhaltspunkt dar.

Die fehlende Einheit im arabischen Raum spiegelte sich also auch in ihrer Zeitmessung. Man braucht nur an das Durcheinander zu denken, das dieser merkwürdige Monat *nasī'* anrichtete. Laut *aṭ-Ṭabarī* erklärten die Araber denjenigen Monat zu *nasī'*, in dem sie Kriegs- oder Jagdzüge durchführen wollten, während die Sitte ihn zu einem verbotenen Monat erklärt hatte, in dem jede Gewalt untersagt war.[17] Laut *al-Mas'ūdī* hat der Monat *nasī'* eine andere Funktion:

»Die Mond-Monate beginnen mit dem *Muḥarram* und zählen 354 Tage, d.h. 11 ¼ Tage weniger als das syrische Jahr, was alle 33 Jahre einen Unterschied von einem Jahr ausmacht. Vor dem Islam schalteten die Araber alle drei Jahre immer einen Extramonat ein. Ihn nannten sie *nasī'*,

d. h. Verzug. Gott hat diese Sitte im 37. Vers der 9. Sure verurteilt: ›Die Verschiebung (der Kalenderordnung durch einen Schaltmonat) ist ein Übermaß an Unglauben.‹[18] Die Araber hatten eine regelmäßige Ordnung in ihre Monate gebracht: Sie gingen vom *Muḥarram* aus, dem ersten Monat des Jahres, und er wurde so genannt, weil während seiner gesamten Dauer Kriege und Schläge verboten waren.«[19]

Aber die beiden Interpretationen widersprechen einander nicht unbedingt. Man kann sich vorstellen, wie das passiert: Das Durcheinander tritt dann ein, wenn einige Stämme unbedingt jagen und töten wollen, ohne die Ruhezeit des Monats *ḥarām* zu beachten, und sich weigern, alle drei Jahre einen *nasī'* zu schalten.

Der Islam gab einem entzweiten und regellos lebenden Volk ein Mittel, sich die Zeit anzueignen und sich der Gestirne und ihrer Stellungen zu bedienen. Die Vormachtstellung auf Erden geht über die Beherrschung des Himmels. Hätte Präsident Saddam Hussein noch einmal die Einleitung von *aṭ-Ṭabarī* zu seinem *ta'rīḫ* gelesen, wäre er sehr schnell zu dem Schluß gekommen, daß *az-zaman*, die Zeit im elementaren Sinne des Aufeinanderfolgens von Stunden, an die auch er gebunden ist, Washington gehört. Selbst eine so schlechte Strategin wie ich würde sofort zu der Einsicht kommen, daß man, will man »das Erdöl dem Westen wegnehmen und in den Dienst der Araber und Muslime stellen«, diese Strategie zuerst im Himmel verankern muß, indem man die ebenso hilfreiche wie unumgängliche Überwachung der echten oder künstlichen Sterne übernimmt. Das war ganz klar für unseren Propheten, der vor Vollendung des 40. Lebensjahres die beste Zeit seines Lebens damit verbracht hatte, über die Macht und die Wege, wie man sie erlangt, nachzudenken. Sobald man sich daranmacht, die Stunde, den Tag oder die Nacht zu definieren, wird man sofort zu dem Schluß kommen: Ohne die Hilfe der Sterne wird ein Muslim nicht weit kommen. Sie sind dazu da, uns zu orientieren und den Kalender zu justieren, und so interpretiert auch *aṭ-Ṭabarī* die folgenden Koranverse:

»Und wir haben die Nacht und den Tag zu zwei Zeichen gemacht und das Zeichen der Nacht gelöscht und das Zeichen des Tages deutlich sichtbar gemacht, damit ihr danach strebt, daß euer Herr euch Gunst erweist (indem ihr eurem Erwerb nachgeht), und damit ihr über die Zahl der Jahre und (die Berechnung der Zeit) Bescheid wißt. Und alles haben wir im einzelnen auseinandergesetzt.«[20]

Die großen Strategen sicherten ihrer Armee den Sieg, indem sie sehr auf scheinbar geringfügige Punkte, wie die Lage der Quellen, die Kontrolle der Verpflegung, der Route und der Pässe und vor allem darauf achteten, daß die Operationen in einer genauen zeitlichen Abfolge aufeinander abgestimmt waren. Offensichtlich hat Saddam Hussein ein winziges Detail vernachlässigt, das den Erfolg über seine Feinde gesichert hätte, und zwar, daß er an die verbindliche Welt-Zeit angeschlossen ist, eine Zeit, auf die er keinen Einfluß hat und die das Privileg seiner Gegner ist, die keinen kriegerischen Akt unternehmen, ohne »die Sterne zu befragen«.

Die verbindliche Welt-Zeit

Wie Saddam Hussein ist *aṭ-Ṭabarī* in der Provinz Tabaristan geboren, und zwar im Jahr 224/838, und hat den größten Teil seines Lebens in Bagdad verbracht, wo er Theologie und Rechtswissenschaften lehrte. In seiner Epoche wurde die Zeit, in der jede Aktivität des Gemeinschaftslebens abläuft, mit *alif* definiert, mit der Festlegung des Beginns jeder Aufgabe, sei es des Schreibens eines Buches oder der Eroberung neuer Gebiete. Hätte Saddam Hussein dieselbe Überlegung wie *aṭ-Ṭabarī* tausend Jahre zuvor angestellt und erst einmal die Zeit definiert, in der seine Aktion ablaufen soll, hätte er sich sehr schnell darüber klarwerden müssen, daß seine Stunde die der verbindlichen Welt-Zeit ist, die von anderen Ländern diktiert wird:

»Im Oktober 1972 lieferte die Generalkonferenz für Maße und Gewichte diese Definition der verbindlichen Welt-Zeit, um wissenschaftliche Ereignisse zu datieren: ›Die Internationale Atomzeit ist die Koordinate der zeitlichen Anpassung, die vom Internationalen Büro für die Zeit auf der Basis der Angaben der an verschiedenen Orten betriebenen Atomuhren in Übereinstimmung mit der Definition der Sekunde nach dem Internationalen Einheitssystem erstellt wird.«[21]

Warum haben die westlichen Staaten – denn sie allein beherrschen zusammen mit den Japanern die Technologie, um auf diesen Gebieten Entscheidungen zu treffen – den Oktober 1972 abgewartet, um uns ihrer Zeit zu unterwerfen und sie für weltweit verbindlich zu erklären (wie die Demokratie der Charta!)? Nun, weil sie zuerst ein technisches Problem lösen mußten: Die Uhren mußten weltweit synchronisiert werden, und dies konnte nur durch ein engmaschiges minutiös ausgearbeitetes Netz von Satelliten am Himmel verwirklicht werden:

»Man glaubt heute, daß man bald soweit sein wird, (sagte Attali 1982!), die Uhren auf 10^{10} im Hemisphären-Maßstab zu synchronisieren, dies wird mittels Laserstrahlen möglich sein, die von in einer festen Umlaufbahn befindlichen Satelliten reflektiert werden: Laserkanonen werden Fotoblitze in Lichtgeschwindigkeit auf einen Satelliten schießen, sowohl um ihn zu lokalisieren als auch um die Zeit zu übermitteln ... Überall auf der Welt könnte dann eine Quarzuhr automatisch mit der Genauigkeit von 10^{10} nach der Sender-Uhr des Internationalen Büros für die Zeit gestellt werden ... Diese extreme Präzision wird die homogene Zeit organisieren ... Der Planet wird nach einer einzigen Uhr leben.«[22]

Der Golfkrieg, d.h. die Zerstörung Bagdads durch die ferngelenkten und »ferngesehenen« Bomben, war deshalb so tragisch für uns Araber und Muslime im allgemeinen, egal welcher politischen Zugehörigkeit, weil er uns deutlich machte, daß wir die Sklaven dieser »verbindlichen Welt-Zeit« sind, die wir beschlossen haben zu ignorieren, um ein wenig Würde zu bewahren; sonst müßten wir anerkennen, daß wir gar nicht existieren. Wir existieren nur im Zeit-Territorium des Westens. Dort liegt unser so schmerzlicher Identitätsverlust: das Zeit-Exil. Die fürchterlichste Kolonisierung ist die, die sich in unserer Zeit einnistet, die die Flüchtigkeit der Minute hat, die Flüssigkeit einer Stunde, denn auf dieser Ebene haben die Verletzungen mit der Identität zu tun; und die Verwirrung streift das Pathologische: »Die Japaner haben in zwei Jahren eine Million Spezialuhren für Muslime verkauft. Sie werden unter der Marke *Kabīr* (groß) vertrieben und läuten fünfmal täglich zum Gebet. Ein noch perfekteres Modell rezitiert stündlich einen anderen Vers aus dem Koran.«[23]

Diese *Kabīr*-Uhr – wer kann sie sich schon leisten außer denen, die die Erdölgewinne unter sich aufteilen – illustriert besser als alles andere die tragische Degradierung der Araber, denn sie bringt unsere Identitäts-Probleme auf den Punkt: die Einprägung eines heiligen, per Definition zyklischen Kalenders auf ein winziges Siliziumteilchen, eine technologische Unterlage, die jede sakrale Vorstellung vom Kosmos leugnet und den Triumph des elektronischen Zeitalters besingt, in dem der Profit das Maß aller Dinge ist. Das Zeitalter des wissenschaftlichen Menschen, der keine Angst vor dem Tod mehr kennt, ja sogar seine Macht aus der Sterblichkeit selbst zieht, denn er hat seine Götter schon lange begraben, der die Erde und die Sterne auf Ziffern reduziert hat, auf Materie-Quantitäten, die von zwischengeschalteten Satelliten konsumiert und verdaut werden. Als die arabischen und muslimischen Massen und die Intellektuellen auf die Straße gingen, um den Irak massiv zu unterstützen, geschah dies nicht, um sich an die Seite von Saddam Hussein zu stellen, sie wollten vielmehr die Käufer der *Kabīr*-Uhren und anderen Spielzeugs verurteilen, die alle Einkünfte aus dem Erdöl verschleudern, statt die Wissenschaft zu fördern und eine zur Hoffnungslosigkeit verurteilte Jugend zu erziehen. Und wenn man von der arabischen Jugend spricht, dann meint man ein demographisches Problem ohne Beispiel in der Welt: »Die jährliche Zuwachsrate der Gruppe der 0–24jährigen liegt praktisch doppelt so hoch wie in der ganzen übrigen Welt...«[24] Im Jahr 2000, d.h. in nur wenigen Jahren, werden 61% der arabischen Bevölkerung zwischen 0 und 24 Jahren alt sein, während diese Altersgruppe nur 48% der Weltbevölkerung stellt.[25] Und diese arabische Jugend ist, entgegen der allgemeinen Auffassung, über das Fernsehen mit dem verbunden, was im Westen geschieht, denn das Projekt eines arabischen Satelliten, der »ein gemeinsames emanzipiertes und emanzipatorisches Fernsehen ermöglichen« sollte, ist gescheitert.[26] »Arabsat« ist gescheitert, weil die arabischen Staaten vor allem kein Fernsehen wünschten, das emanzipiert; sie meinten, wenn sie die Verträge unterzeichnet und die Gebühren bezahlt hätten, dann könnten sie daraus auch, wie aus ihrem »nationalen Fernsehen«, ein Propagandainstrument machen, um ihrer »Größe« zu schmeicheln. Das

Kabīr-Syndrom ist jedenfalls bei denjenigen, die die Entscheidungen und die Petrodollars in der Hand haben, sehr verbreitet. Die arabischen Massen wie Idioten behandeln, heißt vergessen, daß ein Volk, das über ein Gedächtnis verfügt, dieses niemals verliert und nur schwer »auf Vordermann gebracht« werden kann. Alle Handwerker in den Medinas, alphabetisiert oder nicht, wissen von dem Geschenk, das Harun al Raschid Karl dem Großen überreichen ließ. Sie wissen, daß er die Wissenschaften förderte und seinesgleichen Wundergeschenke machte:

»807 [u. Z.] erhielt Karl der Große aus Bagdad ein Geschenk von Harun al Raschid. Es war eine Klepsydra (eine Art Wasseruhr) aus Messing mit beweglichen Figuren, die in den Annalen von Eginhard als ähnlich der Uhr des Herkules von Gaza beschrieben wurde.‹ Ein Text aus dem 17. Jahrhundert beschreibt sie folgendermaßen: ›Eine Maschine, die durch die Kraft des Wassers bewegt wird, markiert die Stunden durch eine entsprechende Anzahl kleiner Bronzekugeln, die auf eine Bronzeglocke fallen. Um zwölf Uhr mittags kommen zwölf Reiter durch zwölf Fenster heraus, die sich hinter ihnen schließen.‹ Diese Beschreibung erscheint trotz ihrer späten Entstehung wahrscheinlich, denn in dem Buch ›Livre de la Connaissance des dispositifs mécaniques ingénieux‹ *(Kitāb fī ma'rifat al-ḥiyal al-ḥandasīya)* von *Badī'-az-Zamān Ismā'īl Ibn-al-Razzāz al-Ǧazarī* (geschrieben um 602–603/1205–1206) heißt es, daß solche Wasseruhren in der gesamten arabischen Welt gebräuchlich seien.«[27]

Diese Erinnerung ist es, die uns vor der Erniedrigung bewahrt, da sie uns historische Tatsachen liefert, die die Gegenwart perspektivisch zurechtrücken; die Träumereien über Harun al Raschid stellen die Frustrationen über die Qualität unserer Führung in den Brennpunkt. Nicht weil der ehrenwerte Abassiden-Kalif ein begeisterter Anhänger der Demokratie gewesen wäre – jedermann weiß, daß er den Despotismus in Vollendung errichtete –, sondern weil er die Entscheidungsgewalt, die er dem Volk genommen hatte, dazu nutzte, um große wissenschaftliche und ökonomische Projekte durchzuführen. Der moderne Despotismus reißt ebenfalls die Entscheidungsgewalt an sich, aber nur, um bei den Japanern *Kabīr*-Uhren zu bestellen. Doch um auf den muslimischen Kalender zurückzukommen: Interessanterweise wurde er zwar von der Führung festgelegt, doch es sind die einfachen Leute, die ihn als Symbol der Abgrenzung und Erinnerung bewahren.

Es ist jedem, der Marokko als Tourist besucht hat, sicher schon einmal passiert, daß er freitags in die Medina zum Einkaufen gegangen ist und alle Geschäfte geschlossen gefunden hat. Und dies, obwohl offiziell der Sonntag als Ruhetag gilt, sei es privat oder öffentlich. Der traditionelle Sektor, d. h. Millionen Leute, die niemals Zugang zum modernen Sektor gehabt haben und die im informellen Sektor festgefahren sind, wo weder ein Minimallohn noch soziale Sicherheit garantiert werden, ignoriert den offiziellen Kalender und funktioniert nur nach dem heiligen Kalender. Man kann sagen, daß der Klassenkampf in Marokko sich u. a. in der Wahl des Kalenders manifestiert. Die Ärmsten orientieren sich am muslimischen und die Reichsten am westlichen Kalender. Manchmal gibt es Zusammenstöße, etwa bei den Direktoren der Textilfabriken von Rabat und Salé, die sich für die Herbstlieferungen niemals mit ihren deutschen Kunden treffen können. Das *Maulūd*-Fest (Geburtstag des Propheten), das auf den Kalendern des deutschen Kunden nicht markiert ist, wird von den unterbezahlten und sozial nicht gesicherten Arbeitern der marokkanischen Fabrik als ein willkommenes Datum angesehen, um an allen möglichen Feiern und religiösen Festen teilzunehmen. Da der marokkanische Direktor sie nicht wie Sozialpartner behandelt, nehmen sich die Arbeiter eine Woche frei, jedenfalls im Prinzip; doch wenn die Stimmung auf dem Fest und das Gemeinschaftsgefühl bei den kollektiven Tänzen und den religiösen Gesängen besonders gut sind, dann verlängern sie das Fest um eine weitere Woche.

Der Kampf um den Kalender ist auch ein Kampf der Generationen. Wenn die einen für den Fundamentalismus sind, sich Bärte wachsen lassen und in die Moscheen laufen, so singen viele andere lauthals die Lieder der Hitparaden und träumen eher von Kojak und Dallas als von Harun al Raschid. Der muslimische Kalender ist für diese Jugend, deren Frustrationen durch den Fernseh-Konsum noch gesteigert werden, eine immer schwächer werdende Orientierung. Unser Tragödie ist, daß unser Kalender immer stärker nur noch für die religiösen Feste und das Ritual verwendet wird. Und dennoch geht in der Mehrzahl der arabischen Länder zum Beginn des muslimischen Jahres, am Vorabend des ersten *Muḥarram*, die Jugend in der Stadt sehr früh schlafen, während man dann am 31. Dezember vor dem Morgengrauen kaum ein Auge zumacht. Autos hupen, Jugendliche singen, die lokalen und internationalen Radiosender mit den neuesten amerikanischen Hits dröhnen. Unser ganzes aktives Leben, die Produktion von Gütern und Dienstleistungen, die politischen und wirtschaftlichen Entscheidungen, der Transport von Menschen und Ideen, die Banken und die Flughäfen hängen von der verbindlichen Zeit ab (das euphemistische »Welt«- lassen wir mal weg!). Da wir gezwungen sind, nach dem westlichen Kalender zu leben, gibt unser Kalender nur noch die Zeiten für das Gebet an, und dieses hat nur den Sinn, das Leben des einfachen Gläubigen mit der Bahn der Gestirne zu verbinden. Warum sonst tragen die fünf Gebete gerade die Namen der Sonnenstationen am Himmel? Die Gebete sind nur das In-die-Umlaufbahn-Bringen, denn der Gläubige behält ständig die Sonnenbahn im Auge, um sie dort einzuschreiben: Das erste Gebet nennt sich *al-faǧr*, d. h. Morgendämmerung, das zweite ist *aẓ-ẓuhr*, die Sonne in der Mitte des Himmels; *al-ʿaṣr*, das dritte Gebet, feiert die Sonne, wenn sie drei Viertel ihrer Himmelsbahn erreicht hat; *al-maġrīb*, das vierte, signalisiert den Untergang, und *al-'ašā'* kündigt die Nacht an.

Wir leben nicht mehr im Rhythmus des heiligen Kalenders, und wir verfügen nicht über die technologische Basis, die allein den Zugang zum *kaun* (Kosmos) garantiert, der seit je Ziel der Mächte und ihrer Machtspiele ist. Ohne Beziehungen zu unserem muslimischen Kalender und noch weniger zum elektronischen Kalender der verbindlichen Zeit ruft diese doppelte Beziehungslosigkeit an unseren doch so lichtdurchfluteten Vormittagen dieses Dämmerungsgefühl und dieses Fragen hervor, das ich so oft aus dem Munde junger Studenten höre: »Was ist mit uns passiert? Warum hat unsere Arbeit keinen Wert? Warum ist unser Leben so absurd?« Was soll man diesen jungen Menschen voller Hoffnung und Unschuld antworten, die glauben, daß die »Alten« die Weisheit besitzen? Man kann nur die Augen senken und das Gespräch abbrechen.

Den Mond ins Arabische *qamar* umtaufen, ist sicher nicht die Lösung, wie die Islamisten in ihrem Schmerz hinausschreien. Ein Zurück zum Jahr eins der Hedschra ist nur insofern wichtig, als es gilt, das Wesentliche zu erfassen: Das schönste Geschenk, das der Islam den Arabern gemacht hat, ist die Lehre, den Kopf hoch zu tragen im elementarsten Sinn des Wortes. Er hat uns gelehrt, stets mit Blick auf die Sonne und die Sterne durch das Leben zu gehen, d. h. eng mit dem Kosmos verbunden und in dem Bewußtsein, ein

Teil davon zu sein. Diese galaktische Tradition des Islam muß reaktiviert werden, da sie unsere Entwicklung grundlegend vorantreibt, denn sie hängt mit der »Planetarisierung« zusammen, die die Technologie ermöglicht und ermutigt. Der Unterschied zwischen einem Araber der *ǧāhilīya* und einem muslimischen Araber im Jahr Null besteht darin, daß ersterer nur den Stamm sah, den er berauben wollte, weil er zwei Kamele mehr hatte als seiner, während der muslimische Araber mit den Gestirnen verbunden war. Und diese kosmische Betrachtungsweise gab dem Leben einen Sinn und kurz darauf auch Macht. Der Verlust dieser Dimension stellt das eigentliche Identitätsproblem dar und verursacht die Beunruhigungen in unserer gegenwärtigen Lebensart: Sie besteht nur aus Verirrung und Absurdität, weil unser Handeln auf das Nichts gerichtet ist. Der Tanz um die Sterne, das wissenschaftliche und technologische Fest, ist nicht universal, es ist ein Stammestanz um die amerikanische Fahne.

Eine Moderne ohne Universalität: Die Fahne von Armstrong

Das Gefühl des Absurden, das die Gegenwart von uns Arabern beherrscht, ist u. a. auf die Tatsache zurückzuführen, daß die Moderne uns in jedem Augenblick in Erinnerung ruft, daß sie westlich ist und daß der Mond seit jener Nacht des 20. Juli 1969, als ein großer blonder Mann dort *seine* Fahne aufpflanzte, nicht mehr universal ist. Dieser große Blonde hieß Armstrong und war Amerikaner. Wir waren glücklich, jenem Triumph des wissenschaftlichen Geistes beizuwohnen, diesem außerordentlichen Vorstoß zu den Sternen, aber durch die Fahne des Astronauten wurden wir zur Ordnung gerufen, denn sie war nicht universal, sondern die seines eigenen Stammes, wie Joseph Campbell so richtig bemerkte, ein amerikanischer Experte, der über Mythen, d. h. das Archaische, arbeitet:

»Und dann, als wären sie sofort zu Hause, waren zwei Astronauten in ihren Raumanzügen in einer Traum-Landschaft zu sehen, wie sie ihren Aufgaben nachgingen und die amerikanische Fahne aufpflanzten.«[28] Vielen Amerikanern schwoll die Brust vor lauter Stolz, aber jene, die über die Verantwortung ihres Landes nachdachten, eine Universalität zu schaffen, zu der jeder eingeladen ist, egal welche Fahne oder Kultur er besitzt, waren von dieser archaischen Geste schockiert. Nach der amerikanischen Fahne wurde den nichtwestlichen Zuschauern die Bibel verabreicht, denn die Astronauten, die nach Armstrong kamen, hatten eine in ihrer Tasche und rezitierten vor den Kameras den ersten Vers der Genesis: »Am Anfang schuf Gott Himmel und Erde. Und die Erde war wüst und leer, und es war finster auf der Tiefe.«[29] Wie traurig war es, schließt Campbell, »festzustellen, daß man nichts vorzuschlagen hatte, um dieses wunderbare Ereignis zu feiern, ein Gedicht etwa, das in der Lage gewesen wäre, eine Idee zu liefern oder einfach das Wunder und die Großartigkeit des Universums auszudrücken, zu dem wir unterwegs waren.«[30]

Der Westen, der uns einen universalen Traum vorgaukelt, hat eine große Verantwortung, von der in entscheidendem Maße abhängt, wie die Zukunft der Menschen aussehen wird. Die Verantwortung des Westens ist so groß, weil er quasi das Monopol über alle Entscheidungen auf wissenschaftlichem und technologischem Gebiet besitzt. Er allein kann entscheiden, ob die Satelliten dazu benutzt werden, die Araber zu erziehen oder Bomben auf sie zu werfen. Daß die Dritte Welt, geschlagen und nicht in der Lage, am Fest der Wissenschaft teilzunehmen, sich einen Sinn zu geben versucht, indem sie aus den Mythen und der Erinnerung schöpft, ist verständlich und zur Not entschuldbar. Aber daß der Westen, der den Weg in das galaktische Zeitalter gebahnt hat, die Stammesfahnen und die Bibeln hervorholt, um die ersten Schritte auf dem Mond zu weihen, hilft den Ausgeschlossenen und den jungen Arabern nicht, sich als Partner dieser Universalitäten zu begreifen. Dabei ist offenbar, daß dieser mächtige und monolithische Westen, der die Araber noch in den Träumen verfolgt, eher einer Fiktion entspricht als der Wirklichkeit, vor allem in den 90er Jahren, seit dem Fall der Berliner Mauer; unter unseren Augen wird er ausgehöhlt, hin- und hergerissen von seinen eigenen Kämpfen, von ethnischen und regionalen Rivalitäten. Aber wie dem auch sei, für uns Araber stellt dieser in unzählige Wünsche und konfliktreiche Interessen gespaltene Westen nichtsdestoweniger in unserem alltäglichen Leben eine Macht dar, die uns mit ihrem Potential erschlägt und uns bis in die kleinsten Details unseres Lebens verfolgt, angefangen bei den importierten Gütern bis zu den Filmen, die am Abend gratis unsere Terrassen überfluten. Vom arabischen Ufer des Mittelmeeres aus gesehen, ist der Westen, genauer Europa, so zerrissen und gespalten er auch sein mag, eine Macht, die uns erschlägt, unsere Märkte abschnürt, unsere kleinsten Ressourcen, Initiativen und Möglichkeiten kontrolliert. So nehmen wir es jedenfalls wahr, und der Golfkrieg hat diese unsere Wahrnehmung zur Gewißheit werden lassen. Daher die nur allzu berechtigte Frage, die wir legitimerweise stellen können: Ist der Westen in der Lage, eine universale Kultur zu schaffen? Man könnte uns erwidern, daß die universale Kultur das Geschäft derjenigen ist, die die Monopole in der Hand haben, insbesondere das Wissen. Und in diesem Sinn ist die Verantwortung des Westens außerordentlich groß. Sicherlich könnte der Westen eine universale Kultur schaffen, wenn er auf das Monopol des wissenschaftlichen Know-how und des elektronischen Kalenders verzichtete. Der Westen könte eine universale Kultur schaffen, wenn er auf seine Fahne verzichtete.

Die gerechte Teilung und der Zugang aller zum Wissen sind nicht utopisch, sie sind sogar in der Natur dieser elektronischen Technologie angelegt, die nichts anderes als Kommunikation und Zirkulation von Ideen ist. »Macht und Reichtum sind per Definition«, sagt Toffler, »die Apanage der Stärksten und Reichsten, während das Wissen die revolutionäre Eigenschaft besitzt, daß die Ärmsten und Schwächsten es ebenfalls erringen können. Sie ist also die demokratischste aller Machtquellen.«[31] Der Westen kann die Herausforderung aufheben, die er der menschlichen Geschichte entgegenschleudert, indem er an seinen eigenen Archaismen arbeitet, und die beste Methode wäre, die anderen zu Verbündeten zu machen. Angefangen bei den Tausenden von Intellektuellen und Wissenschaftlern aus der Dritten Welt, die, oft als politisch Verfolgte, im Westen leben und nur äußerst selten eingeladen werden, an den Überlegungen teilzunehmen, die der Westen über Universalität anstellt. Sie könnten eine Brücke werden zwischen diesem so mächtigen und verwirrenden Westen und den anderen Kulturen mit ihren komplexen Wünschen nach Veränderung und Dauerhaftigkeit, ihren Öffnungen und Zurückweisungen, ihrem Zögern und Zurückweichen.

Von diesem verantwortlichen Schritt des Westens hängt zum großen Teil das Schicksal der Frauen ab, denn, so paradox es auch scheinen mag, es sind diese maskierten und von der Tradition gelähmten Ausländerinnen, die die Moderne in die Egeria (Ratgeberin) der Freiheit verwandelt hat. Sie sind es, die am lautesten den Individualismus besingen, denn sie waren mehr als alle anderen durch das Gruppengesetz gefesselt. Seit langem zum Schweigen verurteilt, reimt sich in ihrem Lied »Freiheit« auf»Spezialistentum«, führen sie eine ganz neue Musik in den Städten ein. Sie faszinieren und sie erschrecken, sie machen wütend und sie fordern heraus. Die Imame verurteilen sie, aber sie trotzen ihnen. Ohne Maske, verletzlich und mit nacktem Gesicht, machen sie sich auf den Weg, zum ersten Mal ohne Überwachung, in eine Stadt, wo alles sicher ist außer den Grenzen.

Das Lied der Frauen – Aufbruch in die Freiheit

Die arabische Welt wird auseinanderbrechen.

Das ist keine Prophezeiung, sondern die Intuition einer Frau, und Gott, der alles kennt, weiß, daß sie sich selten irrt.

Sie wird auseinanderbrechen aus dem einfachen Grund, weil alle, die Fundamentalisten an der Spitze, eine Veränderung wollen. Daß sie uns vorschlagen, wir kämen voran, indem wir rückwärts marschierten, ändert nichts an der Tatsache, daß auch sie glühend die Veränderung wollen. In ein anderes Irgendwo gehen, kollektiv in eine andere Gegenwart emigrieren, ist in dieser Weltgegend ein starker Wunsch. Die Ausländer spüren es vielleicht nicht so sehr, aber ich wache jeden Morgen mit dem Transistorradio unter dem Kopfkissen auf: Alles kann geschehen, alles kann von einer Minute zur anderen verändert sein. Indem der Golfkrieg das Messer in die Wunden (Abhängigkeit, fehlende Demokratie, Ohnmacht) gebohrt hat, hat er auch tief in uns etwas zerstört. Ich habe lange nachgedacht, was das sein könnte, und ich glaube, daß er die verschiedenen Zirkel der Angst zerbrochen hat, mit denen wir uns fröstelnd umgeben haben. Was kann den Arabern noch Schlimmeres passieren als das, was geschehen ist? Der gesamte Westen mit all seiner Technologie beim Abwerfen von Bomben? Etwas Schlimmeres kann nicht passieren. Das war der Gipfel des Schreckens. Und wenn man durch den Schrecken gegangen ist, das wissen alle, die starke Depressionen durchlaufen haben, kommt man von seiner Angst befreit daraus hervor. Nicht, daß man sie wirklich los ist, aber man kann mit ihr umgehen. In diesem Sinn denke ich, daß die arabische Welt, die durch all ihre Ängste wie gelähmt war, schließlich durch diesen Krieg die Gelegenheit hatte, sie sämtlich noch einmal zu durchlaufen, und nun, wenn auch noch wankend, mit der festen Überzeugung daraus hervorgekommen ist, daß der Salto ins Unbekannte doch das am wenigsten Gefährliche ist, was uns passieren kann. Dieses erzwungene und kollektive Eindringen ins Unbekannte ist bereits Bestandteil der morgendlichen Späße geworden, die man sich zuruft, wenn man gut gelaunt ist. *Māzāl i'īš* (Immer noch am Leben?) hat während des Krieges das »Guten Tag« ersetzt. Alle Welt weiß jetzt, daß Überleben für einen Araber bedeutet, sich zu verwandeln, Dimensionen zu erforschen, die versperrt waren: *'aql* (Vernunft), individuelle Freiheit, *ra'y* (Meinung) und vor allem *ḫayāl*, dieses Imaginäre, das uns die Vormachtstellung in den Galaxien der Zukunft sichern wird. Aber wenn auch alle Araber sich in dieser Nach-Golf-Zeit wegen all der sich bietenden Möglichkeiten überrascht anschauen, so sind doch die Frauen schon vor mehreren Jahrzehnten zu ihrem entschlossenen und gefährlichen Marsch in das Land der Freiheit aufgebrochen. Warum, wird man fragen, bilden gerade die Frauen diese abenteuerliche Avantgarde? Weil wir nichts zu verlieren haben als unsere Ängste, unsere Masken und all die Verstümmelungen, die die Absonderung und Einsperrung mit sich gebracht haben.

Die Frauen sind ungeduldig, sich in das Abenteuer und das Unbekannte zu stürzen. Und das Symbol dieser Ungeduld ist diese palästinensische Mutter Courage, die man täglich auf den Bildschirmen sieht: sie steht, weder eingeschüchtert noch haßerfüllt, den israelischen Soldaten auf der Straße gegenüber, schnauzt sie an wie Halbwüchsige, die sich darum herumdrücken, sich wie Erwachsene zu benehmen.

Die arabischen Frauen haben vor der Moderne keine Angst, weil sie eine unverhoffte Gelegenheit bietet, etwas anderes als die erdrückende Tradition aufzubauen. Sie haben es eilig, an neue Ufer zu kommen, wo die Freiheit möglich ist. Seit Jahrhunderten haben sie, eingesperrt und maskiert, davon gesungen, aber niemand hat zugehört. *Muḥammad al-Fāsī*, ein marokkanischer Wissenschaftler, hatte die Idee, einige der Lieder zu sammeln, die in den Harems von Fez in den 30er Jahren zirkulierten. Viele erzählen von verbotenen Leidenschaften, nächtlichen Begegnungen, verrückten Eskapaden, und manche machen sich über die Schlösser und Ketten lustig, andere singen von dem Vogel:

»Der Vogel! Der Vogel!
Ich hab ihm einen Käfig aus Seide gebaut
Und nie dachte ich, daß er davonfliegt,
Nachdem er sich zähmen ließ.«[1]

Die Frauen haben sich niemals zähmen lassen. Die Männer glaubten, daß man sich an das Eingesperrtsein gewöhnen könne. Die Frauen aber warteten auf ihre Stunde, die des Unterschieds in Würde, die der Teilnahme und des Dialogs, und sie ist gekommen.

Aufbruch der Frauen – Angst der Imame

Die Frauen sind schon davongeflogen.

Sie vollbringen bleich und feierlich die große Pilgerfahrt, von der die Großmütter so oft geträumt haben: ohne Maske zu tanzen, den Blick auf einen Horizont ohne Grenzen gerichtet.

Sie haben Angst, sie stolpern und fühlen sich zerbrechlich, und sie fragen sich, wie man ohne Ketten laufen kann.

Aber die Anziehungskraft der großen Weite ist unwiderstehlich.

Sie fallen und stehen wieder auf, sie informieren sich und sie sträuben sich; wie soll man sich am Umherschweifen erfreuen, wenn man im Käfig groß geworden ist?

Anfangs, erschrocken und erschreckend, versteinerten sie die Männer. Dann, im Lauf der Jahre, in einer grausamen und gleichgültigen Welt, erwachten die Liebhaber aus ihrer Betäubung und begannen, den Frauen zuzuhören, die vom Umherschweifen sangen und sich nach der Zerstörung der Grenzen sehnten. Ein so seltsamer Gesang, daß er zum Verwechseln jener Symphonie des Universalen gleicht, die der fremde Westen als Hymne auf die Galaxien anstimmt. Die Harems gibt es nicht mehr, außer auf Postkarten oder bei den wenigen Emiren, die genug Geld haben, um sich ein Kitsch-Bagdad zu schaffen. Die übrigen Männer beginnen sich in dieser apokalyptischen Renaissance beinahe zu Hause zu fühlen, wo man Kraft aus der Bewegung schöpfen kann und nicht aus der Vergangenheit. Im Abgrund – nichts anderes ist die Moderne –, so singt der syrische Dichter Adonis, muß der arabische Mann sich verwandeln, sich neu denken in kosmischen Begriffen, und sich möglicherweise sogar den Mantel des Windes anlegen:

»Er kommt waffenlos wie der Wald
Unaufhaltam wie die Wolke
Gestern noch trug er einen Kontinent
Und verdrängte das Meer ...
Die Ungewißheit ist seine Heimat
Aber seine Augen sind zahllos
Er geht im Abgrund
Und im Mantel des Windes.«[2]

Die arabischen Frauen sagen nicht immer, was sie denken, aber diese Männer, die im Abgrund laufen, die im Mantel des Windes einhergehen, sind mehr denn je die Liebhaber, von denen die Frauen immer geträumt haben, Nomaden der Moderne, leichtfüßig und ohne Gepäck, die keine Heimat suchen, denn die Bewegung gehört zu ihrem Volksstamm. Es ist nicht wahr, daß unsere Mütter mit unseren Vätern und deren Turbanen aus Gewißheiten glücklich waren. Mein Onkel *Ḥağğ Muḥammad* stürzte jedesmal den Tisch um und drohte damit, die Scheidungsformel auszusprechen, wenn Tante *Kenza* ein wenig zu viel Salz oder Pfeffer in den Freitags-Couscous getan hatte. Am Tag seines Todes hat sie ihn beweint, und sie pflegt und kultiviert die Erinnerung an ihn, aber hat sie ihn geliebt? Kann man einen Mann lieben, der immer recht hat, da das Gesetz die Frau zum ehelichen *ṭāʿa* verpflichtet? Verunsicherte Männer, die sich selbst suchen, sind, wie wir alle wissen, der Gipfel der Verführung. Die arabische Jugend weiß es, und die schönsten Liebesgeschichten blühen auf. Eines ist sicher, daß die Frauen entschlossen sind, nicht mehr auf die *ḫuṭabā* (Predigten) zu hören, die sie kaum mitredigiert haben. Sie sind bereit für den Kreuzzug, sie haben immer gewußt, daß die Zukunft in der Zerstörung der Grenze liegt, daß das Individuum geboren ist, um respektiert zu werden, daß der Unterschied bereichernd ist. Die Charta von San Francisco ist für sie weder eine Neuheit, noch ein Bruch, sondern einfach die gesetzliche Fassung eines Traumes, den die Verlierer immer bei sich trugen wie einen schützenden Talisman.

Unterdessen sind die Imame erbost, die über die Jahrhunderte hinweg gepredigt haben, daß *ṭāʿa*, Gehorsam, eine Pflicht sei. Dem Gatten zu gehorchen, heiße Gott zu gehorchen. *Ṭāʿa* gab es im Harem gegenüber dem Kalifen, es gibt ihn immer noch im Zivilrecht. Die Imame ereifern sich, denn wenn erst einmal der häusliche *ṭāʿa* durch die schwachen

Frauen in Frage gestellt ist, dann kann man doch kaum noch damit rechnen, daß die Männer die Augen vor dem Führer senken. Die Bescheidenheit der arabischen Frau ist der Schlüssel zu den politischen Systemen. Ganze Kapitel in allen *Ṣaḥīḥ* (Sammlung von *aḥādīṯ*, Sprüchen und Handlungen des Propheten) schreiben uns vor, wie wir die Haare tragen müssen, wie wir den Blick senken müssen und wie wir uns die Bescheidenheit gleich einem Hemd überstreifen müssen. Die Predigten werden weitergehen. Ein neues Buch über die Gefahren der Vermischung, das mit hohen Kosten in einem grün-goldenen Umschlag in Kairo veröffentlicht wurde, bietet dem Gläubigen für 95 Dirham (10 Dollar) 700 Seiten über »Kleidung und Schmuck: Die reinigende Tradition«.[3] Der Autor hat darin alles zusammengestellt, was die *fiqh* (die religiöse Wissenschaft) den Frauen betreffs entscheidender Fragen zu tun vorschreibt, etwa das »Kapitel über Hosen«, das »Kapitel über das Zupfen und Verfeinern der Augenbrauen« oder »Hat man das Recht, Lippenstift zu tragen?« und schließlich die sehr wichtige Abhandlung über »Die Schuhbekleidung«. Nun, offensichtlich sind noch nicht alle Männer für den Aufbruch bereit, für die Reise ins Ungewisse, in die pluralistische Moderne, in die schutzlosen Städte, denn sie verdienen viele Petrodollars, wenn sie an die Wohltaten des Hijab und die Tugenden des Gehorsams erinnern.

Und es wird die Gewalt der Vorfahren gegen jene mobilisiert, die den Gehorsam verweigern, diesmal nicht gegen die Mutaziliten oder die Sufis, die seit langem begraben sind, sondern gegen jene, die ihr Lied singen, die Frauen, die eine Stadt ohne Wälle wollen, wo die Kinder in unbefestigten Behausungen heranwachsen und Wurzeln schlagen in der einzigen Tradition, die noch zählt, jener der umherschweifenden Sterne.

Und die friedlichsten Gewaltopfer und schweigsamsten Sündenböcke in den Städten unserer Vorfahren waren die Frauen. Die Kalifen hatten vor ihnen nie den geringsten Respekt. Sobald eine Krise eintrat, wurden sie und der Wein als erstes verdammt. Die Frau und der Wein galten jahrhundertelang als die Quelle all unseres Unglücks.

Das Kalifat und die Frauen

Das Verbot der Vermischung, das Festschreiben der Trennung von Mann und Frau als Mittel des Krisenmanagements, ist in der politischen Geschichte der Muslime durchaus nicht neu. Es hat Tradition, zudem eine staatliche Tradition. Die Oppositionsbewegungen, die die Vergangenheit zurückfordern, um die Verachtung der Frauen durchzusetzen, haben in dieser Hinsicht nichts Neues geschaffen. Ein muslimischer Herrscher, der sich einer Krise gegenübersieht, etwa Hungerrevolten oder Volksaufständen, ergreift also zwei Maßnahmen, die stets zuallererst bei jeder Unterwerfungsstrategie eingesetzt werden: die Zerstörung der Weinlager und das Verbot für die Frauen, die Häuser zu verlassen, und vor allem dieselben Transportmittel wie die Männer zu benutzen. Damit werden sie in den großen Städten wie Kairo oder Bagdad, die von Flüssen durchzogen werden, vollkommen bewegungsunfähig gemacht. Der Wein und die Frauen, das ist der gordische Knoten der Krise, die Operation *ta'ṯīr*, die rituelle Reinigung des sozialen Körpers. Die Gewalt gegen die Frauen, die wir im heutigen Algerien erleben, wie die Brandstiftung am 15. November 1989 im Haus einer Frauenrechtlerin in Annaba, steht ganz in der Tradition der Kalifen.

al-Ḥākim, der Fatimiden-Kalif, der den Mathematikern

befahl, die Wasser des Nils zu regulieren, wandte sich dann Maßnahmen zu, die leichter durchzuführen waren. Um die Massen zu beruhigen, als das Niedrigwasser anhielt und eine gewaltige Inflation[4] hervorrief, gab er 405/1014 den Befehl, die Ägypterinnen einzusperren. »In jenem Jahr verbot *al-Ḥākim* den Frauen für immer, die Häuser zu verlassen, und er verbot ihnen, den Hammam aufzusuchen, und ließ keine Schuhe mehr für Frauen herstellen. Viele widersetzten sich dem Befehl und wurden getötet ...«[5]

Einige Jahrzehnte später, im Jahr 487/1094, aber diesmal in Bagdad, unter der Herrschaft der rivalisierenden Abbasiden-Dynastie, befahl der Kalif *al-Muqtadī* (der 28. Kalif), die Sängerinnen und Sünderinnen aus Bagdad zu vertreiben. »Ihre Häuser wurden verkauft. Und den Leuten wurde verboten, ein Bad ohne ein *mi'zar* (feiner Stoff, der um die Hüften gewickelt wird) zu betreten ... Den Schiffern wurde auch verboten, Männer und Frauen zusammen zu transportieren.«[6] Wenn in einer Umma, die von wirtschaftlicher Unsicherheit geschüttelt wird, der Zorn eines Herrschers die Frauen trifft, dann sind diese Maßnahmen oft Teil eines Ganzen von ebenso vergeblichen wie verunsichernden Verboten, wie etwa dem Verbot bestimmter Nahrungsmittel und Getränke, denn sie bringen das in die Stadt, was die Muslime am meisten fürchten: die Banalisierung der Gewalt. Die Verbindung, die in der historischen Erinnerung zwischen Krise, Notzeiten und *ta'ṯīr* hergestellt wird, ist sehr stark und zieht sich durch alle Jahrhunderte bis zum heutigen Tag. Scheich Abbasi Madani, einer der Führer der Fundamentalisten in Algerien, ist überzeugt, daß es die Frauen und der Hunger sind, die allen wirtschaftlichen und politischen Schwierigkeiten, von denen sein Land geschüttelt wird, zugrunde liegen:

»Unsere Religion empfiehlt uns, Rat zu spenden. Und der

Prophet, das Heil sei ihm, hat gesagt, daß ›die Religion ein Rat sei‹ ... Wir haben also versucht, unseren Brüdern unter allen Umständen den Rat zu geben, am Wohlergehen dieser Gemeinschaft und dieses Landes gemeinsam zu arbeiten ... Wir haben die moralischen Nöte gesehen, die in keiner Weise auf der Religion oder der Tradition in Algerien fußen. Der Weinkonsum ist erlaubt worden, die Vermischung in den Schulen, Gymnasien und Universitäten haben die Vermehrung von Bastarden zur Konsequenz gehabt. Die Verderbtheit hat sich ausgebreitet, und wir sehen, daß die Frauen sich nicht mehr verschleiern und vor allen Augen ihren geschminkten und nackten Körper darbieten, im Hause und in der Öffentlichkeit. Wo ist die Würde der Algerier, nachdem seine Ehre öffentlich geohrfeigt wurde ...«[7]

Das Sanierungsprogramm eines Führers, der derlei Analysen anstellt, ist also recht schlicht. Man muß den Wein verbieten und die Frauen einsperren.

Es ist nach gängiger Vorstellung beileibe keine Schande, die Bewegungsfreiheit der Frauen einzuschränken und die Hälfte der Bevölkerung zu lähmen, sondern ist Bestandteil der Schutzmaßnahmen eines jeden muslimischen Herrschers. Diese Auffassung von der Krise und den Möglichkeiten, sie zu lösen, ist eine Konstante der politischen Theorie und Praxis, denn man findet sie bei den alten und modernen Historikern im muslimischen Westen und im Osten. Daß die Frauen durch ihr Auftauchen in den Straßen und in der Politik die mächtige Berber-Dynastie der Almoraviden *(al-Murābiṭūn)* zerstört haben, die das westliche Imperium beherrschte, das sich über Spanien und ganz Nordafrika erstreckte, ist für *al-Marrakūšī,* einen der brillantesten Historiker seiner Zeit, ein Faktum. Er führt uns einen der letzten Herrscher vor, der gegenüber einer Flut von Gegnern nach

Art der Charidschiten ohnmächtig war, die – genau wie die Fundamentalisten heute – einen starken Einheitsstaat vorschlugen und sich damals *al-muwaḥḥidūn* (die, die einigen) nannten; die Erbitterung gegen die Frauen war ihre propagandistische Trumpfkarte. *al-Marrākušī* faßt die Krise so zusammen: »Die politische Lage des Herrschers der Gläubigen wurde gegen Ende 500 der Hedschra immer bedrohlicher, die *manākir* (Verstöße gegen die Moral) wurden immer allgemeiner, und zwar deshalb, weil die großen Persönlichkeiten des Reiches sich wie Despoten aufführten ... Die Frauen übernahmen die Geschäfte, man vertraute ihnen die Macht an ... Andalusien erhob sich und drohte in seinen früheren Zustand zurückzufallen«, d. h. zurückzufallen in das Christentum.[8] Die *murābiṭūn*, die aus dem Süden, der Sahara, gekommen waren, wo das Nomadentum der Frau immer einen wichtigen Platz in der Gruppe einräumte (bis auf den heutigen Tag), zeigten tatsächlich ein viel respektvolleres Verhalten gegenüber den Frauen, und diese, wie *Zainab*, die Frau von *Yūsuf Ibn-Tāšfīn*, dem Gründer der Dynastie, spielten eine wichtige Rolle in der Politik.

Sieben Jahrhunderte später, mitten im 20. Jahrhundert, wiederholt ein so außerordentlicher Mann wie *Aḥmad Amīn*, Autor der Trilogie *Fağr al-islām* (Morgendämmerung des Islam), *Ḍuḥā al-islām* (Mittag des Islam) und *Ẓuhr al-islām* (Dämmerung des Islam), eines monumentalen Versuchs, aus 15 Jahrhunderten Geschichte eine Synthese herzustellen, dieselben abgedroschenen Redensarten. Ihm zufolge sind die Frauen definitiv die Totengräberinnen der Dynastien. Sobald sie sichtbar werden, geht es mit den Dynastien und der Ordnung bergab. Und diese Tradition wird von der islamischen Opposition, die dem Schleier huldigt, reaktiviert.

Diese Jahrhunderte des Weiberhasses, der in den Korridoren des kalifalen Despotismus als Tradition kultiviert wurde, werden von den muslimischen Frauen heute in Frage gestellt. Die Gläubigen, die durch die von allen Seiten auf sie einstürzenden kosmischen Veränderungen aus der Bahn geworfen sind, werden nun in die Pflicht genommen, das zu tun, was noch vor drei Jahrzehnten als Witz galt, nämlich die Frau als ihresgleichen anzusehen. Das ist ein Verzicht auf das Ideal von der homogenen Stadt, die sorgfältig in zwei hierarchisch aufgebaute Bereiche getrennt ist, in der nur ein Geschlecht die Politik handhabt und die Entscheidungen trifft. Das Auftauchen der Frauen bedeutet das Auftauchen des Fremden in der Stadt. Das ist die schmerzhafte und notwendige Lehre von der pluralistischen Gesellschaft – in der Gesellschaft, wo die *ḥiṣn*, die überwachende und kontrollierende Zitadelle, immer das Gesetz ist. *Almuḥṣana* ist einer der juristischen Namen einer verheirateten Frau, die durch ihre Heirat wie durch eine *ḥiṣn* geschützt ist, und das bürgerliche Recht reproduziert in jedem Paragraphen dieses Schema einer Familie nach dem Vorbild des Kalifenpalastes, wo man Gehorsam (*ṭā'a*) schuldet, und der Wille des Führers alles bestimmt. Die Schlacht der 90er Jahre wird die Schlacht um das bürgerliche Gesetzbuch sein, das die Frauen als unvereinbar mit der Charta der Menschenrechte anfechten und die autoritären Staaten als geheiligt verteidigen. Die Moderne, die die Frauen über den Umweg der Erziehung und der Lohnarbeit aus dem Haus auf die Straßen trieb, verwandelte die ideale, homogene Stadt in ein gefährliches Terrain, wo die entschleierten und unehrerbietigen Frauen eine unbekannte Sprache sprechen. Die Gleichheit, die diese fordern, so sagen die Anhänger des kalifalen und despotischen Islam, sei eine fremde, importierte Idee. Diese Frauen seien Verräterinnen, Verbündete des Westens und seiner Philosophien, wie gestern die Mutaziliten und die Rationalisten, die versuchten, griechische Ideen einzuführen.

Die Frauen waren und sind die Zielscheibe von Gewalt und Einschüchterungen, sei es seitens der Regierungen, sei es seitens jener Oppositionsbewegungen, die sich auf die Vergangenheit berufen. Das war der Fall im Pakistan der 80er Jahre und ist immer noch der Fall im Iran heute; zu Beginn der 90er Jahre zeigt sich das Phänomen in Algerien, und morgen kann es sich woanders zeigen. Der Grund ist einfach: Die Frauen sind die einzigen, die öffentlich und nicht nur mit Worten, sondern auch mit Taten – indem sie sich entschleiern und das Haus verlassen – ihren Willen kundtun, als Individuum anerkannt zu werden.[9] Sie stellen heutzutage eine der dynamischen Komponenten der im Werden begriffenen zivilen Gesellschaft dar. Wenngleich sie bis jetzt politisch noch nicht organisiert sind, ist es ihnen doch gelungen, eine der Zitadellen zu infiltrieren, die ihnen lange verboten war: das formale Wissen. Das Wissen mit Zeugnis und Diplom ist eine neue Errungenschaft für die Frau, denn bisher war alles, was die Frauen konnten, vom Kindererziehen bis zum Teppichknüpfen, wertlos und kaum bezahlt.

Der radikale Widerspruch der Frauen

Eine Sache, die der auf die verschleierte Frau fixierte Westen nicht weiß, die Imame aber nur zu gut wissen, ist, daß die Frauen weder in Harems eingesperrt noch verschleiert und auch nicht schweigend sind.[10] Sie haben ganz massiv verbotenes Territorium betreten, insbesondere die Universitäten, wo Wissen produziert wird. Wenn im Iran die Imame die Frauen so streng überwachten, dann deshalb, weil sie 19 %

des Lehrpersonals an den Universitäten (1986) stellten, während die Vergleichszahl für die Bundesrepublik im selben Jahr nur 17 % betrug.[11] Anders läßt sich nicht verstehen, warum eine der ersten Maßnahmen des Imam Khomeini als Staatschef 1980 die Einführung des Gesetzes über den Hijab war, das ihn für jene Frauen, die in Regierungsinstitutionen arbeiteten, obligatorisch machte.[12] Der systematische Feldzug der Fundamentalisten gegen die Frauen – von seiten des Staates oder der Opposition – richtet sich nicht gegen beliebige Frauen. Es wird nur eine bestimmte Kategorie ins Visier genommen: die Mittelschichtsfrau, die Zugang zu einer Ausbildung und zu einer bezahlten Arbeit hat. Sie ist das Monstrum, das beherrscht werden muß. Der Feind ist nicht das unterbezahlte und ohne gewerkschaftlichen Schutz arbeitende weibliche Proletariat, das von den langen Autobusfahrten erschöpft ist und die traditionelle Djellaba überzieht, um den Nachtbus zu nehmen. Dieses Proletariat interessiert weder die Opposition noch die Regime, die sich auf das heilige Buch berufen. Sorgen macht ihnen die Frau, die alle sichtbaren Privilegien genießt und ausübt: entblößtes Gesicht, die Haare im Wind, Auto und Handtasche mit Personalausweis und vor allem einem persönlichen Paß. Die beunruhigende Frau ist nicht jene, die sich damit begnügt, im Familienregister eingetragen zu sein, und ihren Mann für sich wählen läßt, sondern diejenige, die Zugang zur Universität gefunden hat und von ihrer neuen akademischen *minbar* (Kanzel in der Moschee) herab predigt, schreibt, erzieht und protestiert. Sie ist die Zielscheibe der Fundamentalisten, ob von königlichem Geblüt oder aus dem Volke stammend.

Diese Kategorie Frauen hat das WAF (Women Action Forum) gegründet, das in den 80er Jahren gegen das Militärregime von Zia ul-Haq auf die Straße gegangen ist. Es sind auch diese Akademikerinnen, die in den 80ern durch die Straßen von Algier gezogen sind und vor dem Präsidentenpalast nach Demokratie gerufen haben, und sie waren die ersten, die den Despotismus hinter dem Sozialismus der FLN (Front de Libération Nationale) entlarvt haben. Es ist nicht so, daß die Frauen aus dem Volk nicht daran teilnehmen und nicht protestieren, aber ihre Ketten sind schwerer, seien es nur ihre vielen Kinder, die sie in Ermangelung von Krippen beaufsichtigen müssen, oder die langen Schlangen vor den Autobussen. Sie machen mit, wenn sie können, aber natürlich stehen nicht sie in der ersten Reihe. In beiden Fällen, sowohl in Pakistan als auch in Algerien, sind die Frauen auf die Straßen gegangen, um gegen die Scharia der Funktionäre zu protestieren, und nahmen damit das Risiko auf sich, als *kāfirāt* (Ungläubige) verurteilt zu werden. Und in beiden Fällen sind die Träger dieser Bewegungen niemand anderes als dieses weibliche Lehrpersonal an den Universitäten, das bereits 1984 in Pakistan 25 % und in Algerien 24 % ausmachte.[13]

Um die Intensität der aktuellen Gewalt gegen den Wunsch der Frauen nach Befreiung zu begreifen, muß man sich in Erinnerung rufen, mit welchem Eifer sie sich seit dem Zweiten Weltkrieg in die Ausbildung gestürzt haben, wie Ertrinkende auf ein Stück Treibholz; und in weniger als zwei Generationen haben sie die akademische Festung genommen. Die moderne Universität war aufnahmebereiter, weniger feindselig gegenüber den Frauen, und man muß hier die entscheidende Rolle der progressiven Intellektuellen anerkennen, die als erste die Frauen unterstützt haben. Entgegen der üblichen Vorstellung hat der progressive arabische Mann die Beziehung zur Frau bei seinem Wunsch nach Veränderung immer als zentral angesehen, und in Marokko waren die Linken die Verbündeten und Vertrauten der

Frauen. Ihnen ist es zu verdanken, daß die Dinge in Bewegung gerieten und die Universität zu einem Ort der Hoffnung wurde. Höhere Studien wurden von den Frauen meiner Generation nicht als Luxus, sondern im Gegenteil als Chance angesehen, um befreit von der allgemeinen Verachtung, die noch vor wenigen Jahrzehnten die traditionelle Situation charakterisierte, zu überleben. Die Frauen der 60er Jahre konnten sich weder Geschäften widmen, noch eine politische Karriere machen. Nur die Universität und die Erziehung waren legitime Bereiche außerhalb der Mittelmäßigkeit. Es ging nicht darum, etwas zu lernen, um Krankenschwester oder Pflegerin zu werden, denn die subalterne Position reproduzierte die häusliche Atmosphäre. Daher griff man zum Medizinstudium. Der Prozentsatz der Studentinnen der medizinischen Wissenschaften betrug 1987 in Tunesien 50%, in Syrien 37% und in Algerien 30%.[14]

Die Geschwindigkeit der Veränderungen in den zwischengeschlechtlichen Beziehungen war schwindelerregend, wenn man den Zugang zur Universität als Index benutzt. Der Anteil der weiblichen Professoren in Japan, ebenfalls einer traditionellen und besonders konservativen Gesellschaft, betrug trotz der Förderung im wissenschaftlichen und technologischen Bereich nach dem Zweiten Weltkrieg 1987 nur 10%. Der Anteil der weiblichen Professoren in Ägypten (1986: 28%) ist höher als in den USA (1980: 24%) und Frankreich (1987: 23%).[15] Da liegt das Geheimnis Ägyptens, das uns immer wieder überrascht, jenes Landes, in dem der virulente Fundamentalismus der Muslim-Bruderschaft sein einziges Gegenstück in der Fronde der ägyptischen Feministinnen findet.

Der Fundamentalismus wurde in Ägypten im selben Jahr wie der Feminismus geboren, und beide sind seither miteinander verquickt. Für eine Maghrebinerin wie mich, deren

Mutter noch Analphabetin war, ist es immer wieder eine besondere Überraschung, an Konferenzen in Ägypen teilzunehmen. Die Wortführerinnen des Feminismus sind nicht junge Mädchen in Miniröcken. Es sind Frauen, die das Alter von Großmüttern haben, mit grauen Haaren und brüchigen Stimmen, deren Reden aber reines Vitriol sind. Die *Ǧāmi'at Iḫwān al-Muslimīn*, Vereinigung der Muslimbrüder, entstand in den Jahren 1928 bis 1936. Die feministische Ägypterin *Hudā Ša'rāwī* war damals, zwischen 1923 und 1947, dem Jahr ihres Todes, Führerin einer der – selbst gemessen an unseren heutigen Maßstäben – radikalsten Frauenbewegungen der Welt, die den Respekt vor dem Individuum einforderte.[16] 1920 hatten die Ägypterinnen schon eine bedeutende Sektion innerhalb der Wafd-Partei gebildet und den Respekt eines großen Teils der öffentlichen Meinung gewonnen. Die Wut der Fundamentalisten gegen die Feministinnen in der arabischen Welt ist der Tatsache zuzuschreiben, daß zwei Gruppen von der modernen Erziehung profitierten: Männer vom Land aus bescheidenen Verhältnissen und die städtischen Frauen aus der mittleren und höheren Klasse. Diese beiden Flügel der neuen Mittelklasse, die in den vergangenen Jahrzehnten entstanden ist, haben u. a. von der kostenlosen, vom Staat finanzierten Erziehung profitiert. Der Kampf zwischen ihnen ist natürlich; es ist eine Form des Klassenkampfes in einer arabischen Welt, die alles in allem außerordentlich dynamisch ist: Die Interessen dieser beiden Gruppen sind unterschiedlich, und es ist natürlich, daß sie miteinander um die Durchsetzung ihrer Auffassung ringen. Das Ungleichgewicht kommt daher, daß die Fundamentalisten das heimliche Einverständnis des Staates besitzen, während die Frauen alleine, ohne irgendwelche – sogar ohne göttliche – Unterstützung kämpfen. Denn die Fundamentalisten beanspruchen das Monopol, im Namen

Gottes zu sprechen. Gegenwärtig erleben wir seitens der Frauen die Rückforderung des Rechtes auf Gott und das historische Erbe. Diese Rückforderung kommt in verschiedenen Herangehensweisen zum Ausdruck. Es gibt Frauen, die innerhalb der islamistischen Bewegungen kämpfen, und solche, die über das muslimische Erbe arbeiten, es einer neuen Lektüre unterwerfen und dies als notwendig für unsere Moderne ansehen. Unsere Befreiung muß über die Aufarbeitung unserer Vergangenheit erfolgen, eine Neuaneignung all dessen, was unsere Zivilisation strukturiert. Die Moschee und der Koran gehören den Frauen ebenso wie die Satelliten am Himmel. Wir haben ein Recht auf all das, auf alle Reichtümer, die unsere Identität konstituieren. Die Reduktion der islamistischen Frauen auf gehorsame Beobachterinnen zeugt nur von einem schlechten Verständnis für die Dynamik der religiösen Opposition. Wir haben die Wichtigkeit von Begriffen wie *ḥaqq* (Recht) und *'adāla* (Gerechtigkeit) gesehen, und selbst wenn man die Frauen anfangs angeworben hat, um sie zu manipulieren, so erleben wir in vielen muslimischen Ländern wie dem Iran und Algerien die Entstehung starker feministischer Forderungen mitten in den islamistischen Parteien. Man sollte sich nicht von Stereotypen einschläfern lassen, sondern wachsam bleiben und ein offenes, analytisches Auge haben, wie etwa die iranische Soziologin *Nayereh Tohidi* und mit ihr eine ganze Expertenrunde von Frauen, die im Oktober 1990 in Helsinki zusammenkamen, um das Thema »Identitätspolitik und Frauen« zu analysieren. Sie kamen zu dem Ergebnis, daß selbst in den Reihen der Islamisten der Widerspruch der Frauen keimt und gedeiht.[17]

Parallel zu ihrem Eintritt in die akademische Welt haben die arabischen Frauen und insbesondere die Ägypterinnen anfangs innerhalb der nationalistischen Bewegung, später aber ganz unabhängig davon, etwa durch *Hudā Ša'rāwī*, eine feministische Bewegung geschaffen, die die Presse mit Pamphleten und Schriften nur so überschwemmte und die Gemüter gründlich durcheinanderbrachte.[18] Wir verdanken ihnen wahrscheinlich die Beschleunigung der Entscheidung, den Frauen das Stimmrecht und das Recht auf Erziehung und Arbeit zu gewähren, was in den ersten Entwurf der Charta der Arabischen Liga in den 40er Jahren aufgenommen wurde. In den 70er Jahren spielte die ägyptische Feministin Nawal el Saadawi *(Nawāl as-Sa'dāwī)* insofern eine wichtige Rolle, als sie die erste war, die die Araber dazu brachte, die Sexualität als bevorzugtes Feld der Gewalt und der autoritären Beziehung zu diskutieren. Millionen Jugendlicher stürzten sich auf ihre Bücher, die natürlich verboten wurden, was die Nachfrage nur steigen ließ. Sie hat uns die Politik der »unversiegbaren Feder« gelehrt, d. h., je mehr die Polizei verbietet, desto mehr muß man schreiben. Wenn eine Frau der Zensur zum Opfer fällt, darf sie sich vor allem nicht entmutigen lassen, sondern muß sich im Gegenteil zusammenreißen und sich klarmachen, daß sie statt fünf täglich sechs oder, besser noch, sieben Seiten schreiben muß. Das Ziel ist, den Zensor durch die Anstrengung der Lektüre, die er leisten muß, zu ermüden. Mehrere Verhaftungen unter verschiedenen Regimen haben Nawals Mut nicht ersticken können. Die Zeitschrift *Nūn*, die sie leitete, ebenso wie die von ihr ins Leben gerufene Gesellschaft »Solidarität der arabischen Frauen« wurden beide verboten, die Zeitschrift vor dem Golfkrieg, die Gesellschaft danach.

Aber die Überraschung der 80er Jahre waren die saudischen Frauen, denen es trotz verstärkter Überwachung und einer Atmosphäre wie im Kerker, seit den 70er Jahren gelungen ist, Universitätsdiplome zu erlangen. In Saudi-Arabien stellten die Frauen 1986 32% des Lehrpersonals an den Universitäten.[19] Natürlich sind die Universitäten nach Geschlechtern getrennt. Das verhindert nicht, daß manche Frauen in Saudi-Arabien unter ihrem Schleier den Doktortitel einer großen Universität, oft einer amerikanischen oder englischen, verbergen. Und eine Frau mit einem Doktortitel, die zum Hijab und zum Eingeschlossensein verurteilt ist, ist nicht die gleiche wie eine Analphabetin, die man in die Küche steckt. Das moderne Diplom hat eine neue Dimension herbeigeführt und die Autoritätsbeziehungen zwischen der Frau und ihrer Gruppe verwandelt. Das Gezeter der Imame gegen die Handvoll saudischer Frauen, die gegen das Fahrverbot verstießen und während des Golfkrieges am Steuer ihrer Autos durch die Straßen von Riad fuhren, läßt sich nicht anders erklären.

Selbst wenn es den Frauen gelungen ist, in alle möglichen Berufe einzudringen, sind es doch vor allem die Universitätslehrerinnen, die die Möglichkeit haben, in ihrer freien Zeit zu forschen und zu schreiben. Der Einfluß der Frauen, die schreiben, entweder als Journalistinnen und Chefredakteurinnen von Zeitungen oder als Romanschriftstellerinnen und Dramaturginnen, ist enorm.[20] Entgegen dem, was ich in westlichen Verlegerkreisen höre, verkaufen sich die von Frauen geschriebenen Bücher und die feministische Literatur sehr gut, und viele Schriftstellerinnen sind jahrelang auf den Bestsellerlisten vertreten. Romanschriftstellerinnen und Essayistinnen wie die Ägypterin *Salwā Bakr*, die Palästinenserin *Liyāna Badr*, die Libanesinnen *Ġādat as-Samān* und *Ḥanān aš-Šaiḫ*, die kuweitische Dichterin *Su'ād aṣ-Ṣabbāḥ*, die Syrerin *Ḥamīda Na'na'*, um nur einige wenige zu nennen, sind ständig an allen Kiosken vertreten und stellen in der ganzen arabischen Welt eine erhebliche Konkurrenz für die Petrokultur dar, d. h. für die konservative, von oben befohlene Propaganda.[21] Die Zeitschrift *Šahrazād*, die in Zypern von der Libyerin *Faṭima Maḥmūd* geleitet wird, ist in der ganzen arabischen Welt erhältlich. Sie bietet ihren Lesern die scharfsinnigsten Analysen über den Konflikt zwischen den Frauen und den konservativen Kräften.[22] Der klare Stil der Frauen, ihre einfache und direkte Darlegung dessen, was weh tut und geändert werden muß, das Fehlen von Anmaßung, tragen viel zu ihrem Erfolg bei, während die Debatte über derlei Fragen in der linken Presse Gefangene ewiger ideologischer Diskussionen und einer hölzernen Sprache ist.

Der Ruf nach dem Hijab, der sich in den 80er Jahren verstärkt hat, ist eine Reaktion auf diese Anwesenheit der Frauen und ihre kulturelle Agitation. Die Wut der konservativen Kräfte läßt sich nur im Kontext dieser kulturellen Ausstrahlung in einer Gesellschaft, in der Frauen traditionsgemäß Analphabetinnen sind, verstehen. Die religiösen Autoritäten, die im nationalen Befreiungskampf sehr aktiv waren, ruhten sich nach der Unabhängigkeit auf ihren Lorbeeren aus, wachten dann aber in den 80ern plötzlich auf und sahen sich einem starken *ġarīb* gegenüber, einem monströsen, nie gesehenen, unangekündigten Fremden: eine gebildete Frau, nicht verschleiert, die auf der Straße im Namen der Charta der Vereinten Nationen und der Menschenrechte gegen die Scharia der Funktionäre protestiert.

Aṣwāt al-ġarb, Stimmen des Westens, so wird dieses Phänomen, dieses Fremde in uns selbst, in unserer Stadt von den Konservativen identifiziert und etikettiert. Die Frauen heben den Hijab, und man findet ein *ġarīb*-Gesicht, fremd wie der Westen. Da kann man schon vom Weg abkommen und sich in der Richtung irren. Ein Kollege, der mich sehr schätzt, schafft es auch nach 15jähriger gemeinsamer Arbeit an der Universität Mohammed V bis heute nicht, mich als Einheimische zu akzeptieren und nennt mich immer *Fāṭima Swīdīya* (Fatema, die Schwedin), selbst wenn ich im August durch die Sonne am Strand schwarz wie eine Olive bin. Die »Monstrosität« der modernen Frau im Vergleich zum traditionellen Modell liegt nicht so sehr in der Tatsache ihres Zugangs zum Wissen begründet als vielmehr darin, daß sie das Bürgerrecht beansprucht und gegen den Staat opponiert, indem sie sich auf die Charta der Vereinten Nationen und die Erklärung der Menschenrechte beruft. Gelehrte Frauen hat es in der muslimischen Welt häufig gegeben, vor allem solche, die zu den gehobenen Schichten gehörten; sie beschäftigten sich übrigens oft mit dem Studium und der Weitergabe religiöser Texte, wie etwa die *muḥaddiṯūn (ḥadīṯ*-Experten). *ʿUmar Kaḥḥāla* hat ihnen einen großen Teil seines vierbändigen Werkes »Les Femmes Célèbres dans le Monde Arabe et Musulman« (Berühmte Frauen in der arabischen und muslimischen Welt) gewidmet.[23] Der verbreitete Analphabetismus selbst in den gehobenen Schichten ist ein Charakteristikum der Dekadenz, die zur Kolonisierung geführt hat.[24] Was allerdings neu ist und einen Bruch darstellt, das ist eine Frau, die ihren Protest als Problem zwischen sich und dem Staat darstellt, als neu auszuhandelnden Vertrag. Das ist gewiß eine grundlegende Revolution, denn traditionellerweise hat der Staat die Frau ignoriert, außer in Krisenzeiten, wenn er sich gegen sie kehrte.

Die muslimischen Frauen können sich vom Staat keine Hilfe erhoffen, das ist ihre Tragödie bei dem so langsamen Übergang vom mittelalterlichen, despotischen zum modernen Staat. Für sie ist der moderne Staat noch nicht geboren. Sie schlagen sich ganz alleine, und jede Form von Gewalt, angefangen bei derjenigen der Verwaltung, ist erlaubt, solange die Gesetzgebung die Ungleichheit ihres persönlichen Status sanktioniert. So erklärt sich auch, wieso die algerischen Fundamentalisten auf der Wahl durch Mittlerpersonen bestanden, denn so konnten sie bei den vergangenen

Wahlen für ihre Frauen abstimmen.[25] Die Moderne, das ist dieses Auftauchen der Frau als Bürgerin, die mit einem Schlag die Natur des Staates verändert. Und die schreckliche Gewalt, die sie in der kommenden Dekade aufzureiben droht, ist die Arbeitslosigkeit. Daher die Wichtigkeit für die Frauen, demokratische Verhältnisse auszuhandeln, und die Verantwortung des Westens, des Siegers in der Region und der entscheidenden Kraft in der neuen Ökonomie.

Die Auswirkungen des Golfkriegs auf die Frauen

Die größte Gefahr, die zur Destabilisierung eines arabischen Staates beiträgt, ist die Arbeitslosigkeit, die u. a. der Tatsache zuzuschreiben ist, daß das Bevölkerungswachstum mit 3,9 % eines der höchsten der Welt ist.[26] Von 1985 bis 1990 stieg die arabische Bevölkerung von 188 auf 217 Millionen Menschen, d. h. sie nahm innerhalb von fünf Jahren um 29 Millionen zu! Für den Zeitraum von 1900 bis zum Jahr 2000 rechnet man mit einer Zunahme um 64 Millionen, d. h. die arabische Bevölkerung betrüge am Ende des Jahrhunderts 281 Millionen.[27] Da die Hälfte der gegenwärtigen Bevölkerung weiblich ist – 108 Millionen, d. i. die Einwohnerzahl von Frankreich und Großbritannien zusammengenommen – und die Mehrheit von ihnen unter 24 Jahre alt ist, stellen die Frauen eine bedeutende Armee von Arbeitssuchenden. Schon 1990 sind zwei von drei Arabern junge Menschen im Alter zwischen 0 und 24 Jahren.[28] Diese Gruppe besteht aus 167,5 Millionen Menschen, wovon die Hälfte Halbwüchsige sind. Wenn man von den arabischen Frauen spricht, dann ist nicht die Rede von reifen und wohlhabenden Damen, sondern von 83 Millionen Arbeitssuchenden, die spät heiraten. Während früher die vorzeitige

Heirat die Regel war, erlebt man heute in der arabischen Welt einen spektakulären Anstieg des Heiratsalters, und da so etwas weder vorhergesehen noch gesetzlich geregelt war, sind die illegitimen kleinen Araber zahlreicher als früher.[29] Wenn man nach dem Hijab ruft, dann wird die Frau vom Arbeitsmarkt verbannt. Das ist eine extreme politische Waffe.

Der Hijab ist für die Politiker in der Krise wie Manna vom Himmel gefallen; er ist kein bloßes Stück Stoff, sondern Teilung der Arbeit. Ihn den Frauen zu verordnen, heißt, sie an den Herd zurückzuschicken: Jeder muslimische Staat kann seine offiziellen Arbeitslosen um die Hälfte reduzieren, wenn er an die Scharia im Sinne der despotischen Kalifen-Tradition anknüpft. Deshalb sollte man den Fundamentalismus keinesfalls auf eine Handvoll Verblendeter reduzieren, die in den Straßen Klamauk machen; man muß ihn im Gegenteil im geoarabischen und weltweiten ökonomischen Zusammenhang sehen, wie auch in Verbindung mit der Frage des Erdölreichtums und der Neuen Weltordnung, die uns der Westen vorschlägt.

Der Westen ist als Sieger aus dem Krieg hervorgegangen, aber mit ihm und in seinem Fahrwasser ist Saudi-Arabien, das konservativste Regime, das die Menschenrechte am meisten mißachtet, nicht nur gestärkt hervorgegangen, sondern sogar als eine mehr denn je entscheidende Kraft für unsere Zukunft. Zwei Drittel der Erdölreserven der Welt liegen in der Erde unter Mekka. Es ist normal, daß Millionen arabischer Arbeitsloser an eine gerechtere Verteilung dieser Reichtümer zur Lösung ihrer Probleme denken. Und diesen Millionen Arbeitslosen dienen die Begriffe *ḥaqq* und *'adāla* als Dynamit, um ihrem Gefühl der Frustration Ausdruck zu verleihen.[30] Die Erdöl-Dimension darf beim Fundamentalismus niemals übersehen werden; er war das unerwartete Kind der monströsen Hochzeit zwischen dem Kampf gegen linke und progressiven Ideen einerseits und den Bankkonten ohne Nationalität und ohne Grenzen andererseits. So wurde eine royalistische islamische Kultur geschaffen, für Riad maßgeschneidert, autoritär und rigide, unzugänglich für *raḥma*, dieser Zärtlichkeit der Genesis. Ein besserer Begriff für den Fundamentalismus wäre Petro-Wahabismus, dessen Pfeiler die verschleierte Frau ist.[31]

Die Geschlossenheit des Protests der maghrebinischen Volksmassen gegen die Bombardierung des Irak erklärt sich teilweise aus ihrer Feindschaft gegen das saudische Regime, das unfähig ist, die Reichtümer so zu verwalten, daß es in der Region Vollbeschäftigung gibt. Der Golfkrieg hat den Finger auf das Problem gelegt: Die fehlende Demokratie macht es möglich, daß dieses Erdöl als Monopol einiger Familien behandelt wird. Als während des Golfkrieges bekannt wurde, welche Summen Kuweit an die Regierung des Herrn Mitterrand gezahlt hat, um ihm bei der Überwindung der Krise zu helfen, wurde dies in den Medinas als ungerecht und absurd aufgenommen und kommentiert; diese Informationen bestätigten einmal mehr die allgemeine Überzeugung, daß die Vollbeschäftigung nur über eine Demokratisierung der arabischen Staaten zu erreichen sei.

Dieser grenzenlose Krieg hat eine Ära der Verantwortung ohne Grenzen eingeleitet. Von nun an weiß die arabische Jugend, daß die abgehackte Hand in Saudi-Arabien nicht allein auf das Konto des saudischen Regimes geht, das seine Schwäche in dem Konflikt bewiesen hat. Und vor allem weiß sie, daß es nicht der Islam ist, der solch schreckliche Dinge fördert, sondern ein anachronistisches Regime, das seine Archaismen nicht anders als unter dem Schleier des Heiligen verbergen kann. Der Islam ist unschuldig an dem, was sich in Saudi-Arabien entsprechend der uns von Mr.

Bush vorgeschlagenen Neuen Weltordnung abspielt. Bushs ethische Verantwortung ist von nun an in dieser Region im Spiel, ebenso wie die der Herren Mitterrand und Kohl sowie der Bürger, die sie in den westlichen repräsentativen Demokratien gewählt haben. Der Golfkrieg hat gezeigt, daß das Erdöl, das bis zum heutigen Tag als Zündstoff für ständige Feindseligkeiten in der Region funktionierte, paradoxerweise die Kulturen einander näherbringen und die Verantwortlichkeiten zuspitzen kann. Der Westen braucht das arabische Erdöl, das haben wir begriffen. Aber ist der Westen bereit zu verstehen, daß es, vor allem nach dem militärischen Triumph, ethisch unanständig wäre, allein den Nutzen daraus zu ziehen? Dieser Krieg öffnet den Weg zur Internationalisierung der Verantwortung und macht es allen möglich, über eine neue Gestaltung der Beziehungen auf diesem so klein gewordenen Planeten nachzudenken.

Werden die westlichen Demokratien, die ein vitales Interesse am Erdöl haben und aus dem Konflikt siegreich hervorgegangen sind, die einmalige Gelegenheit ergreifen, die Macht, die sie in der Region haben, zu nutzen, um die Demokratisierung der arabischen Welt voranzutreiben? Der ökonomische Druck, den sie auf die Regime ausüben könnten, die sich der Forderung nach Demokratie durch die Volksmassen entziehen und ihr Widerstand entgegenbringen, ist riesengroß.

Werden die westlichen Bankiers und die Generäle den arabischen Frauen, die in ihren Rechten beschnitten werden, zu Hilfe eilen, wie sie es im Fall Kuweit getan haben? Die Zukunft wird uns zeigen, bis zu welchem Grad der Westen bereit ist, sich für die Demokratie zu opfern, die er uns so sehr zu lieben gelehrt hat. Die Zukunft wird uns zeigen, ob der Westen auch bei der Durchsetzung dieser universalen Werte, die er predigt, Pionierarbeit leisten wird.

Der Westen hat sehr schöne Ideen, und er hat nun die Gelegenheit, uns zu zeigen, daß er wirklich weiter fortgeschritten und ethischer als der Rest der Menschheit ist. Wenn der Westen allerdings wirklich seine Macht zur Durchsetzung der Demokratie in der arabischen Welt nutzt, dann schadet er seinen eigenen Interessen, die ihm der gegenwärtige Status quo garantiert. Denn Demokratie in der arabischen Welt würde bedeuten, die Macht an diese Millionen junger Leute zu übertragen, die davon träumen, die Erdölressourcen zu ihrem eigenen Nutzen einzusetzen; sie würden also den Status quo, der durch den Golfkrieg bestätigt wurde, in Frage stellen.

Wird der Westen selbst die Legitimität der Regime untergraben, die er gerade aus dem Sturm gerettet hat, und die progressiven Kräfte stärken, so daß eine zivile Gesellschaft entsteht, die an Entscheidungen teilnimmt und die Rechnung verlangt? Dies ist die Herausforderung, die dieses Szenario an die großen euro-amerikanischen Völker stellt, die vom Universalismus und der Liebe zur Demokratie singen.

Oder wird sich die Zukunft nach folgendem Szenario abspielen? Die westlichen Staaten benutzen ihren Einfluß, um den Status quo aufrechtzuerhalten und die Legitimität der Regime zu stärken, die sie zu Hilfe gerufen haben. Ihre Priorität wird also sein, deren Legitimität zu stärken, d. h. die Karte des offiziellen Fundamentalismus zu spielen und insbesondere die der saudischen Petro-Monarchie, wo die Frauen zum Tragen des Schleiers verurteilt sind. Die Hälfte der Menschheit soll den Hijab tragen, und die Progressiven sollen sich gedulden und beten. Der *ṭā'a*, der blinde Gehorsam als politische Basis, wird zum Credo des Fernseh-Petro-Islam, den die Satelliten nach Kräften verbreiten werden. Allein dieses Credo wird der Jugend zugänglich sein. Obskurantismus würde also durch den elektronischen Kalender als modernes Erbe für die arabische Jugend zum Programm erhoben werden. In diesem Fall würde der Westen zum großen Teil verantwortlich sein für die Gewalt, der alle Demokraten und die Frauen vorneweg ausgesetzt sein werden.

Durch die Planetarisierung der Ökonomie und der Verantwortung sind von nun an im Mittelmeerraum Nord und Süd miteinander verknüpft, im guten wie im schlechten. Die europäische Jugend ist sich dieser Planetarisierung, die näherbringt und erschreckt, sehr bewußt, und sie geht sie an, weil ihr außerordentliche Möglichkeiten von Solidarität, von *raḥma*, eröffnet werden, Möglichkeiten, etwas anderes als Kreuzzüge zu unternehmen. Die jungen Franzosen, Deutschen und Italiener sind gleichermaßen betroffen von dem, was die Medien »die arabische Invasion« nennen, aber können die Aufrechterhaltung des Status quo und die Visa-Einführung dieses Problem lösen? Wird der Westen weiterhin an der Idee der universalen Werte festhalten und gleichzeitig das Erdöl egoistisch allein konsumieren und die Grenzen schließen und von den Arabern Visa verlangen, während westliche Ausländer in den arabischen Staaten keine Visa brauchen? Kann man von Universalismus und vom Verschwinden der Grenzen sprechen und sie gleichzeitig aufrechterhalten? Wäre die beste Methode, die Emigration der Araber nach Europa zu stoppen, nicht der Aufbau einer mediterranen Ökonomie, die durch gerechte Verteilung des Erdöls überall Vollbeschäftigung und Demokratie schafft? Wird der Westen seine Ideale universell verwirklichen, so daß wir uns alle gemeinam entwickeln können, wenn er gleichzeitig als strukturelle Komponente seiner Ökonomie einen militärischen und einen raumfahrttechnischen Bereich aufrechterhält, den nur er allein sich leisten kann und dessen Produkte die Welt, insbesondere die arabische Region überfluten werden?

Es ist sehr lobenswert, die »fürchterliche Militärmacht« von Saddam Hussein zerstören zu wollen, aber diese Geste kann für den Orient nur dann glaubhaft sein, wenn sich der Westen für eine echte Strategie der Demilitarisierung nicht nur der Region, sondern der ganzen Welt engagiert. Die Atombombe von Saddam Hussein zu zerstören, aber gleichzeitig die anderen Länder in der Region aufzurüsten und in die militärische Industrie im Westen zu investieren, ist gewiß nicht die beste Methode, eine friedliche Zukunft für uns einzurichten oder den Arabern Vollbeschäftigung zu sichern. Die arabischen Länder stehen ohnehin an der Spitze beim Anteil der Waffenkäufe am Bruttosozialprodukt, und das ist bares Geld, das an den Westen geht. In Saudi-Arabien liegt dieser Anteil bei 21,8 %, in Jordanien und in der Demokratischen Republik Jemen bei 16 % und in Syrien bei 17 %.[32] Um eine Vorstellung von dem schweren Aderlaß zu erhalten, den dadurch die arabischen Budgets erfahren, muß man diese Ausgaben mit dem Anteil am Bruttosozialprodukt vergleichen, den Waffenkäufe im Schnitt in westlichen Ländern ausmachen: in Frankreich 4 %, in der BR Deutschland 3,1 %, in Italien 2,2 %, in Spanien 3 %, in Kanada 3,2 %, in Schweden 1,7 % und in Japan nur 1 %.[33] Wie kann die arabische Frau hoffen, die Widerstände der Gesellschaft überwinden und sich auf die Suche nach einer bezahlten Arbeit machen zu können, wenn ein bedeutender Teil der Reichtümer für Importe von Waffen ausgegeben wird, die noch dazu unbrauchbar sind, wie dieser Krieg gezeigt hat? Wenn der Westen weiterhin Waffen an die Araber verkauft, kann man sicher sein, daß die Chancen der Frauen, neue Beziehungen in ihren Gesellschaften zu schaffen, zunichte gemacht werden, weil eine Gesellschaft, die unter Arbeitslosigkeit leidet, den Frauen bestimmt keine Geschenke macht.

Einer der Gründe für das Ansteigen der Arbeitslosigkeit in den arabischen Ländern ist offensichtlich die Verschuldung, und die ist vor allem durch Militärausgaben verursacht. Die Redakteure von »Memento-Défense-Désarmement 1989«, die zur Groupe Recherche et d'Information sur la Paix (GRIP) gehören, stellen fest: »Die Nettosumme der Schulden vor 1979 könnte in den Ländern der Dritten Welt um 20 bis 30 % niedriger liegen, wenn sie keine Waffen gekauft hätten ... Ungefähr die Hälfte aller Waffenverträge werden direkt oder indirekt über Darlehen finanziert, was ein Charakteristikum der Auslandsschuld der Entwicklungsländer ist.«[34] Der Fundamentalismus ist im Schatten dieser Auslandsschuld zur Blüte gekommen. Die Experten der GRIP stellen im übrigen sehr deutlich die Verbindung zwischen militärischen Ausgaben und dem Anwachsen der Schulden her, indem sie den Begriff der »Gelegenheitskosten« prägten: »Die finanziellen Mittel, die für andere Importe zur Verfügung gestanden hätten, wenn sie nicht für Waffenkäufe benutzt worden wären, werden Gelegenheitskosten (opportunity costs) genannt. Dieses Konzept geht von der Tatsache aus, daß für beide Arten von Importen, zivile wie militärische, nur eine Quelle der Finanzierung zur Verfügung steht, die Exporte. Die überschüssigen Importe erfordern die Erhöhung der Budgets, die zu einem gegebenen Zeitpunkt nicht von Exporten abgedeckt werden können. Die betreffende Regierung hat in diesem Fall die Wahl zwischen drei Möglichkeiten: 1. Verringerung der militärischen Importe, 2. Verringerung der zivilen Importe oder 3. Erhöhung der Devisen durch Darlehen. Die Erfahrung zeigt, daß vor allem zur letzten Option gegriffen wird.« Diese militaristische Option steht den Interessen der arabischen Bürger im allgemeinen und denen der Frauen im besonderen strikt entgegen. Keine linke Bewegung in der arabischen Welt wird jemals eine seriöse Alternative bieten können, wenn sie nicht die Demilitarisierung der Region zur Priorität erhebt. Auf jeden Fall müssen die arabischen Frauen sich um diese Frage der Entmilitarisierung sammeln, sonst werden alle Chancen für sie, ihr Los zu verbessern, vergeblich sein. Der einzige Ausweg für die Araber ist das japanische Beispiel: 1 % des Budgets für die Verteidigung, nicht mehr, nicht weniger. Wer wird der Verlierer sein? Die Waffenfabriken im Westen und einige Zwischenhändler. Das ist alles. Wer wird gewinnen? Der ganze Rest der Welt und vor allem die Bürger der westlichen Welt. Und ein Westen, in dem andere Dinge als Waffen produziert würden, wäre der beste Beweis dafür, daß es ihm wirklich um die Durchsetzung universaler Werte geht. Unterdessen können wir nur mit Julia Kristeva von einer Zukunft träumen, in der der *ġarīb* nicht mehr fremd ist und die Fremden nicht mehr erschreckend sind: »Der Fremde«, der in den primitiven Gesellschaften »der Feind« war – kann er aus den modernen Gesellschaften verschwinden?[35]

Mein Optimismus ist unverwüstlich. Niemals gab es so unerhörte Chancen, eine bessere Welt zu schaffen. Mein Optimismus gründet sich auf die Tatsache, daß in den Gesellschaften der Dritten Welt Millionen Menschen, die wie ich zu Gruppen gehören, die vom Wissen ausgeschlossen waren, etwa die Frauen und die ländliche Bevölkerung, seit dem Zweiten Weltkrieg zum Himmelsmanna des Wissens Zugang gehabt haben. Mehr als 90 % der Frauen auf dem Lande in Marokko sind Analphabetinnen, und ich höre nicht auf zu wiederholen, daß dies ein Unglück und eine Amputation ist. Doch man darf nicht in das Lied vom Elend einstimmen, das so in Mode ist. Dieses Jahrhundert ist phantastisch in seinen Möglichkeiten, vor allem für die benachteiligten Länder, wo die Bevölkerung unter politischen und materiellen Nöten gelitten hat. In Ländern wie dem meinen haben viele brillante Ärzte und Professoren ihr Leben als Hirten begonnen, und sie erinnern sich oft mit gewissem Stolz daran, vor allem wenn sie ihren Studenten dieses Gefühl höchster Verwunderung vermitteln wollen, das all jene haben, die in der Dritten Welt unverhofft eine Ausbildung erhalten haben. Weniger Waffen und mehr Wissen, so müßte die Erde aussehen, auf der ich mich gerne aufhalten würde, an deren Schaffung ich stolz wäre mitzuarbeiten, und ich weiß, daß Millionen Menschen das gleiche wollen. *'Aṭṭār*, mein Lieblings-Sufi, hat vor neun Jahrhunderten von diesem wunderbaren Planeten geträumt, der mit Fabel-Vögeln bevölkert war, die uns so sehr ähneln, weil sie entdecken wollen, reisen wollen, und die ebenfalls Angst haben. Aber ihr Wunsch nach Wissen ist so stark, daß er ihr Leben verändert. *'Aṭṭār* hat von diesem Sufi-Islam gesungen, der von den westlichen Medien völlig ignoriert wird, der aber wahrscheinlich allein in der Lage sein wird, die Herausforderung des elektronischen Kalenders anzunehmen, denn er bietet das, was dieser weder bedrohen noch ersetzen kann: diese Geistigkeit, die Flügel verleiht und dich für den Nächsten wie eine Blume öffnet. Eine Blume erschrickt nicht vor einem *ġarīb*, ein *ġarīb* kann ein *sīmurġ* sein, und einen *sīmurġ*, den hat jeder in sich.

Statt eines Schlußwortes: Das Märchen vom Simurg

Es war an einem Abend im Frühjahr des Jahres 571/1175 in *Nīšāpūr*, im Iran. Vor über 800 Jahren hat ein Mann von einer Welt ohne Angst geträumt, ohne Grenzen, in der man sehr weit reisen kann und sich in Gesellschaft von Fremden befinden kann, die einen dennoch kennen, wie man sich selbst kennt, und weder aggressiv noch feindselig sind, und er hat sie *sīmurġ* genannt. Diesen Planeten, wo die Fremdheit nur den Widerschein dessen multipliziert und endlos bereichert, was wir selbst sind, hat *'Aṭṭār* ganz allein in langen Meditationen in *Nīšāpūr* erträumt. Er brachte seinen Traum zu Papier, ein langes Gedicht, das er *Manṭiq aṭ-ṭair* (Konzert der Vögel) nannte. Es wurde sofort berühmt. Aber die Intoleranz und die Gewalt klopften eines Nachts an die Türe von *Farīd-ad-Dīn-'Aṭṭar*, in Gestalt der mongolischen Soldaten des Dschingis Khan, und sie massakrierten *'Aṭṭar*. Das war im Jahr 1230. Der Dichter starb, aber das Gedicht blieb und überlebte die Jahrhunderte und geisterte durch die Träume. Tausende Vögel hatten von einem fabelhaften Wesen mit dem Namen *sīmurġ* sprechen hören, und sie hatten das Verlangen, es kennenzulernen. Sie beschlossen, gemeinsam dorthin aufzubrechen, wo es zu finden sein sollte. Sie überquerten viele Jahre lang Flüsse und Ozeane, um diesem *sīmurġ*, dem fabelhaften, blühenden und leuchtenden Wesen näher zu kommen. Viele Vögel erlebten nicht das Ende der Reise und brachen unterwegs erschöpft zusammen. Sie wurden immer weniger, sei es durch Erschöpfung, sei es durch rauhes Klima. Nur 30 Vögel gelangten schließlich an die Tore des Schlosses des legendären *sīmurġ*.

Aber als sie schließlich empfangen wurden, erwartete sie eine Überraschung, die man besser versteht, wenn man weiß, daß im Persischen *sī* 30 heißt und *murġ* Vögel:

»Im Widerschein ihrer Gesichter betrachteten diese 30 weltlichen Vögel *sī murġ* das Gesicht des geistigen *sīmurġ*. Sie eilten, diesen *sīmurġ* zu betrachten und versicherten sich, daß es niemand anders als *sī* (30) *murġ* (Vögel) waren. Alle waren völlig überrascht und wußten nicht, ob sie sie selbst geblieben oder *sīmurġ* geworden waren. Sie waren endlich überzeugt, daß sie wirklich der *sīmurġ* waren und daß der *sīmurġ* wirklich die 30 Vögel (*sī murġ*) war. Wenn sie zum *sīmurġ* sahen, sahen sie, daß er der *sīmurġ* an seinem Platz war, und wenn sie sich selbst ansahen, sahen sie, daß sie selbst *sīmurġ* waren. Am Ende schauten sie gleichzeitig in beide Richtungen, vergewisserten sich, daß sie und der *sīmurġ* in Wirklichkeit nur ein einziges Wesen waren. Dieses einzige Wesen war *sīmurġ*, und *sīmurġ* war das Wesen. Niemand auf der Welt hatte jemals etwas dergleichen vernommen. Und sie verfielen in die größte Verwunderung.«[1]

Als die 30 verwunderten und verwirrten Vögel den *sīmurġ* baten, ihnen diese seltsame Realität zu erklären, erzählte er ihnen von diesem Spiegel, der den ganzen Planeten mit allen seinen Unterschieden und Individuen spiegeln kann: »Sie befragten den *sīmurġ*... und baten ihn, ihnen das große Geheimnis zu entschleiern, ihnen die Lösung des Mysteriums der Vielzahl in der Einheit der Wesen zu geben.«[2] Und der *sīmurġ* erklärte ihnen das, was neun Jahrhunderte später unsere Führer immer noch nicht begriffen haben, daß die Gemeinschaft der Menschen und der ganze Planet ein Spiegel der Individualitäten sein kann und daß seine Kraft noch viel größer wäre: »Die Sonne meiner Majestät, sagte er, ist ein Spiegel, und der, der kommt, sieht sich darin, und er sieht seine Seele und seinen Körper, und sich ganz und gar. Da ihr 30 Vögel gekommen seid, findet ihr 30 Vögel (*sī murġ*) in diesem Spiegel. Wenn 40 oder 50 Vögel mehr gekommen wären, wäre der Vorhang, der den *sīmurġ* verbirgt, ebenfalls offen gewesen. Und wenn ihr euch noch so sehr verändert hättet, würdet ihr euch selbst so sehen, wie ihr zuvor gewesen seid.«[3]

Seit jener Zeit, als dem *sīmurġ* der Aufenthalt in den Palästen des Orients verboten wurde, geistert er durch die Märchen der Frauen und die Träume der Kinder. Heute ist der Schrei nach Pluralismus nicht mehr gezwungen, sich hinter metaphysischen Allegorien zu verstecken. Mit allen unseren wissenschaftlichen Errungenschaften können wir ihn verwirklichen. Sein Wesen ist, daß uns erlaubt wird, zu kommunizieren, endlose Dialoge zu knüpfen, diesen Planeten-Spiegel zu schaffen, in dem alle so fremden Kulturen in ihrer Einzigartigkeit sich spiegeln können. Mein Kopf dreht sich, wenn ich nur daran denke, und ich vergesse, daß man sich dann ohne die geringste Grenze bewegen muß. Wie soll man lernen, im Abgrund zu gehen, im Mantel des Windes? Wie soll man lernen, wehrlos wie der Wald zu sein? Wie kann man die Ungewißheit zur Heimat haben? Sicherlich werden die Dichter unsere Führer in jenen neuen Galaxien sein.

Umschrift der arabischen Buchstaben

a i u	kurzes a, i, u
ā ī ū	langes a, i, u
ai	wie ei in dt. Reise
au	wie au in dt. Haus
’	Knacklaut, Stimmabsatz wie vor jedem Vokalanlaut im Deutschen
‘	stimmhafter Rachenreibelaut
b	wie b in dt. Band
d	wie d in dt. Ding
ḏ	wie th in engl. mother
ḍ	emphatisches (d. h. mit am weichen Gaumen hochgewölbtem Zungenrücken gesprochenes) d
f	wie f in dt. Feder
ǧ	wie g in engl. gentleman
ġ	wie das dt. ungerollte Zäpfchen-r
h	wie h in dt. Haus
ḥ	stimmloser Rachenreibelaut, vergleichbar einem tief im Hals scharf gehauchten h
ḫ	wie ch in dt. Nacht
k	wie k in dt. Ecke
l	wie l in dt. Linde
m	wie m in dt. Mund
n	wie n in dt. Nase
q	emphatisches k
r	Zungen-r
s	wie s in dt. Rispe
š	wie sch in dt. Esche
ṣ	emphatisches s
t	wie t in dt. Tanne
ṯ	wie th in engl. thing
ṭ	emphatisches t
w	wie w in engl. win
y	wie j in dt. jeder
z	wie s in dt. Sonne
ẓ	emphatisches z

Anmerkungen

Der Golfkrieg – eine Angst und ihre Grenzen

1. (S. 11) Zum Begriff Hijab und insbesondere zu seiner dreifachen Bedeutung (visuell – räumlich – ethisch), siehe S. 113 ff. in meinem Buch: Der politische Harem, Frankfurt/Main 1988.
2. (S. 12) *Sūq as-Sabbāṭ*, der Schuhmarkt, eines der Viertel in der Medina von Rabat, wird mit dem Ausschuß und dem Abfall der Schuhfabriken versorgt, die im wesentlichen für den Export produzieren. Die Enge der Straßen macht ihn zu einem hervorragenden Kommunikationszentrum, und bei wichtigen politischen Ereignissen werden die Radios und Fernsehapparate hochgestellt und jede Verkaufstätigkeit für die Dauer der Nachrichten eingestellt. Dank ihrer Freundschaften mit den Arbeitern der Fabriken in Casablanca können Ali und seine Kollegen in der Straße einem Schuhe nach Maß in der gewünschten Farbe und Ausstattung bestellen. Parallel zum kapitalistischen Schuhmarkt entsteht durch die Solidarität zwischen Arbeitern und kleinen Händlern ein ständig wachsender lokaler Kundenstamm, vor allem unter den jungen Modenarren.
3. (S. 15) Zur islamischen Zeitrechnung siehe S. 110.
4. (S. 15) Koran-A, 6. Sure, 128. Vers, und 10. Sure, 26. Vers. Anmerkung des Übersetzers: Obwohl unter Orientalisten allgemein die Koranübersetzung von R. Paret, Stuttgart 1982, als »autorisiert« angesehen wird, hilft sie – wie in diesem Fall – nicht immer weiter. Der Bezugspunkt »Stadt des Friedens« wird von Paret völlig anders, nämlich »Behausung des Heils« übersetzt. Folglich habe ich auch die Koranübersetzung der *Aḥmadiyya*-Bewegung für die Schweiz und die BR Deutschland, 4. Aufl. 1980, zu Rate gezogen, bei der allerdings die Zählung der Suren und Verse leicht verschoben ist. Ich werde jeweils mit Koran-A bzw. Koran-P darauf hinweisen.
5. (S. 16) Koran-P, 33. Sure, 13. Vers. Zur Bedeutung von *'aura* siehe die Erläuterung von *aṭ-Ṭabarī: Tafsīr*, Beirut o. J., Bd. 21, S. 136. Der Autor starb 310/922.
6. (S. 17) Siehe die Redewendung *tabarruǧa 'l-ǧāhilīyati* in Koran-A, 33. Sure, 9. Vers, und die Erläuterung von *aṭ-Ṭabarī, Tafsīr*, Bd. 21, S. 3 ff.; siehe auch Koran-A, 24. Sure, 61. Vers, und die Erläu-

terung von *aṭ-Ṭabarī, Tafsīr*, Bd. 18, S. 165, wo toleriert wird, daß eine Frau nach der Menopause, die nicht mehr hoffen kann, zu heiraten oder Kinder zu bekommen, ein wenig ihren Schleier lüftet; siehe vor allem *Ibn-Manẓūr: Lisān al-'arab*, versch. Aufl., unter der Wurzel *b. r. ǧ.*

7. (S. 17) Zum Begriff der *muḥṣana*, der geschützten Frau, siehe Koran-P, 4. Sure, 23. und 24. Vers, und die Erklärung bei *aṭ-Ṭabarī, Tafsīr*, Bd. 5, S. 1 ff.; zum Ursprung des Wortes *ḥiṣn* siehe im *Lisān al-'arab* unter der Wurzel *ḥ. ṣ. n.*
8. (S. 18) Koran-A, 4. Sure, 29. Vers.
9. (S. 18) Siehe die Erläuterung von *aṭ-Ṭabarī, Tafsīr*, Bd. 5, S. 29 ff., dabei vor allem die erhellende Darstellung der Begierde; zu *šahawāt* siehe Koran-A, 4. Sure, 28. Vers, und die Erläuterung von *aṭ-Ṭabarī, Tafsīr*, Bd. 5, S. 27 ff.
10. (S. 18) Koran-A, 4. Sure, 28. Vers.

Die Angst vor dem fremden Westen

1. (S. 21) Hier danke ich *'Abd-al-Fattāḥ Kilito*, der als erster den Zusammenhang von »Westen« und »Fremde« systematisch analysiert hat; siehe *'Abd-al-Fattāḥ Kilito: al-Adab wa'l-ġarāba*, Beirut 1982.
2. (S. 26) Anmerkung des Übersetzers: Die »Bärtigen« sind die Fundamentalisten, die »Glattrasierten« die westlich Orientierten.
3. (S. 29) Die Erzählungen aus Tausendundein Nächten. Übertragen von Enno Littmann, Frankfurt/Main: Insel Verlag 1953, Bd. 5, S. 130 ff. Schreibweisen der Namen gegenüber der Übersetzung nicht verändert.
4. (S. 29) Ich glaube, es ist an der Zeit, daß ich erkläre, warum ich häufig die Araber mit dem Islam gleichsetze und weshalb ich von nun an vor allem von den Arabern und der arabischen Sprache reden werde. Gewiß nicht deshalb, weil die anderen Kulturen, die zu dem außerordentlichen zivilisatorischen Mosaik, das der Islam darstellt, beigetragen haben, zweitrangig sind. Mir steht es schon gar nicht an, in Panarabismus zu machen, denn ich selbst gehöre, wie die Mehrheit der Marokkaner, eher zu den Berbern, und wir wissen, daß diese Kleinigkeit bei der Gründung der Arabischen Liga Probleme aufwarf. Wenn sie arabisch sein soll, was haben dann die Berber und Sudanesen darin zu suchen? Und der marokkanische Delegationsleiter *'Allāl al-Fāsī* erklärt auf den letzten Seiten seines Buches *al-Ḥaraka al-*

istiqlālīya fī 'l-Maġrib al-'Arabī (Die Unabhängigkeitsbewegungen im arabischen Maghreb), Kairo 1948, daß eine der Klauseln der Charta der Liga vertraglich festlegte, daß die Maghreb-Länder integrativer Bestandteil der arabischen Welt sein sollen, weil diese in erster Linie eine Kultur für sich sei. Ich werde also von nun an die Wörter »arabisch« und »muslimisch« ohne Unterschied verwenden, nicht, weil die beiden Wörter deckungsgleich sind, denn es gibt Muslime, die keine Araber sind (Iraner, Türken, Chinesen etc.) und Araber, die keine Muslime sind, (christliche und jüdische Minderheiten in arabischen Ländern), sondern weil sich der Islam ursprünglich auf arabisch ausgedrückt hat, und dieser ursprüngliche Ausdruck ist entscheidend. Der Koran wurde auf arabisch geoffenbart, die gesamte Begriffsgeschichte ist auf arabisch geprägt worden, und auch wenn die anderen Sprachen und Kulturen regionale kulturelle Ausdrucksformen gefunden haben und immer noch finden, hindert dies nicht, daß das Gewicht des Arabischen als Ursprungssprache des heiligen Buches alle Differenzen überbrückt. Aber auch wenn ich mich in dieser Arbeit darauf beschränke, die arabisch-islamische Kultur allein über die arabische Sprache zu untersuchen, können die freigelegten Schemata und Begriffe dazu beitragen, alle Kulturen zu entziffern, wo das islamische heilige Buch Gültigkeit hat, auch wenn die Sprache nicht Arabisch ist. Ich behaupte also nicht, daß der Islam sich auf das Arabertum beschränkt, was absurd und vor allem rassistisch wäre und uns folglich nicht helfen würde, klarer zu sehen. Ich meine nur, daß man durch die Untersuchung der arabischen Worte, die dem Islam Ausdruck verleihen, gewisse grundlegende Schemata dieser Kultur erfassen kann; was nicht heißen soll, daß sie nicht auch durch andere transportiert werden könnten.
Aus einem pädagogischen Bedürfnis nach Klarheit beschränke ich mich darauf, die Art des Denkens und Sehens der Gruppe, der ich angehöre, zu erforschen, d. h. einer Gruppe, die zugleich an der arabischen und muslimischen Kultur teilhat. Ich möchte versuchen, unser geistiges Terrain zu erforschen, d. h. den Bestand an Bildern und Symbolen, die unsere Emotionen und unsere Gehirntätigkeit, unsere kulturellen Schemata, unsere zivilisatorischen Fixpunkte lenken, die uns nicht nur erlauben, die Welt zu verstehen, sondern auch, uns darin zurechtzufinden und zu handeln, und in diesem Kontext werden der Islam und die arabische Sprache praktisch zu ein und derselben Sache.

5. (S. 30) *al-Qurṭubī: al-Intiqā' fī faḍā'il aṯ-ṯalāṯat a'imma al-fuqahā' Mālik, šāfi'ī wa-Abū-Hanīfa*, Beirut o. J., S. 44. Der Autor starb 463/1070.
6. (S. 31) *Ḥallāǧ*, Poèmes Mystiques. Übersetzt von Samir Ali, Paris 1985, S. 25.
7. (S. 31) *Ibn-Ḫallikān; Wafayāt at-a'yān,* Beirut o. J., Biographie Nr. 189, Bd. 2, S. 140. Der Autor starb 681/1282; siehe auch Louis Massignon, Le passion de Hallaj, martyre mystique de l'Islam, Paris 1975², und seine Übersetzung des Diwan von *Ḫallāǧ*, Paris 1981.

Der Imam und die Angst

1. (S. 37) Siehe Fatema Mernissi, Die Sultanin, Hamburg 1991, S. 47ff.
2. (S. 38) Siehe Bernard Lewis, Europe, Islam et Société Civile, in: Islam et Politique au Proche Orient aujourd' hui, Paris 1991, S. 29.
3. (S. 39) Koran-A, 15. Sure, 80. Vers, und Koran-P, 36. Sure, 12. Vers.
4. (S. 42) *Kullu man ḫaraǧa 'alā 'l-imām al-ḥaqq allaḏī ittafaqat 'alaihi al-ǧamā'a yusammā ḫāriǧī*, siehe *aš-Šahrastānī, al-Milal wa'n-niḥal*, Beirut 1986, Bd. 1, S. 114. Der Autor starb 547/1152. Es gibt eine französische Übersetzung dieses Buches unter dem Titel: Les Dissidences en Islam, Paris 1984.
5. (S. 43) *al-Mas'ūdī, Murūǧ aḏ-ḏahab* (Goldene Wiesen), Beirut 1983, Bd. 2, S. 423. Der Autor starb 346/957. Es gibt eine ausgezeichnete französische Übersetzung von Meynard und Coureille, Paris 1971.
6. (S. 43) ibd.
7. (S. 44) *Wa-llāhi mā kaḏabt wa-lā kuḏḏibt*, ibd.
8. (S. 44) Siehe *aš-Šahrastānī*, a.a.O., Bd. 1, S. 115. Was die Kritik an der Benutzung dieser Parole *ḥākimīyat Allāh, nahǧ aṭ-ṭuġāh* durch die modernen Islamisten angeht, siehe *Muḥammad Sa'īd al-'Ašmāwī, al-Islām as-siyāsī*, Algier 1990, S. 23ff. Französische Übersetzung: Ders., L'Islamisme contre l'Islam, Paris 1989.
9. (S. 44) *Aǧma'at an-naǧdāt 'alā annahu lā ḥāǧata li'n-nās ilā imām qaṭṭ wa-innamā 'alaihim an yatanāṣafū fīmā bainahum*, siehe *aš-Šahrastānī* a.a.O., Bd. 1, S. 122.
10. (S. 44) *al-'Ašmāwī*, a.a.O., S. 23 ff. Das ganze Buch, das die repräsentative Demokratie gegen die frondierende Tradition verteidigt, ist ein kurzgefaßter, leicht verständlicher Text.
11. (S. 45) *Ibn-Ḥazm, ar-Rasā'il*, Beirut 1981, Bd. 2, S. 106ff. Der Autor starb 456/1064.

12. (S. 45) *Ibn-Ḥazm*, a.a.O. Für die ganze folgende Liste wird diese Quelle benutzt.
13. (S. 45) *'Uṯmān* ist der 3. orthodoxe Kalif. Danach gibt es nur noch einen, nämlich Ali, der vierte und letzte. Denn der nachfolgende Kalif brach die Regeln des Zugangs zum Kalifat und wird daher nicht mehr als orthodox angesehen. Er machte das Kalifat auch erblich, was dem muslimischen Ideal widerspricht, und führte den Despotismus ein, indem er die erste Dynastie gründete, die der Omaijaden, im Jahre 31/661.
14. (S. 45) *Qīla annahu summa* (wörtl. vergiftet), *Ibn-Ḥazm*, a.a.O., Bd. 2, S. 102.
15. (S. 46) *Ibn-Ḥazm*, a.a.O., S. 103.
16. (S. 46) *Šağarat ad-Durr* war diejenige, die den Hammam wählte, um sich auf diese sanfte Methode an ihrem Herrscher und Ehemann *'Izz-ad-Dīn Aibak* zu rächen, dem Mamelucken-Herrscher von Ägypten; siehe Fatema Mernissi, Die Sultanin, a.a.O., S. 126 ff.
17. (48) *al-Mas'ūdī*, a.a.O., Bd. 4, S. 20.
18. (S. 50) Siehe *Lisān al-'arab* unter *Šarī'a*.
19. (S. 52) *aš-Šahrastānī*, a.a.O., S. 45.
20. (S. 52) *al-Mas'ūdī*, a.a.O., Bd. 3, S. 236.
21. (S. 53) Für einen schnellen und knappen Überblick und eine Referenzliste siehe *mu'tazila* in: Enzyklopädie des Islam. London 1960 ff.; engl. u. frz. Ausgabe.
22. (S. 56) Ein kurzes Dokument ist zweifelsfrei die dem Fundamentalismus gewidmete Sondernummer der Muslim World, Nr. 1, Bd. LXXX vom Januar 1990, hrsg. v. The Duncan Black Mac Donald Center, Hartford Seminary, Connecticut, USA. Siehe vor allem den ausgezeichneten Artikel von Joseph Kechichian, Islamic Revivalism and Change in Saudi Arabia, S. 1 ff. Ergänzend dazu empfiehlt sich die Lektüre der Schriften der saudischen Opposition, die sich mit dem religiösen Obskurantismus und der Petrodollar-Propaganda befaßt, insbesondere *Anwar 'Abdallāh, Bitrōl wa'l-aḫlāq* (Das Öl und die Moral), o. O. 1990. Derselbe Autor bereitet eine Doktorarbeit unter dem Titel: Les Ulema et le trône Séoudien an einer französischen Universität vor.
23. (S. 56) Vgl. Abed Jaberi, *Naḥnu wa-turāṯ*, Beirut 1980, und ders., *Takwīn al-'aql al-'arabī*, Beirut 1984.
24. *(S. 58) aš-Šahrastānī*, a.a.O., Bd. 1, S. 37.
25. (S. 59) *aš-Šahrastānī*, a.a.O., Bd. 1, S. 123.

1. (S. 63) La Semaine Internationale, Wochenzeitschrift über die Aktivitäten der Vereinten Nationen, 0209/1987, FI-37-87, S. 7. Zu den Ausgaben der arabischen und der westlichen Staaten für Waffen vgl. auch S. 236ff. dieses Buches.
2. (S. 64) Siehe World Military Expenditures and Arms Transfer, hrsg. v. US-Arms and Disarmement Agency, Washington D.C. 1985, S. 8f.
3. (S. 64) ibd.
4. (S. 64) Siehe ibd.
5. (S. 66) James Davison Hunter, De l'Humanisme Laïque, in: Revue Dialogue, Washington DC, Februar 1991, S. 70.
6. (S. 66) Hunter, a.a.O., S. 66.
7. (S. 68) Hichem Djaït, Culture et politique dans le monde Arabe, in: Islam et politique, Le Débat, Paris 1991, S. 71.
8. (S. 68) Hunter, a.a.O., S. 66.
9. (S. 68) »Aufklärung« im Text deutsch. Siehe *F. Ğa'dān, Uṣūl at-taqaddum 'inda mufakkir al-islām* (Ursprung des Fortschritts bei den Denkern des Islam), Beirut 1979, zitiert nach Djaït in: Le Débat, a.a.O., S. 37.
10. (S. 69) Siehe *'Alī Oumlil, al-Iṣlāḥīya al-'arabīya*, Beirut 1985.
11. (S. 70) *Oumlil*, a.a.O., S. 47.
12. (S. 70) *Anwar al-Ğundī, Muhakamat fikr Ṭaha Ḥusain* (Der Prozeß des Denkens von *Ṭaha Ḥusain*), Ägypten 1984, S. 15.
13. (S. 70) Ich erinnere mich nicht mehr genau, welchen vom Lehrer ausgewählten Geschichten ich diese wunderbaren Momente meiner Jugend verdanke, ob dem *Ḥadīt al-arbi'a* (Mittwochgeschichten) oder dem *al-Hāmišī as-Sīra*. Wahrscheinlich handelt es sich um beide Bücher. Denn nachdem ich sie im vergangenen Jahr wiedergelesen habe, brachten sie mir in mein kulturell eingeschränktes Leben in Rabat wieder das Leuchten jener sanften Vormittage an der Schule in Fez zurück. Aber ich habe nicht mehr genau die Seiten gefunden, von denen die Magie ausging.
14. (S. 71) Siehe *Rifā'a aṭ-Ṭahṭāwī, al-A'māl al-kāmila, Našr Muḥammad 'Amara*, o. O. o. J., S. 127, zitiert nach: *'Alī Oumlil, at-Tasāmuḥ ḥasab al-iṣlāḥīya al-islāmīya* (Die Toleranz im islamischen Reformismus), o. O. o. J., S. 117.
15. (S. 72) Ich habe meine erste Erziehung in einer Koran-Schule erhalten, die ich im folgenden Kapitel beschreiben werde; danach wurde ich in die erste Klasse einer nationalistischen Schule eingetragen.

Schließlich trat ich in die Oberstufe ein, die sich »Collège pour jeunes filles musulmanes« (Gymnasium für junge muslimische Mädchen) nannte, eine Institution, die vom französischen Protektorat finanziert wurde. Um ehrlich zu sein, habe ich keine größeren Schocks erlitten beim Übergang von der einen zur anderen Schule. Vielleicht, weil der Geist von Descartes und den Philosophen der Aufklärung, reflektiert durch den Spiegel eines französischen Kolonial-Gymnasiums und durch Lehrerinnen vermittelt, die im Katholizismus befangen waren, nicht hell genug leuchtete? Auf jeden Fall hat mir niemand jemals Toleranz beigebracht, und ich fand sie während meiner langen Ausbildung auch nirgends praktiziert. Meine Lehrer in diesem Bereich waren Zufallsbekanntschaften, einfache Menschen in den Straßen, den Kramläden und den verwahrlosten Gassen der Medina von Fes.

16. (S. 72) Saad e-Din Ibrahim, Anatomy of Egypts Militant Islamic Groups, Middle East Journal, Nr. 12, 1980, S. 423–453.
17. (S. 73) Siehe die ausgezeichneten Studien einer Gruppe arabischer Experten für die UNESCO: Ramdane Oues, La Science et la Technologie dans les Etats Arabes à l'Horizon 2000, UNESCO, Programme I, Réflexions sur les problèmes mondiaux, Mai 1988, und F. Mardam Bey/L. Soliman, La Culture dans le Monde Arabe, UNESCO, Programme I, Réflexions sur les problèmes mondiaux, Juli 1988.
18. (S. 79) Hichem Djaït, Culture et politique dans le Monde Arabe, a. a. O., S. 88.
19. (S. 81) Ich spreche von Westeuropa. Osteuropa kenne ich kaum, dazu waren meine Spaziergänge durch die Straßen von Prag und Berlin (im September 1991) zu kurz. Ich kenne auch nicht die Sprachen und kann mir daher auch kein Urteil erlauben. Aber ich hatte in Ost-Berlin und Prag etwas zu spüren begonnen, was ein wenig dem arabischen *'azma* ähnelte, etwas wie Unbehagen und Selbstwertverlust.
20. (S. 83) Koran-P, 2. Sure, 186. Vers.
21. (S. 85) Mantel mit Kapuze und langen Ärmeln, wird vor allem in Marokko und Westalgerien getragen.
22. (S. 85) Über die Empfindungen der Frauen hinsichtlich ihrer Rechte gegenüber den Arbeitgebern siehe Fatima Mernissi, Najat ben Hamon und die folgenden Kapitel in: Chahzarad n'est pas Marocaine, Casablanca, 1991², S. 85. Siehe auch die Interviews mit Arbeiterinnen in: Fatema Mernissi, Le Monde n'est pas un Harem, Paris 1991 (Neuaufl. von: Maroc raconté par ses Femmes; die Interviews sind in

der deutschen Übersetzung, Fatema Mernissi, Der Harem ist nicht die Welt, Darmstadt 1988, leider noch nicht enthalten.)

Die Charta der Vereinten Nationen – die große Unbekannte

1. (S. 97) Siehe Traités Multilatéraux déposés auprès du secrétaire Général, Etat, 31. Dezember 1987, Vereinte Nationen, New York, 1988, S. 171.
2. (S. 98) Siehe Center for Human Rights, Genf, Human Rights; Status und Traités of International instruments, Vereinte Nationen, New York 1987, und Traités Multilatéraux, a. a. O.
3. (S. 98) Siehe Nouredine Saadi, Femmes et loi en Algérie, Casablanca 1991; Chérif Chamari Alya, Femmes et loi en Tunisie, Casablanca 1991; Abderrazak Moulay Rachid: Femmes et loi au Maroc, Casablanca 1991.
4. (S. 99) Jahresstatistik der UNESCO, 1987.
5. (S. 99) Jahresstatistik der UNESCO, 1987.
6. (S. 99) Jahresstatistik der UNESCO, 1985.
7. (S. 100) Alle Zahlen über Radio- und Fernsehprogramme sind den Jahresstatistiken der UNESCO von 1985–1987 entnommen.
8. (S. 101) Siehe z. B. den Jahresbericht von Amnesty International, 1989.
9. (S. 101) Es ist immer wieder wunderbar, alle diese arabischen Intellektuellen in Paris und London zu treffen, dort frei ihre verbotenen Bücher kaufen zu können und ihre ins Exil verbannte Kunst zu sehen.
10. (S. 101) Siehe z. B. die Broschüren der Arabischen Organisation für Menschenrechte, die in den 80er Jahren in Kairo und der arabischen Welt zu zirkulieren begannen und in denen die Resultate mehrerer Untersuchungen über die Menschenrechte neben der Übersetzung der wichtigsten Texte der Vereinten Nationen stehen.
11. (S. 102) Hier die Sätze von André Glucksmann in einem Interview für die französische Zeitschrift Express vom 19. September 1991, S. 118, anläßlich des Erscheinens seines Buches Le Onzième Commandement (Das elfte Gebot): »Wenn der muslimische Fundamentalismus heute durch ein Gleichgewicht des Schreckens im Zaum gehalten wird (nicht ohne Krisen, nach der Art Kuweits), wird er doch nur von innen heraus, durch die muslimischen Bevölkerungen selbst, zerstört werden können. An ihnen liegt es zu begreifen, daß die Frage nicht

lautet, diese provozierende Vitrine des Westens zu zerschlagen, die Israel darstellt, sondern daß sie ebenfalls Zugang zu den Annehmlichkeiten finden, zu den Schwierigkeiten des modernen Staates also.«

12. (S. 104) *ra'īs* entspricht dem Englischen »head« im Sinne von Oberhaupt. »Kopf« im anatomischen Sinne heißt auf arabisch *ra's*.
13. (S. 106) Bei allem, was das Zählen der Worte im Koran betrifft, beziehe ich mich in der Hauptsache auf *Muḥammad Fu'ād 'Abd-al-Bāqī, Mu'ǧam al-mufahras li-alfaẓ al-Qur'ān al-karīm* (Index-Wörterbuch der Begriffe im Koran), Beirut 1981, hier: S. 280; im folgenden zitiert als: *Mu'ǧam*. Siehe auch Koran-P, 7. Sure, 150. Vers; 2. Sure, 196. Vers; 19. Sure, 4. Vers; 12. Sure, 36. Vers. – Der Autor von *Mu'ǧam* gibt übrigens zu, daß seine Arbeit von der eines deutschen Orientalisten inspiriert ist, Gustavus Flügel, Concordantiae Corani arabicae ad litterarum ordinem et verborum radices (*Nuǧūm al-furqān fī aṭrāf al-Qur'ān*), Lipsiae 1898. Er habe das Werk als Grundlage für sein Wörterbuch verwendet, seine eigene Arbeit sei aber ausführlicher und vor allem vollständiger.
14. (S. 108) Siehe Farid Uddin Attar (*Farīd-ad-Dīn Aṭṭar*), Le Concert des oiseaux (Das Konzert der Vögel), übers. v. Garan de Tassy, Paris 1982, S. 345 ff.

Der Koran – fünfzehn Jahrhunderte der Hoffnung

1. (S. 109) Siehe *Ibn-Kaṯīr, Tafsīr al-Qur'ān al-'aẓīm*, Beirut 1987, Bd. 1, S. 8.
2. (S. 109) Der klassische Referenztext ist *Ibn-Hišām, as-Sīra* (Biographie des Propheten), Beirut o. J., hier: Bd. 1, S. 49 ff. Der Autor starb 216/831. Persönlich ziehe ich die Biographie des Propheten von *Ibn-Sa'd* vor, *aṭ-Ṭabaqāt al-kubrā* (Die bedeutenden Klassen), Beirut 1985, hier: Bd. 1, S. 196 ff. *Ibn-Sa'd* starb 230/845. Alle Historiker tun eigentlich nichts anderes, als mehr oder weniger wortgetreu *Ibn-Hišām* zu zitieren.
3. (S. 109) Siehe *Ibn-Hišām*, a. a. O., und *Ibn-Sa'd*, a. a. O., sowie *al-Mas'ūdī*, a. a. O., Bd. 2, S. 282.
4. (S. 109) Koran-A, 96. Sure, 2. bis 6. Vers; siehe dazu *Ibn-Sa'd*, a. a. O., Bd. 1, S. 196.
5. (S. 109) Die Meinungen über die Dauer der Offenbarungen gehen

auseinander; einige gehen von 20, andere von 23, wieder andere von 25 Jahren aus. Siehe diesbezüglich *Ǧalāl-ad-Dīn as-Suyūṭī, Asrār tartīb al-Qur'ān*, o. O. 1976², S. 26 ff. und vor allem die vorzügliche Einleitung von *Aḥmad 'Aṭā'*, S. 47 ff.; *Suyūṭī* starb 911/1505. Siehe auch *Abū'l-Ḥasan 'Alī an-Nīsābūrī, Asbāb an-nuzūl* (Die Umstände der Offenbarung), Beirut 1986, S. 2. Der Autor starb 468/1076.

6. (S. 109) Siehe *an-Nīsābūrī*, a. a. O., S. 7.
7. (S. 110) Siehe *aṭ-Ṭabarī, Tafsīr*, Bd. 2, S. 254.
8. (S. 110) Siehe *as-Suyūṭī*, a. a. O., S. 71.
9. (11) Siehe *Ibn-Kaṯīr, Tafsīr al-Qur'ān al-'aẓīm*, Beirut 1987, Bd. 1, S. 8. Der Autor starb 744/1343.
10. (S. 110) Siehe *Ibn-Sa'd*, a. a. O., Bd. 2, S. 355 ff.
11. (S. 110) Siehe die Einleitung zu *as-Suyūtī*, a. a. O., S. 44.
12. (S. 111) *aš-Šahrastānī*, a. a. O., Bd. 1, S. 128 ff.
13. (S. 111) Siehe *aš-Šahrastānī*, a. a. O., Bd. 1, S. 114 ff.
14. (S. 117) Eine der neuesten und zutreffendsten Analysen über die Kindererziehung als Trumpfkarte der Klassenstrategien in Marokko ist zweifellos die von Aicha Belarbi, Enfance au Quotidien, Casablanca 1991.
15. (S. 118) Philippe Aziz, Les Financiers de l'Islam, in: Le Point vom 27. Mai bis 2. Juni 1991, S. 21.

Die Angst vor der Gedankenfreiheit

1. (S. 121) Siehe *Lisān al-'arab* unter der Wurzel *s. l. m.*
2. (S. 122) *Ibn-Sa'd*, a. a. O., S. 136.
3. (S. 123) *Ibn-al-Kalbī, Kitāb al-aṣnām* (Das Buch der Idole), hrsg. u. komment. von *Aḥmad Zakī Bāšā*, Kairo 1924, S. 33.
4. (S. 124) Siehe *'Abd-al-Bāqī, al-Mu'ǧam al-mufahras li-alfaẓ al-Qur'ān al-karīm*, Beirut 1981, S. 379. Dieses Buch ist sehr wichtig für alle, die über den Koran arbeiten. Es ist auch ein Wörterbuch und enthält einen Index der Wörter und der Häufigkeit ihres Auftretens im Koran.
5. (S. 124) Koran-A, 6. Sure, 55. Vers.
6. (S. 125) Siehe *aṭ-Ṭabarī, Tafsīr*, Bd. 7, S. 208, und *Lisān al-'arab*, a. a. O.
7. (S. 125) Siehe *Lisān al-'arab*, a. a. O.
8. (S. 126) Siehe *aṭ-Ṭabarī, Tafsīr*, Bd. 7, S. 208.
9. (S. 127) Siehe *al-Mu'ǧam*, a. a. O.

10. (S. 130) Enzyklopädie des Islam: *ḥurrīya*. Ich stimme nicht mit dem Beiträger F. Rosenthal überein in bezug auf die Sufis. Es gibt wohl die Unterwerfung, aber auch die Verherrlichung des Individuums, insofern es der Sitz und die Wohnung des Göttlichen ist, wenn z. B. *al-Ḥallāǧ* mit seiner Gott-Liebe spricht: »Ich staune über dich und mich. O Du, was wünscht der Wünschende. Du hast mich Dir so nahe gebracht, daß ich dachte, Du wärest ich.« – Aber das ist eine andere Diskussion, die von einigen zeitgenössischen Autoren weit vorangetrieben wurde, vor allem von jenen, die in die westlichen Sprachen übersetzen, wie der wunderbare Tunesier Abdelwahed Meddeb.
11. (S. 131) *Šāwīš* ist eine der faszinierendsten Institutionen der modernen marokkanischen Bürokratie. Im Prinzip ist es eine Art Concièrge in einem Ministerium, aber in Wirklichkeit ist er einer der mächtigsten Männer der marokkanischen Verwaltung, denn die Minister wechseln, aber er bleibt, und vor allem ist er über alles, Offizielles und Vertrauliches, informiert.
12. (S. 132) Es handelt sich um Fes, im Norden von Marokko. Als ich in den 60er Jahren an der Universität »Mohammad V« meine Studien aufnahm, war die sicherste Methode für Jungen aus anderen Gegenden Marokkos, die mit mir Krach haben wollten, mich zu fragen, ob ich aus der Stadt der Esel käme, *blād ḥmīr*. Die Fessis, die Bewohner von Fes, die wegen ihrer Hochmütigkeit verrufen sind, werden oft als Leute, »die aus der Stadt kommen, wo die Esel die Mehrheit der Bevölkerung darstellen«, beschimpft.
13. (S. 133) Koran-A, 4. Sure, 37. Vers.
14. (S. 134) *al-Buḫārī, as-Ṣaḥīḥ* (Sammlung authentischer *ḥadīṯ*), Beirut 1978, Bd. 4, S. 44.
15. (S. 134) *Ibn-al-Kalbī*, a. a. O., S. 8.
16. (S. 135) Siehe *Lisān al-ʿarab*, a. a. O., unter der Wurzel *ḫ. l. q.* und *b. d.* Auch sollte man einen Blick in die Enzyklopädie des Islam, a. a. O., werfen.
17. (S. 136) Siehe *Lisān al-ʿarab*, a. a. O., unter dem Wort *zindīq*.
18. (S. 136) *Ibn-Kaṯīr*, a. a. O., Bd. 1, S. 49.
19. (S. 136) ibd.
20. (S. 137) Koran-A, 38. Sure, 6. Vers.
21. (S. 138) *aṭ-Ṭabarī, Tafsīr*, Bd. 23, S. 125.
22. (S. 138) *Ibn-al-Kalbī*, a. a. O., S. 53.
23. (S. 138) Toufic Fahd »Le Panthéon de l'Arabie Centrale à la veille de l'hégire«, Paris 1968, S. 29.
24. (S. 139) *aṭ-Ṭabarī, Tafsīr*, Bd. 23, S. 127.

25. (S. 140) ibd.
26. (S. 140) Siehe ibd.
27. (S. 140) *Lau ǧi'tumunī bi'š-šamsi ḥattā tada'ūhā fī yadī mā sa'altukum ġairahā*; siehe ibd.
28. (S. 141) Siehe das Konzept von *ḥizb* und *šī'a* in Fatema Mernissi, Die Sultanin, Frankfurt/Main 1991, S. 153 ff. Das Zitat ist aus dem *Lisān al-'arab*.
29. (S. 141) Mernissi, ibd.
30. (S. 141) Nach muslimischer Vorstellung gab es ursprünglich einen unverfälschten Monotheismus (Ur-Islam), der dann von den Völkern der Schrift, den Juden und Christen, entstellt worden ist.
31. (S. 143) Ist das einer der Gründe, weshalb die nach Europa emigrierten Bewohner des Maghreb immer mit dem Gedanken an ein »Provisorium« leben, selbst nach 30 Jahren den Traum von der Rückkehr bewahren? Sicher sollte man den Einfluß der heiligen Symbole nicht überbewerten, aber die triumphale Rückkehr ist eine sehr starke Vorstellung im kollektiven Unbewußten. Es ist selten, daß man die endgültige Niederlage akzeptiert und sich daran gewöhnt, sein Glück durch endgültiges Niederlassen in der Fremde zu machen.

Die Angst vor dem Individualismus

1. (S. 148) *Ibn-Hišām* a.a.O., Bd. 1, S. 83.
2. (S. 148) *Ibn-Hišām* erzählt dieselbe Geschichte, aber er sagt, daß es sich bei seiner Version um einen berühmten Unbekannten handele. Allerdings erwähnt er, daß manche Leute die Anekdote *Imru' al-Qais* zuschrieben, vgl. a.a.O., Bd. 1, S. 89.
3. (S. 148) *Ibn-al-Kalbī*, a.a.O., S. 48. *Imru' al-Qais* hat seinen Gott beleidigt, indem er einen sehr vulgären, typischen *ǧāhilī*-Satz benutzte: *'Aḍiḍta bi-airi abīka!*
4. (S. 149) Koran-A, 2. Sure, 14. Vers.
5. (S. 149) Koran-A, 20. Sure, 25. und 44. Vers.
6. (S. 149) Koran-A, 2. Sure, 14. Vers.
7. (S. 149) Ein Beispiel dafür, wie der Pharao so arrogant ist, daß er sich weigert, Moses zu gehorchen, weil er sich selbst für Gott hält, und dafür exemplarisch bestraft wird, sind die folgenden Verse (Koran-A, 79. Sure, 16. bis 27. Vers):
»Ist die Kunde von Moses zu dir gedrungen?
Da sein Herr ihn im heiligen Tale Tuwā rief:

›Geh hin zu Pharao, denn er ist widerspenstig,
Und sprich: ›Willst du dich nicht reinigen?
Und ich werde dich zu deinem Herrn führen, auf daß du dich fürchtest.‹
So zeigte er ihm das große Zeichen,
Er aber leugnete und blieb ungehorsam,
Dann kehrte er den Rücken, um zu streiten,
Er sammelte (sein Volk) und rief auf,
Und sprach: ›Ich bin euer höchster Herr.‹
Da erfaßte ihn Allah zur Strafe für jene und diese Welt.
Hierin ist, wahrlich, eine Lehre für den, der fürchtet.«

8. (S. 150) Koran-A, 79. Sure, 26. Vers.
9. (S. 150) *Bi'l-Qur'ān wa'l-imān so-nahzim al-Amrīkān.*
10. (S. 152) Er starb im Jahr 12/633.
11. (S. 152) Siehe *'al-A'lām: qāmūs taraǧim li-ašhār Haīr-ad-Dīn az-Ziriklī, ar-riǧāl wa'n-nisā' min al-'arab wa'l-musta'ribīn wa'l-mustašriqīn*, Beirut 1969, Bd. 8, S. 192.
12. (S. 152) Siehe *az-Ziriklī*, a.a.O., Bd. 3, S. 78 f.
13. (S. 153) Koran-A, 28. Sure, 32. und 33. Vers.
14. (S. 153) *al-Mas'ūdī*, a.a.O., Bd. 4, S. 1112.
15. (S. 154) *Al-Ǧaḥiz* erzählt in seinem *Kitāb al-ḥayawān* (Das Buch der Tiere) den Fall eines Mannes, der seinem Gott versprochen hat, ihm die Zahl x^1 an Kamelen oder Schafen zu opfern, wenn er ihm hülfe, die Zahl x^2 zu erreichen. Als seine Herde die gewünschte Zahl, d. h. x^2, erreicht hatte, jagte er Gazellen und opferte diese, ibd., Bd. 1, S. 9, zitiert nach *Ibn-al-Kalbī*, a.a.O., S. 34, Fußnote 1.
16. (S. 155) *Ibn-Hišām*, a.a.O., Bd. 4, S. 53.
17. (S. 156) Marshall Modgson, The Venture of Islam, Chicago 1974, Bd. 2, S. 543.
18. (S. 157) Koran-A, 49. Sure, 14. Vers.
19. (S. 159) Mohammad Mossadegh wurde 1951 zum iranischen Ministerpräsidenten gewählt und nach Machtkämpfen mit dem Schah 1953 gestürzt. Mossadegh verstaatlichte die iranischen Erdölvorkommen und die der Anglo-Iranian Oil Company.
20. (S. 159) Dariyus Shaheyan, La Déchirure, in: Islam et Politique Aujourd'hui, a.a.O., S. 296. Shaheyan hat in seinem Buch: Le Regard Mutilé, Paris 1989, eine der besten Analysen der Vorgänge im Iran geliefert und gezeigt, was in einer muslimischen Gesellschaft passiert, in der der normale Lauf der Moderne brutal unterbrochen und damit jeder Elan geknickt und jede Hoffnung verstümmelt wird.

21. (S. 160) In meinem Buch: Der politische Harem, a. a. O., habe ich erklärt, daß mit der Einführung seiner egalitären Revolution der Islam es der Frau ermöglicht hat, als Subjekt aufzutreten, während sie in der *ǧāhilīya* den Status eines Objekts hatte. Sie wurde wie Vieh vererbt. Die ersten Frauen erhielten das Recht, Schülerinnen des Propheten zu sein, und als solche nahmen sie aktiv an den Angelegenheiten der Gemeinschaft teil, forderten Rechte, und manchmal erhielten sie sie auch. Aber mit dem Erscheinen des Omaijaden-Despotismus versank die Frau in eine Situation, die durch Sklaverei charakterisiert war, womit ein Zustand, der der in der *ǧāhilīya* glich, wiederkehrte. Diese Theorie wird offenbar nicht akzeptiert, denn das Buch wurde nur wenige Monate nach seinem Erscheinen 1987 in Marokko verboten.

Die Angst vor der Vergangenheit

1. (S. 163) Siehe *al-Ǧāḥiz, Kitāb al-ḥiǧāb* (Das Buch des Schleiers), in: *Rasā'il al-Ǧāḥiẓ*, Kairo 1964, Bd. 2, S. 25–86. Siehe auch sein *Kitāb at-tāǧ* (Buch der Krone), Beirut o. J. Er stellt dort ausführlich den Gebrauch des Kalifenschleiers dar und bei welchen Gelegenheiten der Herrscher ihn im täglichen Leben benutzte, um sich vor seiner Umgebung zu verbergen. Es gibt eine ausgezeichnete französische Übersetzung dieses Buches unter dem Titel: Le Livre de la Couronne, Paris 1954.
2. Koran-A, 71. Sure, 24. Vers.
3. (S. 163) Die Araber haben sich, trotz des Schleiers, den sie über die herabgewürdigte und als Unwissenheit eingestufte Vergangenheit geworfen haben, sehr für die präislamischen Kulturen interessiert, und alle Autoren der Religionsgeschichte haben ihr viele Seiten gewidmet. Ich zähle nur diejenigen auf, die mir am meisten zusagen: *Ibn-Hišām*, a. a. O., Beginn von Bd. 1; *Ibn-al-Kalbī*, a. a. O.. Es gibt eine deutsche Übersetzung: Rosa Klinke-Rosenberger, Das Götzenbuch des *Ibn-al-Kalbī*, Leipzig 1941; *Muhammad Ibn-Ḥabīb, Kitāb al-muḥabbar*. Es gibt eine Edition von Ilse Lichtenstätter, *Ḥaidarābād* 1361/1942; *aṭ-Ṭabarī, Tafsīr*, vor allem die Verse, die dem Kult der Gestirne und der Idole gewidmet sind; *Ibn-Sa'd*, a. a. O., *Yāqūt, Mu'ǧam al-buldān*, hrsg. v. F. Wüstenfeld, 6 Bde., Leipzig 1866–1973, wird viel zitiert, ich habe ihn aber nicht gelesen; *al-Mas'ūdī*, a. a. O., vor allem Bd. 1 und 2. Das Interesse für die *ǧāhilīya*

und die Religionen hat mit den Jahren kaum nachgelassen. Auch die Modernen befassen sich mit der »Tradition«, vor allem jene, die sich mit der vorislamischen Poesie beschäftigten: *Ṭaha Ḥusain, Fī'š-ši'r al-ǧāhilī*, Kairo 1926, und ders., *al-Adab al-ǧāhilī*, Kairo o. J. (ca. 1927); *Aḥmad al-'Ulabī, ad-Dīn al'ǧāhilī*, in: ders., *Muḥaḍarāt fī ta'rīḫ al-'arab*, Bagdad 1960, Bd. 1, S. 166ff.; *Aḥmad al-Ḥūfī, al-Mar'a fī'š-ši'r al-ǧāhilī*, Kairo o. J.

4. (S. 164) Koran-A, 53. Sure, 20., 21., 24. Vers.
5. (S. 164) *Ibn-Hišām*, a.a.O., Bd. 1, S. 87ff.
6. (S. 164) Siehe ibd., S. 86.
7. (S. 165) *Ibn-al-Kalbī*, a.a.O., S. 13.
8. (S. 165) *Ibn-al-Kalbī*, a.a.O., S. 14.
9. (S. 165) ibd.
10. (S. 165) Siehe Fahd, a.a.O., S. 125.
11. (S. 165) Siehe *Yāqūt*, a.a.O., zitiert nach Fahd, a.a.O., S. 126.
12. (S. 165) *Ibn-al-Kalbī*, a.a.O., S. 15.
13. (S. 166) *Ibn-al-Kalbī*, a.a.O., S. 16.
14. (S. 166) Dominique Sourdel, Les Cultes du Hauran à l'Epoque Romaine, Paris 1952, S. 69.
15. (S. 166) Sourdel, a.a.O., S. 73, insbsondere Fußnoten 1 und 2.
16. (S. 166) Sourdel, a.a.O., S. 74.
17. (S. 167) *Ibn-al-Kalbī*, a.a.O., S. 18.
18. (S. 167) ibd.
19. (S. 167) Fahd, a.a.O., S. 40.
20. (S. 168) Siehe *al-'Ulabī*, a.a.O., Bd. 2, S. 183; siehe auch Fahd, a.a.O., S. 169.
21. (S. 169) Siehe Koran-A, 6. Sure, 138. und 141. Vers.
22. (S. 169) Koran-A, 6. Sure, 13. Vers.
23. (S. 169) *aṭ-Ṭabarī, Tafsīr*, Bd. 8, S. 43.
24. (S. 169) Koran-A, 6. Sure, 141. Vers.
25. (S. 171) *aṭ-Ṭabarī, Tafsīr*, Bd. 8, S. 51.
26. (S. 171) Siehe *Ibn-Hišām*, a.a.O., Bd. 1, S. 160ff.
27. (S. 173) Siehe Fahd, a.a.O., S. 168.
28. (S. 173) Insbesondere in Koran-A, 24. Sure, 36. Vers, und 12. Sure, 5. Vers.
29. (S. 174) *al-Mas'ūdī*, a.a.O., Bd. 2, S. 231.
30. (S. 174) *al-Mas'ūdī*, a.a.O., Bd. 2, S. 247.
31. (S. 174) Zu diesem Thema siehe Y. Moubarac, Les Etudes d'Epigraphie Sud-Sémitique. La Naissance de l'Islam, Eléments de bibliographie, Revue des Etudes Islamiques, Jahrgänge 1955 und 1957, Paris.

Über die Venus im besonderen siehe Franz Cumont, Le culte de Vénus chez les Arabes au 1er siècle, in: Syria VIII, 1927, S. 368, und ders., Monuments des Mystères de Miothra, Bd. 1, S. 231. Fr. Lenorment ist eine der besten Quellen über die Venus, insbesondere seine Studie: Sur le culte païen de la Kaabah. Siehe auch Jacqueline Pirenne, La déesse des Reliefs Sabéens – Notes d'archéologie Sud-Arabe, Auszug in: Syria XLII, 1965, Heft 1–2; von derselben Autorin siehe auch: Stèle de la Déesse Dhat Himyam (Hamim) – Notes d'Archéologie Sud-Arabe, Auszug in Syria, VII, 1960, Heft 3–4, insbesondere S. 343: »Der Papyrus Oxy. 13 aus dem 1. Jahrhundert u. Z. (genau die Epoche der Stele Nr. 1 und der Statue Timna) hat uns den großen Gesang der Isis erhalten. Er hat ihn uns bezeugt (später nachgewiesen) für die Astarte in Phönizien, für Atargatis in Hierapolis, für Anaïtis in Persien, und daß sie auch ›in Arabien eine große Göttin‹ ist. Und man weiß, daß die dem Planeten Venus gleichgestellte Isis die Anaïtis in Persien war, gleichzeitig Ishtar und Venus. Und die phönizische Astarte ist offenbar Venus.«

32. (S. 175) Koran-A, 6. Sure, 76. bis 80. Vers.
33. (S. 176) Koran-A, 41. Sure, 38. Vers.
34. (S. 176) *aṭ-Ṭabarī, Tafsīr*, Bd. 24, S. 121.
35. (S. 176) ibd.
36. (S. 177) Koran-A, 27. Sure, 25. Vers.
37. (S. 177) Siehe *Yāqūt*, a. a. O., zitiert nach Fahd, a. a. O., S. 150ff.
38. (S. 177) *aṭ-Ṭabarī, Tafsīr*, Bd. 27, S. 88.
39. (S. 177) Siehe *Ibn-Ḥabīb al-Baġdādī, Kitāb al-muḥabbar*, o. O. o. J., S. 157.
40. (S. 180) Koran-P, 17. Sure, 49. bis 51. Vers.
41. (S. 180) Koran-P, 11. Sure, 7. Vers. Die Verse bezüglich dieser Ungläubigkeit gegenüber *al-ba'ṭ*, der Wiedergeburt, sind zahlreich, und allein ihre Wiederholung zeigt, daß der Prophet enorme Anstrengungen zur psychologischen Umformung unternehmen mußte: Koran-P, 17. Sure, 98. Vers; 23. Sure, 37. Vers; 37. Sure, 16. Vers etc.

Die Angst vor der Gegenwart

1. (S. 183) Siehe Hodgson, a. a. O., Bd. 2, S. 168.
2. (S. 184) Ramdane Ouahes, La Science et la Technologie dans les Etats Arabes à l'Horizon 2000, UNESCO, BEP/GPI/18. Mai 1988, S. 49.
3. (S. 185) Koran-A, 14. Sure, 33. und 34. Vers.

4. S. 185) *al-Ḥākim*, ein Herrscher der schiitischen *Fāṭimiden*-Dynastie in Ägypten (366–411/996–1020), war verrückt nach der Astrologie und dann nur noch einfach verrückt. Man kennt nicht die Ursache seines Wahnsinns, aber sicher ist, daß er nachts seinen Palast verließ, um in einem Wald auf einem Hügel in der Nähe Kairos die Sterne zu betrachten. Die Astrologie nahm im Ritual und der politischen Entscheidung von *al-Ḥākim* einen sehr wichtigen Platz ein, und Kairo wurde unter seiner Herrschaft zum Treffpunkt der Astrologen, was normal ist angesichts der zentralen Bedeutung der Gestirne im Weltbild der Schiiten. *al-Ḥākim* ist eine der außergewöhnlichsten Figuren der muslimischen Geschichte, weil er schon kaum dreißigjährig in den Wahnsinn hinüberglitt, ein Wahnsinn, der mit der Faszination durch die Sterne begann, dem Entfliehen der Zeit, die unser Dem-Tod-Näherrücken in den Himmel zeichnet. Besessen von den Gestirnen und dem Tod, stürzte *al-Ḥākim* Kairo in ein Blutbad, indem er ohne Grund die Hinrichtung von Unschuldigen befahl. Ich stieß erstmals auf ihn bei meinen Forschungen zu meinen Buch »Die Sultanin«, a. a. O., und ich habe ihm, entgegen meiner ursprünglichen Absicht, ein eigenes Kapitel gewidmet (9. Kap.). Dort stehen auch die ihn betreffenden Hinweise. Da wir zur sunnitischen Kultur gehören, erfahren wir in der Schule nur wenig über die schiitische Kultur, und die Bedeutung der Gestirne und der Zeit im schiitischen Weltbild hat mich sehr überrascht und fasziniert. Ein anderer Marokkaner scheint ebenfalls dem Charme des monströsen (systematische Hinrichtungen) und so menschlichen (Besessenheit von der Zeit) *al-Ḥākim* erlegen zu sein; es handelt sich um den brillanten Philosophen *Ibn Sālim Ḥimmiš*, der ihm nach zehnjährigen Studien eine großartige Roman-Studie widmete: *Mağnūn al-ḥukm* (Der Irre an der Macht), London 1991.
5. (S. 185) Koran-P, 10. Sure, 5. Vers.
6. (S. 186) Die Lösungen gegen den Tod, die von der westlichen Technologie angeboten werden, beschränken sich bislang im wesentlichen auf Kosmetik, Verjüngungscremes und Frischzellenkuren; wenn man das Elixier der Unsterblichkeit fände, läßt sich denken, in welch schwierigen Konkurrenzkampf die Religionen eintreten müßten. Unterdessen schlagen die Religionen immer noch die Wissenschaft auf diesem Feld, denn sie allein können ein zweites Leben nach dem Tod garantieren, was kaum zu verachten ist, zumal, wenn das erste eher mittelmäßig gewesen ist.
7. (S. 188) Siehe Bertrand Russell, Science and Religion, zitiert nach der franz. Ausg., Science et Religion, Paris, S. 18.

8. (S. 188) Russell, a.a.O., S. 19f.
9. (S. 189) Man kann irgendeine Nummer von Intersignes zur Hand nehmen, insbesondere das Heft: Entre Psychoanalyse et Islam, Paris 1990.
10. (S. 189) Zum Begriff išrāq siehe z.B. Henri Corbin, Histoire de la Philosophie islamique, Paris 1986, S. 285ff.
11. (S. 189) *aṭ-Ṭabarī, Ta'rīh al-umam wa'l-mulūk* (Geschichte der Nationen und der Könige), Beirut 1979, Bd. 1, S. 250.
12. (S. 190) *aṭ-Ṭabarī, Ta'rīḫ*, a.a.O., S. 252.
13. (S. 191) ibd.
14. (S. 192) ibd.
15. (S. 193) Siehe *aṭ-Ṭabarī, Ta'rīḫ*, a.a.O., Bd. 2, S. 253f.
16. (S. 193) Siehe *aṭ-Ṭabarī, Ta'rīḫ*, a.a.O., Bd. 2, S. 254.
17. (S. 194) Siehe *aṭ-Ṭabarī, Tafsīr*, a.a.O., Bd. 10, S. 129ff.
18. (S. 194) Koran-P.
19. (S. 194) *al-Mas'ūdī*, a.a.O., Bd. 2, S. 203.
20. (S. 195) Koran-P, 17. Sure, 12. Vers.
21. (S. 196) Jacques Attali, Histoire du Temps, Paris 1982, S. 286.
22. (S. 197) ibd.
23. (S. 197) ibd.
24. (S. 198) Ouahes, a.a.O.
25. (S. 198) Siehe ibd.
26. (S. 198) Über das Scheitern von Arabsat siehe den technischen Bericht von Hassan Tlili, La Communication audiovisuelle dans le Monde Arabe, UNESCO, Juli 1988. Siehe auch Barrak Anissa, Arabsat: Bilan et perspectives, Paris, Februar 1986.
27. (S. 199) Attali, a.a.O., S. 62.
28. (S. 204) Joseph Campbell, Myths to live by, New York 1988, S. 242.
29. (S. 204) ibd.
30. (S. 204) Campbell, a.a.O., S. 244.
31. (S. 206) Alvin Toffler, Power Shift: Knowledge, Wealth and Violence in the 21st Century, New York 1990.

Das Lied der Frauen – Aufbruch in die Freiheit

1. (S. 211) Mohammed al Fassi (*Muḥammad al-Fāsī*), Chants Anciens des Femmes de Fes, Raubdruck Marokko o. O. o. J. Arabisches Original: ders., *Ruba'iyat nisā' Fās*, Casablanca 1986. Der Autor gibt

dort an, daß die erste französische Ausgabe 1967 in Paris veröffentlicht wurde.

2. (S. 212) Adonis, *Aġānī Mihyar ad-Dimašqī*, Beirut 1988, S. 13. Französische Ausgabe: Ders., Chants de Mihyar le Damascène, übers. v. Anne Wade Minkowski, Paris 1983.
3. (S. 214) Siehe *Muḥammad 'Abd-al-Hakim al-Qāḍī al-Libās wa'z-zīna: as-sunna al-mutahhara*, Kairo 1988.
4. (S. 216) *al-Maqrīzī, al-Mawāc'iẓ wa'l-i'tibār fī ḏikr al-ḫiṭaṭ wa'l-āṯār, Maktabat aṯ-Ṯaqāfa ad-Dīnīqa*, Kairo, 1987, S. 286. Der Autor starb 845/1442.
5. (S. 216) *Abū'l-Falaḫ Ibn-al-'Imād al-'Akarī al-Hanbalī, Šaḏarāt aḏ-ḏahab fī aḫbār man ḏahab*, Beirut o. J., Bd. 3, S. 173. Der Autor starb 1089/1679.
6. (S. 216) *'Izz-ad-Dīn Ibn-al-Kaṯīr, al-Kāmil fī 't-ta'rīḫ*, Beirut 1987, Bd. 8, S. 494. Der Autor starb 630/1233.
7. (S. 217) Algérie Actualité, Nr. 1219, 23. April bis 1. März 1989, S. 8. Die Erklärung wurde von A. Djilali aufgenommen und von der Redaktion übersetzt.
8. (S. 218) *al-Marrākušī, al-Mu'ğib fī talḫīṣ aḫbāral-Maġrib*, Casablanca 1987[7], S. 260. Der Autor schrieb das Buch 621/1224.
9. (S. 220) Algerien ist wahrscheinlich eines der Länder, wo die Welle der Gewalt besonders spektakulär ist.
10. (S. 220) Man braucht sich nur die Umschläge meiner Bücher anzuschauen. Die französischen und deutschen Verleger bestehen immer darauf, das Wort »Harem« auf dem Umschlag unterzubringen und vor allem das Foto einer verschleierten Frau. Wenn ich protestiere, antworten sie mir, daß es sich besser verkaufe, selbst wenn der Inhalt das genaue Gegenteil ist. Es ist an der Zeit, die Frauen auf den Buchumschlägen zu entschleiern, die im Westen verkauft werden. Der Archaismus findet sich nicht nur auf der einen Seite des Mittelmeeres.
11. (S. 221) Jahresstatistik der UNESCO 1989.
12. (S. 221) Siehe Farah Izari (*Faraḫ Īzārī*), Le mouvement des femmes en Iran après la révolution, aus dem Persischen ins Arabische übertragen von *Hala Šukrallāh*, in: *al-Mar'a al-ğadīda*, Kairo, Heft 2, Juli 1986, S. 25.
13. (S. 222) Für Pakistan siehe die Jahresstatistik der UNESCO 1989. Für Algerien siehe Nourredine Saadi, Législation et Condition Feminine en Algérie: Bilan des discriminations à l'égard des femmes, Bericht für Programm I der UNESCO, Reflexions sur les problèmes mon-

diaux, September 1989, S. 47. Eine überarbeitete Version dieses Textes wurde unter dem Titel: Femme et Loi en Algérie, Casablanca 1991, veröffentlicht.

14. (S. 223) Jahresstatistik der UNESCO, 1989.
15. (S. 223) ibd.
16. (S. 224) Siehe die Biographie von *Hudā Ša'rāwī*, niedergeschrieben von Margot Badran, Harem Years, London 1986.
17. (S. 225) Die Papiere der Iranerinnen N. Tohidi und Val Mogadam, ihres Landsmanns Mohammed Tavakoli-Targhi, der Algerierin Doraya Cherifati Merabtine, der Pakistanerin Khawar Mumtaz, der Nigerianerin Aicha Imam, der Tunesierin Aliya Bafoun können bei WIDE (World Institut for Development), einem Forschungsinstitut der Universität der Nationen mit Sitz in Helsinki, angefordert werden.
18. (S. 226) Um eine Vorstellung von der Vielfältigkeit dieser arabischen feministischen Bewegung zu Beginn des Jahrhunderts zu bekommen, muß man die Hunderte von Biographien durchblättern, die von Omar Kahhala in drei Bänden gesammelt wurden: *A'lām an-Nissa'* (Berühmte Frauen), Beirut 1982.
19. (S. 227) Jahresstatistik der UNESCO 1989.
20. (S. 227) Über den Einfluß der schreibenden Frauen hat kürzlich eine Autorin syrisch-libanesischer Herkunft eine Analyse veröffentlicht: *Ḫalīda Sa'īd, al-Mar'a, at-taḥarrur, al-ibdā'* (Frau, Befreiung, Schöpfung), Casablanca 1991.
21. (S. 227) Einige sind auch schon übersetzt worden, wie z. B. *Ḥanān aš-Šaiḫ*, die in englischer Sprache in der Edition Quartet (London) erschienen ist. Ein Werk von *Liyāna Badr* soll unter dem Titel: A Compass for the Sunflower in der Women's Press erscheinen.
22. (S. 228) Hier die Kontaktadresse: Shahrazad, 56, Griva Dhigeni street, Limassol/Cypern.
23. (S. 229) *'Umar Riḍā Kaḥḥāla, A'lām an-nisā' fī 'ālamai al-'arab wa'l-islām*, Beirut 1982.
24, (S. 229) Der marokkanische Historiker Abd al Hadi Tazi (*'Abd-al-Hādī at-Tāzī*) hat in seinem Buch: Femmes Célèbres de l'Occident Musulman, Casablanca 1991, gezeigt, daß es zwar gelehrte Frauen selbst in Nordafrika immer gegeben hat, sie aber im 19. Jahrhundert immer seltener wurden, verglichen etwa mit dem muslimischen Andalusien des 12., 13. und 14. Jahrhunderts.
25. (S. 230) Die Wahl per Vollmacht, von den algerischen Frauen am Vorabend der Parlamentswahlen im Dezember 1991 heftig angefoch-

ten, muß noch einmal neu bedacht werden. Verheiratete können, außer in Ausnahmefällen, nicht anstelle ihrer Frauen wählen.

26. (S. 230) Jahresstatistik der UNESCO 1988.
27. (S. 230) ibd.
28. (S. 230) Ouahes, a.a.O., S. 18.
29. (S. 231) Man kann das Gezeter gegen die Vermischung nicht verstehen, wenn man die demographischen Veränderungen genauer betrachtet, insbesondere den Anstieg des Heiratsalters aus einer Reihe von Faktoren (Zugang zur Ausbildung, Ende der Großfamilie, Notwendigkeit des persönlichen Einkommens für den einzelnen, wirtschaftliche Krise und Arbeitslosigkeit), was die jungen Gläubigen zwingt, ohne »Festung« zu bleiben. Die Studien über die Heirat in der arabischen Welt und insbesondere die jüngsten demographischen Untersuchungen haben ergeben, daß das Heiratsalter in der Mehrheit dieser Länder einen außerordentlichen Sprung gemacht hat. Zu diesem Ergebnis kommt M. Chanine in: Women of the World: The Near East and North Africa, US Bureau of the Census, Washington DC 1985. Während die Frauen früher in den arabischen Ländern in den meisten Fällen heirateten, wenn sie noch nicht 20 waren, sind heute die meisten Mädchen zwischen 15 und 19 nicht nur nicht verheiratet (93 % in Tunesien, 86 % im Libanon, 72 % in Syrien, 70 % in Marokko), sondern viele sind es noch nicht nach 25 Jahren. Ein Viertel der libanesischen Alleinstehenden ist zwischen 25 und 29 Jahre alt, in Tunesien 17 %, in Ägypten 14 %, im Irak 13 %. Dasselbe Muster gilt für die Männer: In Ägypten z. B. sind 43 % der Junggesellen zwischen 25 und 29 und 17 % zwischen 30 und 35, während noch vor wenigen Jahrzehnten sich die Ägypter so schnell wie möglich verheirateten. In Tunesien sind 49 % der Junggesellen zwischen 25 und 29 und 17 % zwischen 30 und 34. Man muß sich den alarmierten Ton der marokkanischen Statistiker anhören, die normalerweise genauso phlegmatisch wie die Engländer sind, wenn es um die Zahlen des Anstiegs des Heiratsalters geht. Siehe etwa: Situation Démographique Régionale au Maroc, Centre d'Etudes et de Recherches démographiques, Ministère du Plan, Rabat 1988, S. 138ff.
30. (S. 231) George Corm, Le Proche Orient Eclaté, Paris 1991.
31. (S. 232) *Anwar ʿAbdallah,* a.a.O.; siehe auch ders., *al-Marʾa fīʾl-muǧtamaʿ al-bitrōlī* (Die Frau in der Erdölgesellschaft) o. O. o. J.
32. (S. 236) Siehe Memento Défense-Désarmement 1989, hrsg. von GRIP (Groupe Recherche et d'Information sur la Paix), Brüssel 1989, S. 184ff.

33. (S. 236) Siehe ibd.
34. (S. 237) Siehe Memento, a. a. O., S. 190; auch folgendes Zitat.
35. (S. 238) Siehe Julia Kristeva, Etrangers à Nous Mêmes, Paris 1988.

Statt eines Schlußwortes: Das Märchen vom Simurg

1. (S. 242) Siehe Attar, a. a. O., S. 344.
2. (S. 242) ibd.
3. (S. 243) ibd.

Fatema Mernissi, geb. 1940 in Fes, Marokko; Professorin für Soziologie an der marokkanischen Universität »Mohammed V« in Rabat; Beratertätigkeit für die UNESCO; gehört dem Hochschulbeirat der Vereinten Nationen an.

Im Luchterhand Literaturverlag sind erschienen: *Der Harem ist nicht die Welt. Elf Berichte aus dem Leben marokkanischer Frauen*, 8. Aufl. 1991 (SL 789); *Die Sultanin. Die Macht der Frauen in der Welt des Islam*, 1991.

Fatema Mernissi im Luchterhand Literaturverlag

Die Sultanin
Die Macht der Frauen in der Welt des Islam
Aus dem Französischen von Edgar Peinelt
260 Seiten. Gebunden
Sultaninnen herrschten einst über Delhi, Kairo, San'a, Granada. Fatema Mernissi, die »moderne Scheherezade«, erzählt die Lebensgeschichten dieser Frauen. Ein lehrreicher Spaziergang durch die Welt des Islam, ein Beitrag über die vergessene Macht der Frauen in den muslimischen Ländern und eine Fülle von Geschichten wie aus Tausendundeiner Nacht.
»Was sich manchmal liest wie ein orientalisches Märchen, ist hart recherchiert und verletzt mehr als ein religiöses Tabu.« *Emma*

Der Harem ist nicht die Welt
Elf Berichte aus dem Leben marokkanischer Frauen
Herausgegeben von Fatema Mernissi
225 Seiten. Sammlung Luchterhand 789
Innenansichten aus dem Harem – marokkanische Frauen schildern ihre Lebenswirklichkeit.
»Die heutige Professorin für Soziologie, Fatema Mernissi, spricht das traditionelle Schweigen der Frauen an, zu dem sie unter anderem durch verschlossene Schultüren verurteilt sind. Es ist ihr wichtig, daß dieses Schweigen gebrochen wird.« *Hessischer Rundfunk*

Aysel Özakin im Luchterhand Literaturverlag

Die blaue Maske
Roman
Aus dem Türkischen von Carl Koß
200 Seiten. Gebunden
»Aysel Özakins Romane überraschen immer wieder durch die dezente und poetische Verknüpfung des Privaten mit dem Politischen. Höchste Zeit, daß ihre Bücher endlich eine breitere Leserschaft finden.« *Bayerischer Rundfunk*

Glaube, Liebe, Aircondition
Eine türkische Kindheit
Aus dem Englischen von Cornelia Holfelder-von der Tann
176 Seiten. Gebunden

Die Preisvergabe
Ein Roman
Aus dem Türkischen von Heike Offen
252 Seiten. Sammlung Luchterhand 840

Die Vögel auf der Stirn
Roman
Aus dem Türkischen von Carl Koß
166 Seiten. Sammlung Luchterhand 978

Armin Mueller-Stahl
Drehtage
»Music Box« und »Avalon«
180 Seiten. Broschur

Maria Neef-Uthoff
Jetzt möchte ich schnell an was Schönes denken
Nachgelassene Texte
180 Seiten. Broschur

Hermann Timm
Geerdete Vernunft
Von der Lebensfrömmigkeit des Okzidents
160 Seiten. Broschur

Barbara Duden
Der Frauenleib als öffentlicher Ort
Vom Mißbrauch des Begriffs Leben
140 Seiten. Broschur

Peter Bender
Unsere Erbschaft
Was war die DDR – was bleibt von ihr?
160 Seiten. Gebunden

Klaus Bresser
Was nun?
Über Fernsehen, Moral und Journalisten
176 Seiten. Gebunden